Lawrence J. Crabb

mit Don Hudson
und Al Andrews

Das Schweigen der Männer

Für unsere Söhne

Kep und Ken
Michael
Hunter

Wir wollen euch gute Väter sein.

Unser Dank geht an

- Rachael, Suzanne und Nita, unsere Frauen, die uns mit all unseren Kämpfen geduldig ertragen und uns zeigen, daß es sich lohnt, Gott ernst zu nehmen. Schöne Frauen verdienen bewegliche Männer. Wir wollen es lernen, jeden Tag unseres Lebens noch besser auf euch einzugehen.

- unsere Väter, Larry senior, Donald Eugene und Andy. Alle drei sind Männer, die uns vorausgegangen sind und die uns Mut machen, ihnen zu folgen.

Lawrence J. Crabb

mit Don Hudson
und Al Andrews

Das Schweigen der Männer

Und was wirklich dahintersteckt

BRUNNEN
VERLAG BASEL · GIESSEN

Bibliografische Information der Deutschen Bibliothek
Die Deutsche Bibliothek verzeichnet diese Publikation in der Deutschen Nationalbibliografie; detaillierte bibliografische Daten sind im Internet über http://dnb.ddb.de abrufbar.

Die Bibelstellen wurden der Lutherbibel 1984 und der Übersetzung «Hoffnung für alle» entnommen.

Titel der amerikanischen Originalausgabe: «The Silence of Adam», erschienen 1995 bei Zondervan Publishing House, Grand Rapids, Michigan.

Aus dem Amerikanischen von Barbara M. Trebing

1. Taschenbuchauflage 2007

Umschlag: Michael Basler, Lörrach
Foto Umschlag: Corbis, Düsseldorf
Satz: Uhl + Massopost, Aalen
Druck: Ebner & Spiegel, Ulm
Printed in Germany

ISBN 978-3-7655-3888-9

Inhalt

Die Geschichte geht weiter

Das Schweigen der Männer: das Schweigen des Adam

Wo war Adam, als die Schlange Eva versuchte? In der Bibel heißt es, nachdem Eva von Satan überlistet worden war, nahm sie etwas von der verbotenen Frucht «und aß und gab ihrem Mann, *der bei ihr war*, auch davon, und er aß» (1. Mose 3,6; Hervorhebung durch den Autor).

War Adam also die ganze Zeit dabei? Stand er neben seiner Frau, als die Schlange ihre List erprobte? War er da und hörte jedes Wort?

Wenn ja – und für diese Vermutung gibt es gute Gründe –, dann stellt sich die große Frage: *Warum sagte er nichts?*

Noch ehe Gott Eva erschuf, hatte er Adam geboten, von einem ganz bestimmten Baum niemals zu essen. Dieses Verbot hatte Adam an seine Frau weiterzugeben, als sie die Szene betrat. Wir nehmen an, daß er es auch tat.

Doch als die Schlange sich heranschlich und Eva in ein Gespräch verwickelte, um Zweifel an Gottes Güte in ihr wachzurufen, da sagte Adam nichts. Und doch hörte er jedes Wort! Er hörte, wie Eva das Gebot, das er, Adam, ihr sorgfältig erklärt hatte, falsch wiedergab. Dann sah er zu, wie sie anfing, den verbotenen Baum zu betrachten. Er beobachtete sie, wie sie einen Schritt auf diesen Baum zu tat und die Hand ausstreckte, um eine der Früchte abzupflücken. Aber er tat nichts und sagte nichts, um ihr Einhalt zu gebieten. Er schwieg! Warum?

Wir erinnern uns: Eva wurde von der Schlange verführt, Adam nicht, so lesen wir im ersten Timotheusbrief (2,14). Trotzdem wußte Adam genau, was vor sich ging. Vielleicht hätte er sagen sollen: «He, halt mal, Liebling! Diese Schlange da führt nichts Gutes im Schilde. Ich habe ihre List durchschaut. Sie will dir vormachen, du hättest mehr davon, wenn du Gott ungehorsam bist, als wenn du dich an seine Worte hältst. Aber das ist eine Lüge!

Ich will dir noch einmal genau erklären, was Gott mir gesagt hat, bevor er dich erschaffen hat. Und sieh dich doch nur einmal um. Das ist das Paradies! Gott hat es geschaffen und uns gegeben. Wir haben überhaupt keinen Grund, an seiner Güte zu zweifeln.» Dann hätte er sich der Schlange zugewandt und gesagt: «Schlange, das Gespräch ist beendet. Scher dich davon!»

Aber Adam sagte nichts. Er stand da, hörte und sah der ganzen Sache zu und sagte kein einziges Wort. Er ließ seine Frau allein. Als es das erste Mal darum ging, Gottes Sache zu vertreten, in seinem ersten geistlichen Kampf – versagte er. Er versagte als Mann!

Adams Schweigen steht am Beginn alles männlichen Versagens, von der Rebellion eines Kain bis zur Ungeduld eines Mose, von der Schwäche eines Petrus bis hin zu meinem eigenen Versagen gestern, als ich es nicht geschafft habe, meiner Frau meine Liebe zu zeigen. Und es ist darüber hinaus auch ein – unschönes, aber aufschlußreiches – Bild für die Art unseres Versagens. Seit Adam empfindet jeder Mann den natürlichen Drang, still zu sein, wo er reden sollte. Ein Mann fühlt sich am wohlsten in Situationen, in denen er genau weiß, was zu tun ist. Wird es aber unübersichtlich oder bedrohlich, dann zieht sich etwas in ihm zusammen, und er schottet sich ab.

Wenn das Leben ihm zusetzt, weil es so entsetzlich unberechenbar ist, dann spürt er, wie Ärger in ihm aufsteigt. Und dann, wenn Wut und Zorn bereits in ihm kochen, vergißt er Gottes Wahrheit und versucht sich selbst zu helfen.

Von da an läuft alles schief. Er kümmert sich nur noch um sein eigenes Wohl und setzt alles daran, sein Leben zu meistern. Die Folgen können wir jeden Tag beobachten: sexuelle Leidenschaften, die außer Kontrolle geraten sind; Ehemänner und Väter, die vor allem ihre Ruhe wollen; zornige Männer hinter dem Steuer ihres Autos. Und alles hat damit begonnen, daß Adam schwieg.

Dabei sind gerade die Männer dazu aufgerufen, sich an das zu erinnern, was Gott gesagt hat, und sich entsprechend zu äußern. Sie dürfen gelassen und voller Vertrauen in die bedrohliche Ungewißheit hinaustreten, weil Gott selbst zu ihnen geredet hat. Statt dessen geht es uns wie Adam – wir vergessen Gott und bleiben stumm.

Und Satan erringt einen Sieg nach dem anderen: in der Gesellschaft, in unseren Gemeinden und im Leben unserer Frauen, unserer Kinder und Freunde. Es ist Zeit, daß die Männer ihre Stimme wiederfinden, daß sie auf Gott hören – und reden.

Einleitung

Dieses Buch wurde von drei Männern geschrieben, drei Männern, denen es darum geht, sich weiterzuentwickeln, die aber auch immer wieder angefochten sind und die ganz offen zugeben, daß die Anfechtungen mit zunehmendem Alter nicht abnehmen, sondern im Gegenteil immer größer werden. Unser Leben ist nicht so perfekt, wie es sich ein christliches Umfeld anscheinend vorstellt. Vom gläubigen Mann (vor allem wenn er eine verantwortungsvolle Position innehat) wird erwartet, daß er immer positiv und zuversichtlich ist, daß er ein Ziel vor Augen hat und so gut wie keine Probleme kennt. Ein reifer Mann hat nichts von verqueren Gedanken, sündigen Trieben oder gar Verzweiflung zu wissen.

Wir sehen das anders. Im geistlichen Sinne Mann zu sein hat unserer Meinung nach mehr damit zu tun, wie man im Angesicht von Schwierigkeiten bestehen kann, als damit, wie man diese Schwierigkeiten erfolgreich überwindet. Wir glauben, daß dem Heiligen Geist weniger daran liegt, daß wir unser Leben in den Griff bekommen, als daran, unser Verlangen nach Christus zu wecken, und zwar gerade inmitten der Probleme. Anstatt sie zu lösen, gebraucht er sie viel häufiger, um uns aufzurütteln, uns in Frage zu stellen, uns dahin zu bringen, daß wir endlich die Fragen stellen, vor denen wir Angst haben, und die hartnäckigen Zweifel und häßlichen Forderungen ans Licht zu bringen, die zwischen uns und Christus stehen.

Wir glauben nicht, daß die Bibel uns Anweisung geben will, wie wir das Leben so gestalten können, daß es unseren Vorstellungen entspricht. Wir meinen vielmehr, daß sie uns die Begründung dafür liefert, warum wir auch dann noch dranbleiben sollen, wenn nicht alles nach Wunsch verläuft. Wenn es Rezepte gäbe, die funktionierten – zum Beispiel wie wir unseren Ärger überwinden oder fromme Kinder erziehen oder unsere Frau besser verstehen können –, dann würden wir sie befolgen. Aber wir glauben nicht, daß es solche Rezepte gibt. Der wahre Mann, so meinen wir, gibt zu, daß er Angst hat vor dem Unberechenbaren. Aber gleichzeitig drischt er keine oberflächlichen Phrasen und flüchtet nicht leichtgläubig in irgendeinen Fünf-Punkte-Plan.

Die rätselhaften Aspekte des Lebens interessieren uns viel mehr als seine Vorhersehbarkeit. Nicht weil es uns besonderen Spaß macht, uns verunsichern zu lassen. Nein, sondern weil wir meinen, daß wir gar keine andere Wahl haben, jedenfalls nicht, wenn wir ehrlich gegenüber uns selbst sind.

Natürlich ist das Leben in manchen Bereichen auch übersichtlich und verhältnismäßig leicht zu bewältigen. Ein Auto fährt nicht ohne Benzin; wer sein Gebiß mit Zahnseide pflegt, hat weniger Zahnprobleme; mit dem Familienleben klappt es nicht so gut, wenn der Ehemann und Vater sich zurückzieht. Was machbar ist, sollte auch getan werden. Wo das Leben zu bewältigen ist, da sollte man versuchen, es möglichst gut zu bewältigen.

Doch in den wichtigsten Bereichen, dort, wo es wirklich um den gelebten Glauben geht, scheint uns manches eher mysteriös als machbar, eher chaotisch als übersichtlich und wohlgeordnet. Was tun Sie, wenn Sie erfahren, daß Ihre kleine Tochter von einem Babysitter sexuell mißbraucht wurde? Wie begegnen Sie der Eifersucht auf den Freund, der mehr verdient als Sie? Was tun Sie gegen die schmutzigen Phantasien, die einfach nicht zu stoppen sind? Wie können Sie Gott näher kommen, wenn in Ihnen drinnen alles wie tot ist? Wie führt uns der Heilige Geist ins Vaterhaus, wo das Fest weitergeht?

Auf die Fragen, die uns am meisten beschäftigen, gibt es keine Patentantworten. Und wir meinen, Gott hat das so gewollt. Nicht um uns zu ärgern oder zu entmutigen, sondern um etwas in uns wachzurufen, das er selbst bereits in uns angelegt hat und das nur dann wieder freigesetzt werden kann, wenn wir uns inmitten all der Ungewißheiten ganz ihm überlassen. Zum Mannsein im geistlichen Sinne gehört der Mut, sich auf Beziehungen einzulassen – auch und gerade wenn alles unsicher erscheint. Es hat wenig damit zu tun, nach Methoden zu suchen und ihnen dann zu folgen.

Wir schreiben dieses Buch als Männer, deren Geschichte noch nicht abgeschlossen ist. Und so ringen wir mit Fragen, auf die uns niemand Antwort geben kann. Wir versagen an Punkten, von denen wir dachten, wir hätten sie längst überwunden. Wir kämpfen gegen häßliche Triebe, die immer wieder in uns aufsteigen wollen – und dazu gehört manchmal auch der Wunsch, einfach Schluß zu machen, wenn es uns zuviel wird. Wir bemühen uns, miteinander Gemeinschaft zu haben.

Aber wir haben die Hoffnung noch nicht aufgegeben. Vielleicht werden wir ja tatsächlich reifer; vielleicht gelingt es uns ja irgendwann doch einmal, endlich den Mund aufzumachen, so daß Satan sprachlos wird. Wir halten an dieser Hoffnung fest, weil es uns – auch wenn wir verunsichert, manchmal entmutigt und hin und wieder verzweifelt sind – noch immer wichtig ist, unsere Frauen, unsere Kinder, unsere Freunde und Gott besser verstehen zu lernen.

Wir kommen nicht immer gleich gut voran, und manchmal bleiben wir auch stehen. Aber wir lassen es nicht dabei bewenden. Und das ist der Kern unserer Botschaft – *Mannsein heißt auf dem Weg sein*. Nein, Mannsein heißt nicht unbedingt Erfolg, auch nicht Sieg, sondern Bewegung, wie sie nur ein leidenschaftliches, verzehrendes, vom Heiligen Geist gelenktes Fasziniertsein von Jesus Christus hervorbringen kann. Und das ist der wahre Sieg.

Zunächst aber möchten wir uns Ihnen persönlich vorstellen: Wir sind drei Männer, von denen jeder seine eigene Geschichte hat – eine Geschichte voller Trauer und Freude, voller Versagen und Erfolg, voller Langeweile und Leidenschaft, voller Haß und Liebe. Überlegen Sie gemeinsam mit uns, was es bedeutet, Mann zu sein, was es heißt, so zu leben, wie Gott es sich für uns Männer vorgestellt hat.

Die Geschichte beginnt

Larry (Lawrence) Crabb

Der Junge vorn in der ersten Reihe mit dem lausbubenhaften Grinsen – ganz links –, das bin ich mit vier Jahren. Es ist seltsam, das Bild jetzt, fast fünfzig Jahre später, wieder anzusehen und zu überlegen, was hinter diesem um Aufmerksamkeit heischenden Lachen stecken mag. Meine Gedanken schweifen ab, und mir fallen verschiedene andere Begebenheiten ein.

Ich war etwa dreißig. Wir saßen im Wohnzimmer von Phil und Evelyn, und ich hatte gerade unseren Bibelabend geleitet. Wir gingen zum gemütlichen Teil über, und ich schnappte mir ein Stück von Evelyns Kuchen und machte die Runde. Ich sehe mich noch Witze erzählen, spötteln, schwatzen – für jeden, dem ich kurz zuvor noch Bibelwissen beigebracht hatte, hatte ich ein Grinsen, ganz ähnlich dem auf dem Bild. Nachdem alle gegangen waren bis auf meine Frau und mich, nahm Evelyn mich mit einem verstehenden, aber irgendwie auch besorgten Blick zur Seite.

«Ich glaube, ich weiß, warum du dich manchmal wie ein Clown aufführst», sagte sie.

Ich fühlte mich sofort ertappt und wurde nervös, doch es gelang mir, ruhig zu bleiben. «Ach ja?» erwiderte ich. «Warum?»

«Weil es den Druck von dir nimmt, der zu sein, der du wirklich bist.»

Eine andere Erinnerung. Ich war vielleicht zwölf. Wir waren in den Ferien, meine Eltern, mein Bruder und ich, und verbrachten die Nacht in einem rustikalen Hotel in den Bergen außerhalb eines verschlafenen Dörfchens. Wir waren in Doppelstockbetten einquartiert, und ich lag oben. Vom Fenster konnte man auf den mondbeschienenen See schauen, um den dichte Kiefern standen.

Ich kann mich noch erinnern, wie ich in meinem Bett lag, zum Fenster hinausstarrte und völlig hingerissen war von dem majestätischen Bild. Auf einmal überkam mich ein unwiderstehliches Gefühl der Ehrfurcht und der Gewißheit, daß ich selbst Teil von etwas Größerem, unendlich Schönem war. So deutlich wie damals habe ich den Ruf Gottes wohl in meinem ganzen Leben nicht mehr gehört. Ich spürte, daß ich dazugehörte, daß ich Teil eines größeren Ganzen war, und das bewegte mich tief: Ich hatte etwas zu geben, was kein anderer in dieser Weise zu geben vermochte!

Ich war fasziniert und aufgeregt; ich hatte das Gefühl, in eine andere Dimension gehoben zu sein. Aber ich war darüber auch erschrocken, ich spürte eine Angst, die mich zu lähmen drohte.

Und noch ein Erlebnis fällt mir ein. Als ich ein Kind war, wohnten wir in Plymouth Meeting, einem kleinen Vorort von Philadelphia, und mein Schlafzimmer lag am Ende eines langen Ganges. Eines Abends las ich im Bett noch etwas in meiner Bibel. Ich war vielleicht dreizehn. Da hörte ich die Schritte meines Vaters auf mein Zimmer zukommen. Schnell versteckte ich die Bibel unter der Bettdecke und zog ein Comic–Heft hervor.

Mein Vater hätte sich sehr gefreut, wenn er mich beim Bibellesen entdeckt hätte. Warum versagte ich ihm die Freude? Warum wollte ich lieber mit einem Comic–Heft gesehen werden?

Wenn man meine Mutter fragt, wie ich als Kind gewesen sei, dann erwidert sie spontan und – wie sie es immer tut – mit einem Blick zärtlicher Verzweiflung: «Er war ein Lausbub!»

Als Teenager, ob auf der Highschool oder später auf dem College, strengte ich mich mächtig an, albern zu sein. Keiner von denen, die mich damals kannten, wäre je auf den Gedanken gekommen, daß ich mich von Gott gerufen fühlte und in der Bibel las. Die Tatsache, daß ich ernstzunehmende Bücher schreibe und keine Comic-Strips, war für die meisten meiner damaligen Freunde eine Überraschung.

Habe ich also all die Jahre, vom Kindergarten an, versucht, mein eigentliches Wesen hinter diesen Faxen zu verstecken? Habe ich mit den Leuten aus der Bibelgruppe herumgealbert, damit sie mich nicht allzu ernst nahmen? Hat die Vorstellung, daß ich der Welt vielleicht etwas zu sagen hätte, mir Angst gemacht? War ich deshalb ein Lausbub, weil ich vor dem – wenn auch nur unbewußt gehörten – Ruf, ein Mann zu sein, davonrennen, weil ich die Träume, die in mir lebten, unterdrücken wollte?

Vielleicht bin ich auch heute noch ein Lausbub, vielleicht grinse ich immer noch, wenn ich im Gottesdienst in der ersten Reihe sitze. Ich frage mich manchmal, ob der Gedanke, meiner Welt so gegenüberzutreten, wie ich selbst mich kenne, mir immer noch Angst macht; ob er vielleicht sogar Wut in mir auslöst und ich mich auch heute noch isoliert und einsam und als Außenseiter fühle. All das geht mir durch den Kopf, wenn ich den grinsenden Vierjährigen ansehe, der ich einmal war – und womöglich immer noch bin.

Wenn ich das Bild länger betrachte, dann kommen mir allerdings auch noch ganz andere Dinge in den Sinn. Ich kann mich zwar nicht mehr daran erinnern, aber ich kann mir kaum vorstellen, daß die Sonntagsschullehrerin allzu begeistert war von meinem Grinsen. Wenn ich die Augen schließe und mir ihren vermutlich mißbilligenden Blick vorstelle, dann empfinde ich eine eigenartige Freude, ja sogar etwas wie Befriedigung. Ich hatte unter meinen Altersgenossen nie das Gefühl, wirklich dazuzugehören. Ich habe mich nie leicht eingeordnet. Und womöglich will ich es auch gar nicht anders. Ein bißchen Rebellengeist tut doch gut.

Vielleicht gibt es ja so etwas wie eine gesunde Rebellion, den Mut, echt zu leben, auch um den Preis des Unangepaßtseins. Vielleicht ist es der Mut, Träume zu haben. Auf jeden Fall mag ich das.

Wenn ich ehrlich über mich nachdenke, dann bin ich vielleicht ein Bilderstürmer, ein Nonkonformist, ein Radikaler mit kurzem Haar und blauem Blazer. Sieben Jahre war ich als Professor an einem Seminar beschäftigt – dann bat man mich zu gehen. Meine Anwesenheit vertrug sich nicht mit einigen Personen aus dem Förderkreis. Im Rückblick fallen mir ein paar hundert Dinge ein, die ich gesagt oder getan habe, an denen sie sich natürlich stören mußten. Vieles davon war recht unreif, manches tatsächlich verkehrt. Anderes würde ich wieder tun.

So zu sein, wie ich wirklich bin, erscheint mir eine gefährliche Sache. Vielleicht bin ich viel öfter, als ich es merke, der rebellische Lausbub mit dem schadenfrohen Grinsen. Aber weder das Rebellische noch das Lausbubenhafte geben letztlich wieder, wer ich wirklich bin. Etwas anderes steht im Mittelpunkt. Ich bin der männliche Ausdruck des Wesens Gottes.

Ich bin dazu bestimmt, mich lachend und voll Hoffnung in meine Welt einzubringen. Ich bin weniger dazu berufen, mich anzupassen, als dazu, ehrlich zu sein, zu träumen und Großes zu erwarten. Das frohe Lachen der Hoffnung und der Mut, zu seinen Tränen zu stehen, sind Kennzeichen des Mannes.

Wer den Clown spielt, macht das Lachen billig. Clowns grinsen. Männer lachen. Rebellion ist korrumpierte Ehrlichkeit. Rebellen zerstören. Männer bringen Leben. Ich will weder ein Clown noch ein Rebell sein, aber ich möchte beide Irrtümer nicht so rigoros vermeiden, daß ich die guten Absichten, die hinter ihnen stehen, aus den Augen verliere. Ich will nicht berechenbar und angepaßt werden und mich mit Dingen zufriedengeben, die weniger von mir verlangen, als ich geben könnte. Ich will kein schönes Leben, bei dem ich im Sessel sitzen bleiben kann. Ich möchte Träume, die mich allen Hindernissen zum Trotz in Bewegung setzen.

Ich möchte auch dann noch hoffen können, wenn das Leben unerträglich scheint, und dann all das, was es unerträglich macht, zerschlagen. Vielleicht reift das Aufmerksamkeit heischende Grinsen des rebellischen Lausbuben eines Tages ja zu dem Lachen eines Romantikers und dem Mut eines Träumers heran.

Don Hudson

Gott hat den Menschen erschaffen, weil er Geschichten liebt.
Elie Wiesel, Die Pforte des Waldes

Die meiste Zeit meines Lebens habe ich mich wie ein Hochstapler gefühlt. Darum trage ich einen schönen Anzug, nehme eine erfolgsbewußte Haltung ein, setze ein Lächeln auf und versuche so zu wirken, als wüßte ich, wo es langgeht. Ich bin das Bild des erfolgreichen Mannes. Aber lassen Sie sich jetzt bitte von meinem Kindheitsfoto in diesem Buch nicht an der Nase herumführen! Es gibt nämlich noch ein anderes Bild von mir. Das zeige ich allerdings niemandem. Wenn Sie mich so sehen würden, wie ich selbst mich sehe, dann würden Sie mich nicht wiedererkennen. Sie würden einen Mann entdecken, der unsicher ist und sich unfähig vorkommt, der nachts stundenlang wachliegt, weil er sich Sorgen macht. Sie würden einen Mann sehen, der glaubt, er habe nichts zu bieten, und deshalb muß er so tun, als habe er etwas, als habe er alles. Sie würden einen Mann sehen, der sich manchmal fragt, ob in diesem schönen Anzug überhaupt etwas steckt.

Der Junge im Anzug – ein treffendes Bild für mein Leben als Mann. Nach außen tue ich so, als sei alles in Ordnung, aber in mir drin stimmt nichts. Sechs Jahre war ich alt, als das Bild aufgenommen wurde; kurz vorher hatten sich meine Eltern getrennt. Als ich in die erste Klasse kam, habe ich mich so mit meinem Vater identifiziert, daß ich seinen Vornamen annahm. Unglaublich – ein Sechsjähriger, der seinen Namen ändert! Ich wollte nicht mehr Michael Hudson sein, ab jetzt war ich Donald Hudson.

Ich kann mich noch gut an die kalte Leere in unserem Haus erinnern und wie ich meinen Vater vermißte, wie sehr ich mich danach sehnte, ihn wieder bei uns zu haben. Ich träumte davon, daß er eines Tages zurückkommen würde. Ich machte mir auch Sorgen um meine Mutter. In den ersten zwei Wochen, die ich zur Schule ging, schlüpfte ich oft heimlich aus der Klasse und rannte nach Hause, um nach ihr zu sehen. Während meine Freunde in der Schule saßen und das ABC übten, grübelte ich darüber nach, wie wir durchkommen könnten. Aus dem sechsjährigen Jungen war ein kleiner Mann geworden. Ich war hin- und hergerissen zwischen der Notwendigkeit, meiner Mutter den Mann zu ersetzen, und der Einsamkeit eines kleinen Jungen, der keinen Vater mehr hat.

Ich war zwar kein Mann, und ich fühlte mich auch nicht so, aber darauf kam es nicht an. Entscheidend war, daß meine Welt zusammenbrach, als ich ein kleiner Junge war, und ich mich Angst und Chaos gegenübersah. Die Umstände zwangen mich, einen Ausweg zu suchen, um mit dieser Angst, der Unsicherheit und meiner Traurigkeit fertig zu werden. Aber wie konnte ich das, wenn ich keinen Halt hatte? Wie konnte ich ein Mann sein, wo ich in Wirklichkeit noch ein kleiner Junge war? Ich war sicher, daß das völlig unmöglich war, wie wenn man aus einem vertrockneten Brunnen Wasser schöpfen will. Und so begann der Hochstapler seine Reise.

So lebte ich also als kleiner Junge, und so hielt ich es auch, als ich erwachsen wurde. Die meisten Männer scheinen mit ihrer Ehe, den Kindern, dem Beruf oder den Finanzen keine Schwierigkeiten zu haben; ich stand all dem vor Angst wie gelähmt gegenüber. Das Heiraten zum Beispiel war für mich ein gewaltiger Schritt, den ich jahrelang vor mir hergeschoben habe. Ich war ein paar Monate oder auch Jahre mit einer jungen Frau befreundet, aber dann – wenn die Frage einer Heirat sich allmählich aufdrängte – kamen mir wie durch ein Wunder drei Zweifel «von Gott». Und sie waren überzeugend. Es ging dabei um Fragen wie die, ob meine zukünftige Frau bereit sei, in einem Wohnwagen zu leben, sich mit dem schmalen Gehalt eines Pastors durchzuschlagen oder was (nach ein paar Monaten) aus der «Chemie» geworden war, die doch bislang zwischen uns gestimmt hatte.

Mein Verhaltensmuster, wo es um Freundschaften mit Mädchen ging, war so vorhersehbar, daß es schon fast beängstigend war. Je näher jemand meinem Herzen stand, desto heftiger kamen die Zweifel und desto eiliger hatte ich es, davonzurennen. Ich rechtfertigte mein Verhalten vor anderen immer damit, daß ich nun einmal so sei: «Was wollt ihr eigentlich von mir? Ich bin eben ein freiheitsliebender Typ!»

Aber ich konnte dem Verdacht nicht entrinnen, daß ich eigentlich genau vor den Dingen davonrannte, die ich mir am meisten wünschte. Obwohl ich Angst hatte, wußte ich doch, daß ich mich letztlich ganz verzweifelt danach sehnte, zu lieben und geliebt zu werden. Ich wünschte mir nichts sehnlicher, als mein Leben mit jemandem zu teilen, der denselben Weg mit mir ging. Ich liebte Kinder, aber ich konnte mir nicht vorstellen, selbst je Vater zu werden.

Um meine Angst und mein Unvermögen zu verbergen, folgte ich demselben Muster, das ich schon als Kind ausprobiert hatte: Ich fand einen Weg, mich männlich zu fühlen. Als ich achtundzwanzig war, hatte ich meine Berufswünsche weitgehend umgesetzt. Ich hatte eine Aufgabe, die mir lag und in der ich Erfolg hatte. Ich stürzte mich mit Eifer in die Arbeit. Ich wollte mich mit anderen messen und siegen, und oft forderte ich andere direkt heraus, mir eine Aufgabe zu nennen, von der sie meinten, sie sei mir zu groß. Jedesmal bewies ich ihnen das Gegenteil. Dasselbe Bild, nur etwas älter – ein hübscher Anzug, ein nettes Lächeln, Erfolgspose.

Aber irgend etwas stimmte nicht. Ich war erfolgreich, aber leer. Je weiter ich es in Ausbildung und Beruf brachte, desto deutlicher wurde mir bewußt, daß ich mich auf Gebieten auszeichnete, auf die es eigentlich gar nicht ankam. Ich bahnte mir meinen Weg durch das Labyrinth, das die Gesellschaft vor den Männern aufbaut, aber ich landete in einer Sackgasse. Schlimmer noch, ich war selbst eine. Im Innersten lebte ich nach dem Motto: «Ich habe nicht die nötigen Mittel, um in dieser Welt wie ein Mann zu leben.» Meine ganze Energie war darauf gerichtet, allen um mich herum zu beweisen, daß ich tüchtig und deshalb auch erfolgreich war. Mein Brunnen war leer, und ich versuchte ihn mit Dingen zu füllen, die nichts mit mir zu tun hatten, die völlig unwichtig waren. Leben und Lieben war teuer, aber ich hatte nur ein paar Pfennige in der Tasche.

Wäre es dabei geblieben, dann wäre meine Geschichte eine Tragödie wie viele andere auch. In diesem Buch geht es immer wieder um Geschichten, und das hauptsächlich deshalb, weil wir das Gefühl haben, wir seien eine Generation von geschichtslosen Männern. Wir sind eine Generation, die nicht weiß, wer sie ist, warum sie überhaupt da ist oder wohin sie geht. Wir alle sind unterwegs zum Mannsein, aber wenn wir ehrlich sind, dann müssen wir zugeben, daß den meisten von uns auf dem eingeschlagenen Weg nicht besonders wohl ist. Weil ich nicht das Glück hatte, mit einem Vater aufzuwachsen, meinte ich lange Zeit, ich hätte auch keine Geschichte, auf die ich mich berufen, keine, die ich weiterführen könnte. Niemand stand zu mir, also mußte ich selbst zu mir stehen.

Doch weil in meinem eigenen Leben die Geschichte fehlte, fand ich zurück zu der bemerkenswerten Geschichte des einen Vaters, der schon immer da war. Bei ihm entdeckte ich, daß auch ich eine Geschichte habe. Aus meinem persönlichen Verlust ist Reichtum und Vielfalt geworden. Jetzt kann ich auch erkennen, daß es in meiner Geschichte um die erlösende, befreiende Berührung des Vaters geht. Es geht darum, daß ein verstörter Mann

Mut gefunden, daß ein unsicherer Mann Vertrauen gelernt, daß ein entmutigter Mann Hoffnung empfangen hat.

Wenn wir uns zu einer Tasse Kaffee zusammensetzen und Sie mich heute anschauen würden, dann würden Sie ein seltsames Bild sehen. Hin und wieder würden Sie den Jungen erkennen, der Sie mit seinem Anzug und dem Lächeln täuschen will. Sie würden auch einen Jungen sehen, der Angst hat und nicht weiter weiß. Häufiger aber würden Sie einen Mann entdecken – nicht einen Jungen –, der sich dramatisch verändert hat. Sie würden mit einem Mann reden, der seine Frau liebt und begeistert ist von seinem Sohn. Sie würden einen Mann sehen, der ein paar enge Freunde hat, einen Mann, der auch wieder den Kontakt zu seinem Vater sucht, weil er ihn liebt.

Lange Zeit habe ich gemeint, ein echter Mann würde jeden Morgen mit einer vollkommenen Geschichte aus dem Bett springen – ohne Ängste, ohne Tragödien, ohne Unsicherheit, ohne Selbstzweifel. Heute glaube ich, Mannsein in dieser Welt bedeutet, Mut zu haben, Ängste zu überwinden; Glauben zu haben, um mit den Zweifeln umzugehen und durch die Liebe Verluste zu ertragen.

Mein Leben ist kein Trugbild, kein Phantom, das an anderen vorüberjagt und keine Spur hinterläßt. Nein, für mich liegt Hoffnung darin, daß ich ein Potential besitze, durch das ich Erlösung, Versöhnung und Veränderung weitergeben kann. Und damit kann ich sogar auf kommende Generationen einwirken.

Al Andrews

Das gerahmte Schwarzweißfoto des kleinen Baseballspielers steht in unserem Schlafzimmer auf einer Kommode zwischen anderen Erinnerungsstücken. Irgendwann in ferner Zukunft, so stelle ich mir vor, werden meine Enkel die vertraute gestreifte Uniform, die Mütze und die stolze Haltung bewundern.

Aber ich frage mich, was sie wirklich sehen werden. Werden sie das Bild mit demselben uninteressierten Blick streifen, den ich habe, wenn ich alte Familienalben durchblättere? Werden sie über die «altmodische» Uniform lachen und die abstehenden Ohren, die unter der Mütze hervorschauen? Vielleicht, aber ich hoffe, sie tun auch noch etwas anderes. Ich möchte, daß sie mehr erfahren. Ich wünsche mir, daß sie begreifen, daß dieses Bild nur ein Ausschnitt aus einem langen Film und nur im Zusammenhang zu verstehen ist. Ich möchte, daß sie sich für den Jungen in der Uniform interessieren. Wie war er? Was waren seine Stärken, seine Schwächen, seine Träume?

Ich weiß noch nicht genau, wie ich dieses Geschichtsbewußtsein vermitteln will. Aber mir ist klar, daß ich, bevor ich etwas weitergebe, erst einmal selbst Bescheid wissen muß. Das heißt, ich muß mich zunächst einmal selbst für das Bild interessieren, bevor ich einen anderen bitte, es zu betrachten. Ich möchte die einzelnen Szenen meiner Vergangenheit im Zusammenhang verstehen lernen und dann sehen, wie sie in das größere Bild passen, den Film, der schon lief, lange bevor ich geboren wurde, und der ewig weiterlaufen wird.

Deshalb freue ich mich, an diesem Buch mitzuarbeiten. Ich will es lernen, meine Geschichte in einer Weise zu sehen, die für die Menschen, mit denen ich lebe, eine Auswirkung hat – meine Frau, meine Familie, meine Freunde und Kollegen. Ich will mich nicht so mit meiner Geschichte beschäftigen, daß ich darüber alles andere vergesse, sondern so, daß Veränderung möglich wird.

Das Bild auf der Kommode ist ein Beispiel dafür. Es zeigt mich im Alter von acht Jahren: Ich bin bereit – gleich kann das Spiel losgehen! Etwas anderes sieht man allerdings nicht auf dem Bild, nämlich daß dieser Junge für Mannschaftsspiele überhaupt keine Begabung besaß. Was man auch nicht sieht – und was ich selbst jahrelang nicht gesehen habe –, das ist der feste Wille des kleinen Baseballspielers, eine ganz bestimmte Rolle zu spielen. Ich will das erklären.

Nie werde ich vergessen, wie ich das erste Mal auf dem Schlagmal stand. Nach vielen Versuchen und Monaten der Vorfreude stand ich da, wo ich in meinen Träumen schon immer hatte stehen wollen. Ich war am Schlag. Der Werfer war an jenem Tag einer von den größeren Achtjährigen, für mich damals eine einschüchternde Gestalt. Der erste Wurf, eine Drehung, daneben – Verlustpunkt eins. Der zweite Wurf, nicht über das Mal, aber sonst in Ordnung – trotzdem Verlustpunkt zwei. Der dritte Wurf, viel zu weit links – erster Ball. Dann der vierte, eine Drehung, verpaßt – Verlustpunkt drei. Ich habe meine Leistung nicht als übermäßig ungewöhnlich oder negativ in Erinnerung; Fehlschläge waren durchaus üblich in der Mannschaft.

Doch als die Wochen ins Land zogen und ich weiterhin nur Fehlschläge lieferte, da beschlich mich, so erinnere ich mich, allmählich ein ganz eigenartiges Gefühl. Viele von den anderen Jungen im Team konnten so langsam ihre ersten Treffer verbuchen. Und mit den Treffern kamen der Jubel, die Zurufe, der triumphierende Sprint über den Platz. Während bei ihnen die Freude am Spiel wuchs, war es mir immer noch nicht gelungen, Schläger und Ball in Kontakt zu bringen. Nach und nach verebbten meine Freude und Begeisterung am Spiel und machten Verwirrung und Müdigkeit Platz. Es schien, als würde die Saison sehr lang werden, zumindest für mich.

Und dann fiel mir etwas auf. Manche der Jungs schafften es, zum Schlagmal zu kommen, ohne je einen Treffer gelandet zu haben. Das waren die Schlagmänner, denen mehr Bälle zugeworfen wurden, als sie schlagen konnten, und die dann zum ersten Laufmal gehen durften. Manchmal wurde ihnen auch lebhaft zugejubelt, wenn sie es bis zum Schlagmal schafften, weil nach ihnen ein guter Schläger an der Reihe war.

Das Schlagen wurde immer demütigender, also faßte ich einen Entschluß, obwohl ich mich nicht mehr entsinnen kann, ob das bewußt geschah. Da die Mitglieder der Juniorenmannschaft nicht unbedingt für ihre Treffgenauigkeit bekannt waren, war die Chance groß, daß viele der Bälle, die in meine Richtung abgeworfen wurden, am Schlagmal weit vorbeigingen. Wenn ich mich nicht bewegte, dann hatte ich zumindest die Chance, zum nächsten Laufmal zu laufen, und konnte so das gräßliche Gefühl, wieder einmal danebengeschlagen zu haben, vermeiden. Während der restlichen Saison bewegte ich meinen Schläger nicht ein einziges Mal. Wurf um Wurf ruhte er auf meiner Schulter. Und obwohl ich mich dennoch öfter, als ich wollte, im Reflex bewegte, schaffte ich es hin und wieder bis zum ersten Laufmal. Und manchmal sogar bis zurück zum Schlagmal.

Die Geschichte ist ein trauriges Bild dafür, wie ich mich auch im richtigen Leben durchzuschlagen versuchte. Viele Jahre, selbst noch als ich bereits erwachsen war, ging es mir darum, den Schläger nicht zu bewegen, weil das zu schmerzhaft gewesen wäre. Wenn ein Mann versucht zu schlagen und den Schlag verpaßt, dann ist das demütigend, und er hat das Gefühl, er sei ein Versager. Sein Unvermögen wird allen deutlich, und als Nebenprodukt schleicht sich die Scham ein. Wenn er aber trifft, dann steigen die Erwartungen. Wer einmal erfolgreich war, sollte schließlich in der Lage sein, auch ein weiteres Mal zu treffen. Einfacher ist es darum, mit dem Schläger auf der Schulter einfach stehenzubleiben und zu warten, ob man loslaufen darf, je nachdem, wie gut der Werfer und der nächste Schläger ihre Sache verstehen. Die Freude, die man erlebt, wenn man den Ball wegschlägt, losläuft und schließlich am Ziel ankommt, ist für viele Männer völlig unvorstellbar.

Das war ein Bild meines Lebens: ein Mann, der stillsteht, der Angst hat, auszuholen, der sich weigert, sich zu bewegen, der zwar gern dabeisein will, aber von dem größeren und wichtigeren Verlangen nach Sicherheit zurückgehalten wird, sei es im Beruf, in den zwischenmenschlichen Beziehungen oder den alltäglichen Pflichten. Und jeder irgendwie sichtbare Erfolg wurde anderen zugeschrieben und mißtrauisch betrachtet.

Während ich dies schreibe, bin ich gleichzeitig traurig und froh. Ich bin traurig, weil ich mit meiner Reglosigkeit anderen Schaden zugefügt habe. Ich bin traurig, weil ich so lange an Gottes Plan für mich als Mann vorbeigelebt habe. Ich bereue die vielen Jahre, die ich in freiwilliger und so unnötiger Untätigkeit verharrt habe.

Wenn die Geschichte damit zu Ende wäre, dann hätte ich keinen Grund, hier zu schreiben. Aber ich halte den Stift in der Hand, und er bewegt sich vorwärts. Ich habe inzwischen erfahren, wie es ist, wenn man ausholt und trifft – und vieles von dem, wovor ich Angst hatte, ist tatsächlich eingetroffen. Mein Versagen ist deutlich offenbar geworden, und der Druck, der zunimmt, wenn man eine Sache gut macht, hat sich verstärkt. Aber all die Leidenschaften, die durch meinen Mangel an Bewegung verschüttet waren, sind wieder hervorgekommen – und mit ihnen das Verlangen nach mehr.

Teil 1

Irgend etwas stimmt nicht

Der verlorene Traum

Männer fühlen sich schnell bedroht. Und jedesmal, wenn ein Mann sich bedroht fühlt, dann wird ihm ungemütlich. Er weiß zwar selbst nicht genau, wo dieses Gefühl herkommt, aber es bewirkt, daß er sich automatisch auf die Bereiche zurückzieht, in denen er Bescheid weiß. Oder er versucht jemanden oder etwas zu dominieren, damit er sich stark vorkommen kann. Der Mann hat Angst vor jeglicher Art von Ungewißheit. Sie lähmt ihn oder erfüllt ihn mit einer Furcht, die er als demütigend empfindet. Dabei könnte diese Angst ihn auch dazu bringen, Vertrauen zu lernen, Kräfte freizusetzen, die es ihm ermöglichen würden, sich aus einem tiefen Bedürfnis heraus in Beziehungen einzubringen. Statt dessen fühlt der Mann sich niemandem wirklich nahe, am wenigsten Gott, und niemand hat das Gefühl, ihm nahegekommen zu sein.

Irgend etwas Gutes im Mann ist blockiert und muß wieder neu in Schwung gebracht werden. Wo gute Bewegungen unterbunden werden, da kommt es zwangsläufig zu unguten Entwicklungen wie Rückzug oder Machtstreben.

Kapitel 1

Wie es sein könnte

Noch keine zwei Jahre verheiratet. Und schon war ihm zum Davonlaufen. Er war verunsichert, wütend, hilflos. Er wollte nur noch eines: mit seinem Vater reden. Der würde ihn verstehen. Wenn er jetzt nur bei ihm sein könnte. Vater würde ihn freundlich ansehen, er würde Anteil nehmen und ihn trotzdem voll Respekt behandeln. Er würde nicht mit dem erhobenen Zeigefinger kommen, aber auch nicht die Augen verschließen.

Vater war immer sein Held gewesen, das gute Vorbild. Seit vierunddreißig Jahren glücklich mit derselben Frau verheiratet, seiner Mutter, einer Frau, die nie klagte, die immer zu Hause geblieben war. Er konnte sich noch entsinnen, wie sie einmal vorsichtig angedeutet hatte, sie würde gern im nahegelegenen Kinderkrankenhaus arbeiten – sie hatte Kinder wirklich gern –, aber Vater hatte das Ansinnen mit einem Lächeln vom Tisch gewischt und sie mit freundlichem Vorwurf daran erinnert, daß er durchaus in der Lage sei, die Familie allein zu versorgen.

Auch in der Gemeinde war Vater das beste Beispiel. Als Ältester war er jeden Monat beim Austeilen des Abendmahls dabei. Dann hatte er darum gekämpft, daß die wöchentliche Gebets- und Bibelstunde weitergeführt wurde, als der neue Hilfsprediger vorschlug, statt dessen Hauskreise einzurichten. Er trank nicht (das wußten alle), er gab getreulich seinen Zehnten, fast jeden Abend hielt er die Familienandacht, und seine drei Kinder waren alle wohlerzogen. «Deine Familie ist so ein gutes Zeugnis.» Wie oft hatte er mit angehört, wie man das zu seinem Vater sagte, der dazu lächelte und Gott die Ehre gab.

Warum erschienen ihm die zwanzig Minuten Fahrt zum Haus seines Vaters heute nur so lang? Wieso spürte er diesen Druck auf der Brust?

«Vater», fing er an. «Ich muß mit dir reden. Meine Ehe ist eine Katastrophe. Ich weiß nicht, was ich machen soll.»

Das Lächeln. Dasselbe Lächeln, das seine Mutter vierunddreißig Jahre lang zu Hause gehalten hatte. Das andere als Zeichen der Demut betrachteten. Jetzt ging ihm zum ersten Mal auf, wie sehr er dieses Lächeln haßte.

Sein Vater begann zu reden. Er nannte zwei Buchtitel, gefolgt von dem Rat, Epheser 5 zu lesen, und dem Vorschlag, alles dem Herrn anzubefehlen.

«Aber Vater!» Er schrie es fast. «Die Bücher habe ich schon gelesen, ich habe Epheser 5 studiert und gebetet, so gut ich es konnte. Du mußt mir doch mehr sagen können!»

Sein Vater saß ganz still. Das Lächeln schwand und wurde von einem Blick abgelöst, der hätte töten können. Er hatte diesen Blick auch schon früher gesehen, aber nie war er auf ihn selbst gerichtet gewesen. Schweigen. Eine fast unerträgliche Spannung lag in der Luft. Dann erhob sich sein Vater ohne ein weiteres Wort und verließ den Raum.

«Damals», so erinnerte er sich später, «habe ich zum ersten Mal erkannt, wie schwach mein Vater eigentlich ist.»

*

Manchmal frage ich mich, wie ein Mann aussehen müßte, der sich Gott völlig ausgeliefert hat. An der Wand über meinem Schreibtisch hängt ein Wort von D. L. Moody. Ich habe es eingerahmt und so aufgehängt, daß ich es ständig vor Augen habe:

> Die Welt muß erst noch erleben, was Gott mit ihr und für und durch sie und in ihr tun kann, wenn ein Mann sich ihm ganz und völlig hingibt. Ich will alles tun, was in meiner Macht steht, um dieser Mann zu sein.

Ich lese gern Biographien, die Lebensgeschichten von Männern wie Oswald Chambers, C. S. Lewis, John Knox, Jonathan Edwards, Augustin, Paulus oder Jeremia. Doch wenn ich sehe, wie sie gelebt haben, dann bekomme ich den Eindruck, daß unsere modernen Vorstellungen über das Wesen männlicher Reife meilenweit entfernt sind von dem, was die frommen Männer früherer Generationen darunter verstanden und daraus machten.

Wir reden heute viel davon, daß wir verletzlich sein, daß wir den Mut haben sollten, unseren Schmerz zuzulassen. *Sie* schienen mehr daran interessiert, Gott anzubeten und ein Zeugnis zu sein. *Wir* sprechen von offener, ehrlicher Kommunikation und davon, unsere Möglichkeiten voll auszuschöpfen. *Sie* erlebten den Zerbruch und fielen auf die Knie, und wenn sie sich erhoben, dann, um zu dienen.

Ich frage mich, ob die Tugenden, die wir heute anstreben, den Männern damals so selbstverständlich zufielen. Wenn sie kämpften, dann gegen alles, was sie von Christus und einer tieferen Erkenntnis seines Wesens fernhalten wollte.

Wir treffen uns in kleinen Gruppen, um über unsere Gefühle zu reden und Leitlinien aufzustellen, wie wir an unseren Beziehungen arbeiten oder unser Selbstwertgefühl aufbauen können. *Sie* unternahmen lange Wanderungen an der Seite älterer, erfahrener Männer, die am liebsten von Gott redeten und ganz unvermittelt ein Gespräch mit ihm begannen.

Während seiner «dunklen Nacht der Seele» (die mehrere Jahre dauerte) war Oswald Chambers einmal mit John Cameron, einem alten schottischen Freund, und zwei Hunden auf der Hasenjagd. Eigentlich wollten sie wirklich jagen, doch als sie an einer grasbewachsenen Böschung vorbeikamen, schlug Cameron vor, daß sie eine Pause einlegten und beteten.

«Wir knieten uns hin, und er betete», beschrieb Chambers die Situation. «Dann begann ich zu beten, doch der junge Collie, der sich während des Gebetes des alten Mannes vollkommen still verhalten hatte, war nun der Meinung, ich müßte unbedingt mit ihm spielen, und begann, um mich herumzuspringen, mich anzustoßen und mein Gesicht zu lecken.» Cameron erhob sich, packte den Hund fest im Nacken und sagte: ‹Pst, pst! Ich werde mich auf den Hund setzen, während du betest.› Und das tat er auch.» *

---

* David McCasland, Oswald Chambers, *Abandoned to God*, 1993. [Dt.: *Oswald Chambers – Ein Leben voller Hingabe*, 1994. S.79]

Die frommen Männer der heutigen Zeit begnügen sich zu häufig mit einem bequemen Gott, einem Gott, der sofort von Nutzen ist, und sie werden dabei von geistlichen Führern unterstützt, denen mehr am Jubel begeisterter Massen liegt als daran, in der Stille die Gemeinschaft mit Gott zu suchen. Die langlebigste Sünde in der Geschichte Israels wurde von König Jerobeam begangen (siehe 1. Könige 12, besonders die Verse 26–33). Er erleichterte dem Volk den Gottesdienst, indem er Gott auf einen lokalen, sichtbaren Götzen reduzierte; und er tat es allein, um seine eigenen Interessen zu fördern. Es funktionierte. Er gewann eine große Anhängerschaft und regierte Israel zweiundzwanzig Jahre.

Natürlich können große Massen auch positiv sein. Aber im allgemeinen machen sie mir angst. Gott wirkt viel öfter in der Stille, im Einzelgespräch oder auch im Austausch in kleinen Gruppen. Manchmal kann eine Massenveranstaltung der Auslöser sein, aber es besteht die Gefahr, daß wir das, was dort geschieht, als Endprodukt betrachten, wo es doch erst der Anfang sein sollte.

Große Massen helfen dem modernen Mann, sich wie ein Mann zu fühlen. Ob wir unsere Fußballmannschaft anfeuern oder den Namen Jesu hinausrufen, alles ist uns recht, um die eigene innere Leere zu übertönen. In der Menge fühlen wir uns als echte Männer.

Die Männer früherer Generationen dagegen führten oft jahrelange innere Kämpfe, die häufig erst dann abnahmen, wenn sie sich Christus noch völliger hingaben, nicht wenn sie während irgendeiner Großveranstaltung von einer neuen Woge der Begeisterung erfaßt wurden oder in einer Therapie neue Erkenntnisse über sich selbst erlangten. Sie kamen zur Freude am Herrn, wenn sie an ihrer Sünde schier zerbrachen und diese Verzweiflung sie noch tiefer in die Arme Gottes trieb. Sie hielten dem Wirken des Geistes Gottes stand und lernten Christus so immer näher kennen. Sicher, manchmal geschah das auch in großen Versammlungen, weitaus öfter jedoch in langen Zeiten des einsamen, inbrünstigen Gebets.

Man könnte einwenden, daß der heutige Mann im Bereich der

Beziehungen einfühlsamer ist als unsere gestrengen Vorfahren. Vielleicht verstehen wir es wirklich besser, mit unseren Frauen, Kindern und Freunden zu «kommunizieren». Vielleicht haben wir besser begriffen als frühere Männer, daß der echte Mann beides ist: stark und zartfühlend. Und das haben wir zu einem großen Teil der modernen Psychologie und Seelsorge zu verdanken.

Doch all die Fortschritte der modernen Gesellschaft bleiben weitgehend wertlos, weil darüber bei den meisten Menschen der Kontakt zu Jesus Christus zu oberflächlich geworden ist. Es fehlt ihm die Tiefe, die nur durch unerklärliches Leid, durch Verzweiflung, Zerbruch und tiefe Reue entsteht.

Dieses Buch will ein Aufruf sein, auf die alten Wege zurückzukehren. Wir wollen dabei die guten Elemente, die das moderne christliche Denken uns geschenkt hat, nicht aufgeben. Aber wenn wir uns wirklich selbst finden wollen, dann ist mehr gefragt – dann müssen wir uns an Christus verlieren. Ich wünsche mir, daß wir alle eigenen Bemühungen, wie wir unsere Probleme lösen, den Schmerz lindern und unser Selbstwertgefühl stärken können, beiseite schieben! Ich möchte, daß wir die Bühne freimachen für Christus; daß wir uns so ausschließlich auf seine Macht und Schönheit konzentrieren, daß jeder andere Gedanke davon durchdrungen wird.

Ihn anbeten, zu ihm beten, in der gesamten Schrift nach ihm suchen, am eigenen Stolz und der lauen Hingabe zerbrechen und sich vor ihm demütigen, darauf warten, daß er uns mit seinem Geist erfüllt, ihm so aufrichtig und mit einer Leidenschaft dienen, hinter der alles andere zurücktritt – das sind die alten Wege, zu denen wir zurückkehren müssen.

Ich bitte Sie, beim Lesen nie eine ganz einfache Wahrheit aus den Augen zu verlieren: Wer ein echter Mann werden will, muß zuerst ein Mann Gottes werden. Heute bemüht man sich mehr darum, sein Mannsein zu entdecken, als Gott zu suchen. Zu viele Männer begehen diesen Fehler. Sie versuchen herauszubekommen, was Maskulinität bedeutet, und das Gelernte in die Praxis umzusetzen. Dabei vernachlässigen sie ihre Beziehung zu Gott. Lieben wir Christus, oder ist unsere Liebe zu ihm mehr gespielt und schwankend als echt und beständig? Wachsen wir so in der Heiligung, daß andere (und besonders unsere Familien) dadurch zu Christus hingezogen werden, oder wollen wir mit unserem Eifer – und unserem Angepaßtsein – bei den anderen höchstens Eindruck schinden?

*

In Rons Gemeinde gab es eine Männergruppe, die sich einmal in der Woche am frühen Morgen traf. Man redete über die sexuellen Kämpfe, über Spannungen in der Familie und Probleme bei der Arbeit. Man sang und betete, man nahm sich in die Arme, und manchmal weinte man miteinander. Man hatte sich verpflichtet, ganz offen zu sein. Wenn Ron von einem dieser Treffen kam, dann war er ganz neu motiviert, es als Mann mit seiner Welt aufzunehmen. Er war darum nicht wenig erstaunt, als seine Frau ihn eines Tages bat, die Gruppe nicht mehr zu besuchen. Die Auswirkungen gefielen ihr nicht. Sie hatte das Gefühl, er komme jedesmal eher begeistert als zärtlich zurück, als gehe es ihm mehr darum, das, was er als richtig erkannt habe, nun auch durchzuziehen, als wirklich auf Familie und Freunde einzugehen.

All unsere Bemühungen, männlicher zu werden, werden uns nicht zu echten Männern machen, solange es uns nicht darum geht, vor allem Gott die Ehre zu geben. Und wenn wir meinen, wir könnten Christus an einem Wochenendseminar finden, dann kann dabei nichts Tiefgehendes herauskommen. Christus finden, das ist ein langer, harter Kampf, bei dem unser Stolz zerbrechen muß. Er führt in die Verzweiflung und durch sie hindurch zu einer unbeschreiblichen Freude des Geistes und dann durch noch tiefere Verzweiflung zu noch größerer Freude. Wer diesen Kampf vermeiden will, der erlebt nur eine oberflächliche Reue. Er konzentriert sich auf Dinge, auf die es letztlich gar nicht ankommt. Er wird nie dahin kommen, sich selbst so weit einzubringen, daß er anderen von der befreienden Liebe weitergeben kann.

Ron verließ die Gruppe. Er begann sich zum Frühstück mit

einem älteren Mann aus seiner Gemeinde zu treffen, den er zwar schon seit Jahren kannte, mit dem er aber nie näheren Kontakt gehabt hatte. Ron hatte ihn oft beten hören. Seine Gebete waren anders. Es war, als würde er sich mit einem lieben Freund unterhalten. Fast vier Monate lang traf sich Ron mit diesem Mann, eine Zeitlang sogar wöchentlich. Er bat ihn, aus seinem Leben, seiner Ehe, von seiner Beziehung zu Gott zu erzählen. Der Mann brachte immer seine Bibel mit, und wenn er sie aufschlug, dann wirkte er wie ein Großvater, der voller Stolz die Bilder von seinem ersten Enkelkind aus der Brieftasche zieht. Als es dem älteren Mann nicht mehr möglich war, sich regelmäßig mit Ron zu treffen, war Rons Frau enttäuscht.

Männer, die es lernen, sich mehr von Christus in den Bann ziehen zu lassen als von sich selbst – das sind die wahren Männer unserer Zeit. Unsere Generation muß es lernen, die Kosten der Nachfolge zu überschlagen (die Rechnung ist ganz einfach: die Nachfolge kostet alles, was wir haben); wir müssen ganz neu spüren, wie leer wir innerlich sind, bis uns kein Preis zu hoch scheint, den Kontakt zu Gott zu suchen; wir müssen den Einflüssen einer «christlichen»-Gesellschaft widerstehen, der die Entdeckung des eigenen Ich und die Selbstverwirklichung wichtiger erscheinen als die Hingabe an Gott. Kurz, es muß uns mehr darum gehen, Christus kennenzulernen, als uns selbst zu finden.

Wenn das geschieht, dann könnte es sein, daß in dreißig Jahren mehr Kinder in der älteren Generation echte Männer finden, Männer Gottes und wahre Vorbilder. Vielleicht verlockt es dann auch sie, Gott mit ganzem Herzen und von ganzer Seele zu suchen, weil sie an uns sehen, was Entschlossenheit und befreite Liebe vermögen.

Ich habe einen Traum. Die Zeit muß zeigen, ob er wirklich von Gott kommt. Ich meine aber ja.

Es ist ein recht einfacher Traum. Ich blicke dreißig Jahre weiter und sehe: Hier und da in der christlichen Landschaft finden sich ein paar Gruppen, *in denen ein von Gott geprägter Charakter und geistliche Weisheit mehr gelten als akademische Grade und besondere Fertigkeiten und höher geachtet werden als Leistung oder Fachwissen.*

Ich sehe eine Gemeinschaft angefochtener Menschen. Sie leiden unter allen Übeln, die das Leben in einer Welt, für die wir so nicht geschaffen wurden, mit sich bringt, und kämpfen gegen Neigungen und Triebe, die wir so nie fühlen sollten. Ich sehe Menschen, deren Ehe kaputt ist, deren Kinder alle Hoffnungen auf ein glückliches Familienleben zunichte gemacht haben, die keine Kontrolle über ihre Gefühle haben, die nachts stundenlang wachliegen und von Erinnerungen an unsäglichen Mißbrauch gequält werden. Sie kommen sich abgelehnt vor und sind davon so verletzt, daß ihnen zumute ist, als habe man ihnen bei lebendigem Leibe das Herz aus der Brust gerissen. Sie hassen sich selbst wegen der perversen sexuellen Triebe, die sie immer wieder heimsuchen. Sie sind nahe daran, unter der Last der nie enden wollenden Einsamkeit die Hoffnung aufzugeben.

In meinem Traum sehe ich diese Menschen etwas tun, was heute im wirklichen Leben nur selten vorkommt. Ich sehe, wie sie an der Praxis eines Therapeuten vorbeigehen, dessen Ausbildung zwar fachliche Kompetenz, aber keinen göttlichen Charakter garantiert. Ich sehe sie Bücher in den christlichen Buchladen zurückbringen – Bücher, deren Titel versprechen, was nur später im Himmel zu haben ist. Ich sehe, wie sie den Handzettel, der für das Seminar wirbt, von dem alle reden, nehmen, kurz überfliegen – und dann wieder zurücklegen.

Ich sehe diese Menschen in das Zimmer der einsamen Witwe stolpern, ich sehe sie ins Café gehen, um ein paar Stunden mit dem alten, müden Witwer zusammenzusitzen. Ich sehe sie an die Tür eines Studierzimmers klopfen, in dem jemand auf sie wartet, der weiß, was Demut ist, und der sich nach dem Himmel sehnt; jemand, der ihnen den Weg zu Christus zeigt, ohne sich selbst in den Mittelpunkt zu stellen.

Ich sehe eine Generation, in der es keinen solchen Mangel mehr an Mentoren gibt, in der Pastoren und Gemeindeälteste wieder geachtet werden, weil sie ihrer Gemeinde wirklich Hirten und Vorbilder sind. Von christlichen Leitern wird dann nicht mehr verlangt, ihren Dienst so zu tun, wie ein Direktor seine Firma leitet, sondern sie werden vielmehr als Männer verehrt, die eine besondere Beziehung zu Gott haben.

Wenn ich genau hinsehe, dann entdecke ich im Volk Gottes ein ganzes Heer von weisen Männern und Frauen, die mit nichts anderem ausgerüstet sind als freundlicher Urteilskraft und durchdringender Weisheit; Eigenschaften, die im Feuer des Leidens herausgebildet wurden. Sie haben einen Preis gezahlt, den zu zahlen nur wenige bereit sind. Und das über Jahre hinweg und ununterbrochen. Diese Männer sind wahre *Väter*, diese Frauen sind *Mütter*, von Gott geprägte Menschen, deren stille Gegenwart man spürt und schätzt.

Ein junges Ehepaar schrieb mir voller Verzweiflung: «Wir sind seit sechs Jahren verheiratet, und es klappt einfach nicht. Können Sie uns einen guten gläubigen Therapeuten in unserer Nähe empfehlen?»

Warum wendet sich dieses Paar an mich, einen geschulten, diplomierten Psychologen, statt einen Ältesten aus seiner Gemeinde um Rat zu bitten? War es mein Titel, der sie anzog? Meine Art? Warum verlangen die meisten Menschen, wenn sie ein Problem haben, sofort nach «professioneller Hilfe»? Warum wenden sie sich nicht an kluge, gläubige Männer und Frauen? Die meisten würden sich wegen ihrer Panikattacken oder sexueller Kämpfe genausowenig an einen Ältesten ihrer Gemeinde wenden, wie sie ihren Pfarrer um eine Wurzelbehandlung bitten würden. Warum nur?

Unsere Gesellschaft ist dem verhängnisvollen Irrtum aufgesessen, daß sich unsere persönlichen Probleme ihrem Wesen nach nicht von den körperlichen unterscheiden. In beiden Fällen meinen wir, der Fehler könne nur von einem Experten behoben werden, dessen Wissen weit über die Weisheit der Bibel hinausreicht. Dabei haben wir völlig aus den Augen verloren, daß jedes nicht körperliche Problem im Kern ein moralisches ist*, dessen Wurzeln in der Beziehung des Menschen zu Gott liegen.

---

* Ich glaube *nicht*, daß alle persönlichen Probleme eine direkte Folge persönlicher, bewußter Sünde und durch noch größeren Gehorsam zu heilen sind. Eine intensivere Auseinandersetzung mit diesem Thema findet sich in meinem Buch: *Von innen nach außen*. Basel, 1990.

Wir haben in der Folge eine Generation von Therapeuten herangezogen, ein Heer von Beratern, die darauf geschult sind, sich mit Problemen auseinanderzusetzen, die sie kaum selbst verstehen, weil sie die meiste Zeit im Hörsaal gesessen und versucht haben, Experten zu werden, statt in der Nähe Gottes zu lernen, wie man ein wirklicher Ältester wird. Wir haben kein Interesse daran, Mentoren hervorzubringen, weise Männer und Frauen, die wissen, wie sie zum Kern der Dinge vorstoßen können, und die Stärke haben, mit Gottes Hilfe die Fehler beim Namen zu nennen.

Wenn mein Traum wahr würde, dann hätte das Konsequenzen für unsere gesamte Kultur. Wie ein Erdbeben die Landschaft dramatisch verändert, so würde dieser Traum unsere liebsten Strukturen von Grund auf umgestalten und all die fest verwurzelten Vorstellungen, wie unser Leben auszusehen hat, zum Einsturz bringen.

Alles Nichtmaterielle würde sich verändern. Dinge, die auf wissenschaftlichen Tatsachen und empirisch geprüften Verfahren basieren, wären natürlich nicht betroffen. Chirurgische Methoden und statistische Berechnungen für den Bau von Wolkenkratzern wären nicht in Frage gestellt, genausowenig wie der sinnvolle Einsatz von Medikamenten bei Panikattacken, zwanghaften Persönlichkeitsstörungen oder manchen Fällen von Depression.

Aber wie wir Gemeinde «gestalten», wie wir Leben beeinflussen, wie wir soziale und moralische Führung bieten, wie wir in unseren Familien oder Gemeinden miteinander umgehen, all das würde eine radikale Veränderung erfahren.

Der Grad der Berühmtheit wird nicht mehr wichtig sein. Ein paar Sätze von einem Ältesten werden mehr bedeuten als alle Geheimnisse erfolgreichen Lebens, die uns von einem renommierten Kommunikationstechniker an einem Wochenendseminar nahegebracht werden. «Große» christliche Veranstaltungen werden sich auf Evangelisationen oder ernsthaftes Gebet, Anbetung oder biblische Unterweisung beschränken. Man wird den Abend im Wohnzimmer eines Mentors mehr schätzen als die Möglichkeit, einen Großanlaß zu besuchen, der vor allem die

Gefühle anspricht. Man wird wissen, daß ersteres das Leben tiefer beeinflussen kann als das zweite. Preisverleihungen in christlichen Veranstaltungen werden nicht mehr durchgeführt, als hätte Hollywood Pate gestanden. Wenn Ehrungen ausgesprochen werden, dann so, daß der Geehrte sich eher im positiven Sinne gedemütigt fühlt, als daß er wegen seiner Leistungen hochgelobt wird. Niemand wird Christus den Rang streitig machen wollen.

In meinem Traum sehe ich:

Eine Generation von Mentoren; weise, ältere Menschen, deren Rat zu den Herausforderungen des Lebens uns wichtiger ist als das Wissen ausgebildeter Spezialisten; von Gott geprägte Männer und Frauen, deren Stärke und Weisheit unsere Herzen mehr berühren als alle Erkenntnisse und Methoden der Experten.

Wenn mein Traum wahr werden soll, dann ist ein Wunder nötig, ein echtes Wunder Gottes. Kein sensationelles Pseudo-Wunder, aus dem eine Bewegung entsteht, sondern eines der soliden, tiefen Art, das eine *Reformation* in Gang setzt. Bewegungen hatten wir viele, Happenings, die die Menge in ihren Bann ziehen und es in die Schlagzeilen schaffen. Aber eine Reformation hat es schon seit einigen Jahren nicht mehr gegeben. Vielleicht wäre es an der Zeit.

Mein Traum läßt sich letztlich in einem einzigen Satz zusammenfassen, der ebenso schlicht wie inhaltsschwer ist: *Wenn Männer wieder Männer werden, wird sich die Welt verändern.* Natürlich gilt dasselbe für die Frauen: Wenn Frauen wieder Frauen werden, wird sich die Welt verändern. Man könnte – und sollte – in der Tat ein Buch schreiben über einen ähnlichen Traum, einen Traum, in dem ältere Frauen wieder Mütter werden und jüngere es lernen, Schwestern zu sein. Das wäre eine sinnvolle Ergänzung zu diesem Buch über geistliche Väter und Brüder.

In meinem Traum werden ältere Männer zu Vätern und jüngere zu Brüdern. Wenn die Männer in der ganzen Welt *ihre Stimme wiederentdecken, ihre Kräfte einsetzen und wieder Freude daran finden*, Gottes Ruf zu echtem Mannsein zu gehorchen, dann wird die Welt der Christen sich grundlegend ändern. Das ist mein Traum.

Aber ich habe auch Angst. Ich habe Angst vor genau den Dingen, die mir eigentlich Mut machen sollten. Ich habe Angst vor der Aufmerksamkeit, die das Thema Mannsein erhält. Ich habe Angst, daß alles Gute, das daraus vielleicht entstehen mag, einen Rückschlag erleidet und sich auf einmal herausstellt, daß diese ganze Männerbewegung auf Sand gebaut ist.

Ich habe Angst, daß wir uns den drängenden Problemen in uns, die unser Mannsein entstellen und die nur durch eine langwierige und schmerzhafte Operation behoben werden können, nicht wirklich stellen. Daß wir unsere Ziele zu niedrig stecken, daß wir einem zu leichten Sieg hinterherrennen und nicht die tiefere Liebe zu Christus im Mittelpunkt steht.

Vielleicht begnügen wir uns mit einem Zerrbild echten Mannseins. Manchmal kommt es mir vor, als sei dieser Wunsch, «ein echter Mann zu werden», nichts anderes als eine Modeerscheinung, eine *Bewegung* mit den üblichen Begleiterscheinungen: Begeisterung der Massen; Hoffnung auf neue Lösungsansätze; Redner, die es verstehen, die Zuhörer in ihren Bann zu ziehen; die gute Absicht begeisterter Zustimmung und die Ideen des gerade gängigen Gurus.

Was wir *nicht* brauchen, ist ein vorübergehender Ausbruch von Entschlossenheit und Begeisterung. Dagegen brauchen wir eine Reformation, das tiefe Wirken Gottes, das sich immer wieder im Zerbruch, in Reue, Standhaftigkeit und Freude äußert. Wir brauchen Vollmacht von Gott, um das Geheimnis zwischenmenschlicher Beziehungen auf einer Ebene zu durchdringen, wie Enthusiasmus und Slogans es nie schaffen können. Wir müssen uns Christus so bedingungslos ausliefern, daß alles, was sein Geist in uns hineingelegt hat, wirklich freigesetzt wird.

Uns muß so sehr daran liegen, wirklich Mann zu werden, daß alles andere daneben seinen Reiz verliert und nur diese Berufung wichtig bleibt.

Wenn wir eine Generation von Mentoren werden wollen, wenn unsere Gesellschaft von Männern mit Charakter und Weisheit geprägt werden soll, die der nächsten Generation echte

Frömmigkeit vorleben, dann müssen wir zunächst einmal herausfinden, wie ein Mann aussieht, wenn Christus in ihm Gestalt gewinnt.

In einer Zeit, in der Satan es so gut schafft wie nie zuvor, uns ein Zerrbild der Wirklichkeit zu verkaufen, in der wir den bequemen schmalen Weg mit dem noch schmaleren verwechseln, müssen wir zunächst einmal eine klare Vorstellung davon gewinnen, was das eigentlich bedeutet: das Wunder des Mannseins.

Kapitel 2

Der männliche und der unmännliche Mann

Diesmal steckte er wirklich im Schlamassel. Er hatte schon genug wichtige Leute gegen sich aufgebracht. Aber so schlimm wie diesmal war es noch nie gewesen.

Seine Freunde wollten ihm helfen; junge Männer, tatkräftig und willensstark, in der Blüte ihrer Jahre, bereit, alles für ihre Ziele einzusetzen. Sie saßen zusammen, um zu beraten, was zu tun sei. Aber eine richtig zündende Idee kam keinem, und sie waren sich dessen durchaus bewußt. Die Sache hatte sich schon zu weit entwickelt.

Bald drehte sich die Unterhaltung nicht mehr um mögliche Lösungsvorschläge. Statt dessen begannen sie sich zu beklagen. Sie waren außer sich. Es war einfach nicht fair. Politik! Das war es. Ein schmutziges Geschäft.

Kurz nach ihrem Treffen versuchte einer von ihnen, ein finsterer, großer Mann mit von Wind und Seeluft gegerbter, olivenbrauner Haut, sich mit einem der Speichellecker von der anderen Seite anzulegen. Es tat gut, einfach mal draufloszuschlagen. Auch das Fluchen half. Aber wieso tat *er* eigentlich nichts? Schließlich ging es doch um ihn, um seinen Kopf.

Sie hatten Angst. All ihre Hoffnung war zunichte gemacht. Was sollten sie jetzt tun? Was sollte aus ihnen werden, wenn er fortgeschickt wurde? Das war alles, was sie noch denken konnten.

Plötzlich rief er sie zusammen. Gut! Jetzt würde endlich etwas geschehen. Er hatte einen Plan. Jetzt nahm er die Angelegenheit in die Hand. Aber nichts dergleichen. Er sagte lediglich: «Es wird ziemlich schwierig für uns werden. Und mir geht die Sache allmählich an die Substanz. Ich möchte, daß ihr bei mir bleibt.» Es war sicher nicht das erste Mal, daß er bedrückt wirkte. Aber nicht in diesem Maße.

Ja, sie wollten in seiner Nähe bleiben. Aber es war nicht leicht, hilflos dabeizustehen und zuzuschauen. Außerdem hatten sie schon seit Tagen nicht mehr richtig geschlafen.

Warum hatte er beim Verhör nicht den Mund aufgemacht? Er hatte doch einflußreiche Freunde. Warum hatte er sich nicht auf sie berufen? Er tat nichts, um sich selbst zu helfen. Er hatte sich wohl damit abgefunden – nein, er schien bereit und willig –, das alles durchzustehen, als wäre es sein Schicksal.

Sie hatten ihn als schwach erlebt, als er davon sprach, was vor ihnen lag; aber nun war er wieder ruhig und gefaßt. Wie schaffte er das bloß? Warum forderte er nicht sein Recht ein – oder schrie nach Rache? Und die ganze Zeit, bis zum Schluß, kümmerte er sich mehr um seine Freunde – und um seine Feinde – als um sich selbst, obwohl doch *ihm* das Verhängnis drohte.

Einer, der ihn längere Zeit beobachtet hatte, faßte in Worte, was viele dachten: «Nie hat ein Mensch so geredet wie dieser!»

*

Dieses Buch ist ein kleiner Versuch, die Männer zum Nachdenken darüber zu ermuntern, was es heißt, ein von Gott geprägter Mann zu sein, ein Mann, der in seiner Gemeinde als Vertrauensperson angesehen wird, ein Mann, der mehr wegen seinem geistlichen Einfluß geschätzt wird als wegen seinem Können oder seiner Leistung.

Unsere christliche Gesellschaft kann heute ganz grob in zwei Gruppen unterteilt werden: ein paar wenige «bedeutende» Experten – ausgebildete Theologen, beliebte Pastoren und Prediger, einflußreiche Geschäftsleute, hauptamtliche Mitarbeiter, packende Redner, Spezialisten für Selbsthilfegruppen, dazu die vielen rechtschaffenen Leute aus der Mittelschicht mit einem soliden Beruf und netten Kindern, die auch mal eine Bibelarbeit leiten. Und dann kommt der Rest: alle anderen, die ganz normalen Leute, die sich irgendwie durchschlagen, die genießen, was irgend sich ihnen an Vergnügungen bietet, und die in schwierigen Situationen versuchen, halbwegs den Kopf oben zu behalten. Sie haben kein finanzielles Polster, keinen Wohlstand und kein Prestige, wodurch sie vor bedrängenden Fragen oder echtem Leid geschützt wären. Wenn sie ihr Leben ansehen, dann fragen sie sich oft, ob das wirklich alles ist.

Doch überlegen wir einmal, wie unsere Gemeinden aussehen könnten, wenn sie nicht aus Fachleuten auf der einen und den «normalen Menschen» auf der anderen Seite bestünden, sondern aus *Ältesten* und *Jüngern*; Ältesten, Männern und Frauen, die Gott wirklich kennen (sie selbst würden zwar behaupten, sie wüßten noch längst nicht genug von ihm; aber man spürt ihrem Leben ab, daß sie ihn immer besser kennenlernen wollen), und Jüngern, Menschen, denen beim Gedanken, daß man Gott tatsächlich so kennenlernen kann, wie sie es im Leben der reifen Christen mitbekommen, ganz warm ums Herz wird. Wenn eine neue Reformation beginnen soll, dann wird sie von den Ältesten in die Wege geleitet, nicht von den Experten.

Wenn ganz normale Männer zu Vaterfiguren, wenn Experten zu Ältesten werden sollen, dann müssen wir uns zunächst Gedanken darüber machen, wie ein von Gott geprägtes Mannsein aussehen muß. Das wird uns erst einmal zur Verzweiflung führen, nämlich wenn wir erkennen, wo wir als Mann versagt haben. Doch dann wird es den unwiderstehlichen Wunsch in uns wecken, diesem Bild nachzustreben und wirklich Mann zu werden.

Ich beginne dieses Kapitel darum mit einer grundlegenden Frage: Wie sieht der von Gott geprägte Mann aus? (Der «von Gott geprägte Mann» ist gleichzeitig auch ein «männlicher Mann». Die beiden Begriff sind austauschbar.)

Ist er breitschultrig, selbstbewußt, erfolgreich, ein harter Kerl? Ist er mächtig, zielbewußt, in der Lage, Gefühle, die seinem Vorwärtskommen im Wege stehen, unter Kontrolle zu halten? Läßt er sich auch von Schwierigkeiten nicht aus der Ruhe bringen, spürt er nie den Drang, davonzulaufen oder auch einmal zu weinen? Zieht er mehr Befriedigung aus dem, was er erreicht hat, als daraus, wie er bei anderen ankommt?

Das ist die traditionelle Vorstellung: Echte Männer sind hart; hart genug, um die Dinge in die Hand zu nehmen, um Entscheidungen zu fällen und durchzuziehen. Doch in den letzten zehn oder zwanzig Jahren hat dieses Bild zunehmend Risse bekommen.

Von den Rednerpodien, auf Konferenzen und in Büchern wird der moderne Mann aufgefordert (und manchmal wird es ihm geradezu befohlen), auch seine sanfte Seite zu zeigen. Er soll zugeben, daß er verletzlich ist; soll es lernen, seine Gefühle zu zeigen; endlich aufhören, sich als den Frauen überlegen zu betrachten; den Teil seiner Persönlichkeit zulassen, der nach Kommunikation und Nähe verlangt und nicht nach Leistung.

Männer, die so leben, wie Gott sie gemeint hat, so wird argumentiert, sind netter, freundlicher, rücksichtsvoller, als wir es bisher von Männern erwartet haben. Aggression und Gewalt, diese traditionell «männlichen» Eigenschaften, die die Männer hinaus in den Kampf treiben, während die Frauen zu Hause sitzen, werden heute als kulturelle Irrtümer belächelt, als Entstellung echter Männlichkeit.

Nach heutigem Verständnis können Frauen über genausoviel «Pioniergeist» verfügen wie Männer. Und der Reiz des häuslichen Lebens sollte Männer ebenso wie Frauen zurück zu Haus und Herd locken. Das Klischee vom Mann, der auf die Jagd geht, während die Frau zu Hause am Spinnrad sitzt, gilt heute nicht mehr. Es entstammt ohnehin viel eher einer langen Geschichte patriarchalischen Denkens als der Bibel. So meint man heute weithin.

Aber es fällt den Männern schwer, Pfeil und Bogen wegzulegen und statt dessen zu Nadel und Faden zu greifen. Die moderne Männerbewegung ist zum Teil eine Gegenreaktion auf die Forderung, der Mann sollte empfindsamer – «femininer», wie manche sagen – werden. Robert Bly hat mit seinem Buch «Eisenhans» den Stein ins Rollen gebracht, in dem er von der «Wildheit» schreibt, die jeden Mann hinaus ins Leben drängt. Mit seinem packenden Buch «Feuer im Bauch» versuchte Sam Keen uns wachzurütteln und machte uns Mut, unsere tiefsten Leidenschaften zu erkennen und freizusetzen.

Keiner dieser Männer, und auch keiner der jüngeren Wortführer in der Männerbewegung, will zu einem Männlichkeitsmythos à la John Wayne zurückkehren (wo der Mann eher hart als zart ist), doch sie alle bringen die berechtigte Sorge zum Ausdruck, daß im Kampf um eine gültige Definition echter Maskulinität etwas Wesentliches, dem Manne Eigenes, verlorengehen könnte.

Und ich stimme ihnen zu. Es ist etwas verlorengegangen. Aber was? Die Vorstellung einer primitiven «Wildheit» ist bei den Männern auf Resonanz gestoßen. Der Ruf, Leidenschaften auszuleben, die noch grundlegender sind als das Streben nach Erfolg oder Sex, wurde von Tausenden gehört. Auch die Aufforderung, entschlossen ihrer Verantwortung nachzukommen, stößt bei den Männern auf offene Ohren. Dafür sollten wir dankbar sein.

Wildheit, Leidenschaft, Entschlossenheit – sind das die männlichen Qualitäten, die uns verlorengegangen sind und die jetzt allmählich wiederentdeckt werden?

Aus Gründen, auf die in diesem Buch noch eingegangen wird, glaube ich, daß die Männerbewegung sich dem wahren Wesen des Mannseins zwar angenähert hat, aber noch nicht bis ins eigentliche Zentrum vorgestoßen ist.

Irgend etwas ist verlorengegangen. Irgend etwas ist mit den Männern nicht in Ordnung. Irgend etwas Gutes, das Gott in jeden Mann hineingelegt hat – und das nur durch die Wiedergeburt zum Leben erweckt werden kann –, führt bei den meisten Männern ein Schattendasein. Deshalb sind nur wenige von ihnen wirkliche Älteste.

Wenn in diesem Buch von Männlichkeit die Rede ist, dann denken wir an eine Energie, eine natürliche Triebkraft im Herzen des Mannes, die Fähigkeit und den Drang, das Leben in einer ganz bestimmten Weise anzupacken.

Männer, in denen diese maskuline Energie unterdrückt oder entstellt ist, sind unmännlich, ganz egal was die jeweilige Kultur dazu meint. Ein Mann ist nur dann männlich, wenn diese maskuline Energie in ihm freigesetzt wird. Doch was um alles in der Welt bedeutet das?

Um eine klarere Vorstellung davon zu bekommen, wie «freigesetzte Männlichkeit» aussieht, mag es hilfreich sein, zunächst einmal kurz den unechten Mann zu betrachten, einen Menschen, dessen männliche Energie brachliegt oder in verfälschter Form zum Ausdruck kommt.

Der unechte Mann

Wer mit einem unmännlichen Mann zu tun hat, erlebt ihn vermutlich als

- herrisch (auf unpersönliche Weise machthungrig)
- destruktiv (oder gefährlich) und
- egoistisch (darauf bedacht, die eigenen Gefühle zu befriedigen).

Der unmännliche Mann *beherrscht* ein Gespräch; er manipuliert Familie und Freunde; er vermeidet Situationen, in denen er nicht weiß, wie er sich verhalten soll. Er vertraut keinem – jedenfalls nicht richtig. Er setzt alles daran, um sich selbst in ein günstiges Licht zu setzen. Denn dann kann er als Sieger aus einer Situation hervorgehen – oder es zumindest vermeiden, in Frage gestellt zu werden. Er ist kein guter Zuhörer. Er stellt nur selten wirklich wesentliche Fragen, statt dessen äußert er lieber seine eigene Meinung, oder er schweigt. Er geht anderen Menschen nicht nach, außer wenn er aus einer Freundschaft selbst Nutzen schlagen kann. Wenn er an einem anderen Interesse zeigt, dann wirkt das etwa so, wie wenn der Autoverkäufer gern ein Foto der Familie sehen möchte.

Er ist *destruktiv*. Mit seinen Worten und Taten verletzt er andere Menschen, auch wenn seine Mitarbeiter sich eine Zeit lang ermutigt oder herausgefordert fühlen (manchmal eine lange Zeit). Seine Familie spürt es als erste, hat aber oft Angst, es zuzugeben, auch vor sich selbst. Häufig ist die Schicht aus Güte und Freundlichkeit so dick, daß erst die Summe der Verletzungen ihre zerstörerische Kraft entfaltet. Manchmal tut er anderen bewußt weh, durch seinen Sarkasmus oder kleine Gemeinheiten; hin und wieder wird er aber auch gewalttätig. Öfter jedoch geschieht es durch Gleichgültigkeit und Desinteresse, jene Art von Waffen, die im Opfer selbst Schuldgefühle hervorrufen.

Die Frau eines unmännlichen Mannes hat nur selten das Gefühl, wirklich geliebt zu werden. Vielleicht sagt sie es nie, aber sie kommt sich oft eher benutzt vor, wie eine Selbstverständlichkeit, manchmal auch gehaßt. Seine Kinder und Freunde halten Distanz. Sie sind zu wütend auf ihn, oder sie haben Angst, ihm allzu nahe zu kommen.

Sein *Egoismus* ist nicht immer sichtbar, kommt aber in schwierigen Zeiten ganz deutlich zum Vorschein. Trotz seiner Freundlichkeit und einer manchmal fast unverantwortlichen Großzügigkeit wird gerade in Krisensituationen besonders offensichtlich, daß es ihm im Grunde vor allem um sein eigenes Wohlergehen geht.

Unmännliche Männer sind herrisch, destruktiv und egoistisch. Allerdings beschreiben diese Begriffe nur, was die anderen sehen, was die Menschen in ihrer Gegenwart empfinden. Wenn man den Lack etwas abkratzt (manchmal ist er ziemlich dick), dann entdeckt man unter diesem Unkraut ein Wurzelwerk, das ein recht hartnäckiges Eigenleben führt. Auf einer Ebene, die im allgemeinen unerforscht bleibt, empfindet der unmännliche Mann hinter seinem Willen zu herrschen eine immense *Machtlosigkeit*; sein zerstörerisches Wesen wird von *Haß und Wut* genährt. Er ist in einem Maße *verunsichert* und verängstigt, daß er allein im Egoismus eine Überlebenschance sieht.

Somit ist der unmännliche Mann in seinem tiefsten Inneren ein *machtloser, wütender, ängstlicher* Mann, der versucht, sein Leben mittels Kontrolle, Einschüchterung und Egoismus zu bewältigen. Die drei letztgenannten Begriffe sind typisch für seinen Beziehungsstil; die anderen – machtlos, wütend und ängstlich – zeigen etwas von dem Kampf, der auf einer viel tieferen Ebene in seiner Seele vor sich geht. Wir wollen uns auch diese drei Eigenschaften etwas näher ansehen.

Machtlos

Immer dann, wenn eine Beziehung allzu verbindlich zu werden drohte, machte Peter einen Rückzieher. Er erklärte das so: «Ich bin mir einfach nicht sicher, ob ich wirklich das Zeug dazu habe, mich auf so eine enge Beziehung einzulassen. Was passiert, wenn sie irgend etwas von mir verlangt, was ich nicht kann, oder erwartet, daß ich mich anders verhalte?»

Männer, die sich machtlos fühlen, mögen es vorhersagbar. Sie lieben keine Überraschungen. Das Unvorhergesehene ist nur dann ein aufregendes Abenteuer, wenn es in einem Bereich eintritt, in dem der unmännliche Mann sich besonders kompetent vorkommt. Der Adrenalinspiegel des erfahrenen Chirurgen steigt, wenn bei einer Operation irgendwelche Komplikationen auftauchen. Hinterher gibt er vielleicht zu, daß ihm bei der Sache nicht ganz wohl war, aber er tut, was im Moment gefordert ist, und er macht seine Sache gut.

Der für seine Erfolge bekannte Manager zeigt in Krisensituationen manchmal stählerne Nerven und ein Urteilsvermögen, die einen «normalen Sterblichen» schlichtweg das Fürchten lehren. Der routinierte Klempner, der ein Gespür dafür hat, wo der Fehler liegt, und sofort weiß, wie er behoben werden kann, findet verstopfte Abflüsse und tropfende Wasserleitungen langweilig. Und der Intellektuelle läuft in einer hitzigen Debatte zur Hochform auf. Die Argumente seiner Gegner sind ihm so willkommen wie dem Stier in der Arena das rote Tuch. Sie fordern ihn heraus.

Ob Chirurg, Manager, Klempner oder Intellektueller, das Muster ist in jedem Fall das gleiche. Ungewißheit wird vom Mann nur dann als positive Herausforderung empfunden, wenn sie in Bereichen auftritt, in denen er sich kompetent fühlt.

Hinter dem Selbstvertrauen auch des begabtesten Mannes verbirgt sich jedoch eine Angst, die nicht verschwinden will. Der unmännliche Mann wird von dem Alptraum verfolgt, es könnte etwas passieren, womit er nicht umzugehen weiß; er müsse womöglich fremdes Land betreten, ein Gebiet, in dem er seine Fähigkeiten noch nicht unter Beweis stellen konnte, in dem ihm all seine Begabung vielleicht nichts nützt. Jeder Mann, wenn er ehrlich ist, kennt diese Angst. Nichts spürt der unmännliche Mann stärker, doch er leugnet dieses Gefühl.

Männer, die sonst vielleicht stark erscheinen, scheuen davor zurück, am Sonntag im Gottesdienst die Ankündigungen zu verlesen, mit ihrer Tochter über Sex zu reden, ein Restaurant für eine Jubiläumsfeier zu reservieren oder Freunden gegenüber ihre wirklichen Gefühle einzugestehen. Es ist dann nicht überraschend, daß der unmännliche Mann seine Machtlosigkeit vor allem in dem Bereich am deutlichsten empfindet, der sich letztlich jeder Kontrolle entzieht – den zwischenmenschlichen Beziehungen. Den Ansprüchen der eigenen Frau gerecht werden, sich so verhalten, daß die Kinder eine gesunde Achtung entwickeln, den echten Austausch mit Freunden pflegen – das sind die Dinge, denen gegenüber der Mann sich hilflos und wehrlos vorkommt.

Um seine Hilflosigkeit zu kaschieren, wendet sich der machtlose Mann Dingen zu, die er beherrscht – in denen er sich also auskennt –, und geht dem aus dem Wege, was er fürchtet. Er deklariert diese Dinge als wichtig und schenkt ihnen bald seine ungeteilte Aufmerksamkeit. Dabei können sie die unterschiedlichsten Formen annehmen. Mal ist es eine so banale Beschäftigung wie das Autowaschen, mal etwas so Verkehrtes wie das Verführen einer anderen Frau, mal ist es die nervtötende Angewohnheit, jedes ernste Gespräch mit einem kleinen Scherz zu garnieren. Vielleicht schreibt er eine hochgelobte Kulturkritik, die sich zum Bestseller entwickelt, oder er kennt nichts anderes als den Ausbau seines Geschäfts oder das Wachstum seiner Gemeinde. Der machtlose Mann verbringt sein Leben damit, sichtbare Ergebnisse zu schaffen, und redet sich ein, das sei wichtig.

Zornig

Der zornige Mann ist leicht verärgert. Er ist erbost, wenn ihn jemand auffordert, etwas zu tun, was nicht in seinem Zuständigkeitsbereich liegt, sich auf Hilfsmittel zu verlassen, von denen er gar nicht sicher weiß, ob er sie hat. Wenn seine Frau ihn bittet, sich mehr um sie zu kümmern, dann denkt der zornige Mann sofort an alles, was er ihr bereits gegeben hat. Meistens handelt es sich um eine Liste materieller Dinge («Sieh doch nur das Haus, in dem wir wohnen»), Sünden, die er nicht begangen hat («Ich bin dir immer treu gewesen»), oder günstige Vergleiche mit anderen Männern («Wenigstens hänge ich nicht jeden Abend vor dem Fernseher und ziehe mir den Sport rein wie dein Bruder.

Ich gehe jeden Sonntag in die Kirche, und ich fahre Susi zur Klavierstunde. Was willst du noch mehr?»).

Unmännliche Männer lassen sich schnell herausfordern. Es muß nicht viel geschehen, und sie brausen auf. Der Zorn sitzt ganz dicht unter der Oberfläche. Das Leben verlangt ständig mehr, als sie sich selbst zutrauen. Die Verpflichtungen reißen nie ab. Daß man heute die Zähne putzt, bedeutet nicht, daß man es morgen lassen kann. Und selbst das regelmäßige Putzen ist keine Garantie dafür, daß der Zahnarzt nichts findet.

Wenn wir der Zahnarztpraxis entkommen, ohne den Bohrer gehört zu haben, ist die Freude trotzdem nur von kurzer Dauer. Auf dem Rücken entdecken wir plötzlich einen Leberfleck, und er hat so eine seltsame Farbe. Oder der halbwüchsige Sohn kommt mit einem schlechten Zeugnis nach Hause. War er einfach faul, oder nimmt er womöglich Drogen, oder leidet er unter Konzentrationsstörungen? Vielleicht braucht er Medikamente, damit er sich besser konzentrieren kann? Oder sollte er lieber eine christliche Schule besuchen? Dann fällt, gerade als der Winter einbricht, die Heizung aus. Die Frau beschwert sich, daß man ihr schon lange keine Blumen mehr mitgebracht hat. Und man möchte nur noch weh tun, schreien oder um sich schlagen.

Es gibt Zeiten im Leben, da läuft alles schief. Zwar gibt es auch Perioden – meist sind sie kürzer –, da läuft fast alles glatt. Frau und Kinder sind zufrieden, der Lohnsteuerjahresausgleich ist höher ausgefallen als erwartet, und die Tochter hat sich mit dem Jugendleiter der Gemeinde angefreundet. Doch selbst in solchen Phasen spürt man eine leise Ahnung, daß von irgendwo Unheil droht, wie von der einen dunklen Wolke, die gerade dann aufzieht, wenn der Gartengrill aufgebaut ist.

«Laß mich in Ruhe!» schreien wir. Wir meinen niemand Bestimmtes. Oder doch Gott, wenn wir zugeben, daß unsere Wut sich letztlich gegen ihn richtet. Und das Leben (oder Gott) scheint zu erwidern: «Paß bloß auf! Bald geht es weiter. – Wann? Du wirst schon sehen.»

Es ist zum Verrücktwerden. Und die Wut, wie sie die meisten Männer empfinden, rechtfertigt dann Reaktionen, die jeder besonnene Mensch sofort als verkehrt erkennen würde. Was wir im Zorn tun, richtet meist bei anderen Menschen Schaden an, wir aber fühlen uns danach besser. Beide Auswirkungen mögen wir.

Die Befriedigung ist jedoch schal und nur von kurzer Dauer. Irgendwann macht sie einer inneren Leere Platz. Dann wächst das Gefühl, diesem Leben und seinen Anforderungen tatsächlich nicht gewachsen zu sein.

Schließlich kommen wir an den Punkt, wo wir nur noch an Rache denken. Sicher, nur die wenigsten Männer werden von einer ständigen Zerstörungswut getrieben, doch ab und zu steigt sie in uns auf, heftig und drängend. Der unmännliche Mann empfindet ein seltsames Hochgefühl, wenn er dieses zerstörerische Potential in sich spürt. Er fühlt sich noch besser, wenn er ihm nachgibt.

Die fehlgeleitete maskuline Energie kann in der Gestalt von Sarkasmus daherkommen. Vielleicht erzählt man «In»-Witze, bei denen bestimmte Menschen absichtlich ausgegrenzt werden. Man benutzt seinen scharfen Verstand, um andere einzuschüchtern – oder beachtet sie einfach nicht. Unmännliche Männer leben ihr Potential oft in der Phantasie aus. Eine weitere Ausdrucksform ist körperliche Gewalt.

Wenn ein Mann nicht die Freude kennt, die eine gesunde freigesetzte maskuline Energie bewirkt, dann freut er sich an der Macht. Destruktive Männer sind nicht männlich: sie sind wütend wegen ihrer entstellten Männlichkeit; sie sind wütend auf andere Menschen, sie sind wütend auf das Leben und auf Gott. Sie sind voller Rachegedanken gegen jeden, nur nicht gegen sich selbst.

Wenn ich hinter einem langsamen Menschen die Treppe hinuntergehe, dann spüre ich manchmal den Drang, ihm zu einer etwas schnelleren Gangart zu verhelfen. Die Vorstellung, ihn zu schubsen und zuzusehen, wie er die Stufen hinunterstürzt, hat etwas Verlockendes.

Ängstlich

Was passiert, wenn sich herausstellt, daß ich ein Versager bin? Einer, der dem Leben nicht gewachsen ist? Was ist, wenn ich es nicht schaffe, die Dinge zu erledigen, die wirklich wichtig sind? Was, wenn ich alles ruiniere – meine Familie, Freundschaften, die Arbeit – und auf einmal allein dastehe, ein Verlierer, nackt und bloß? Wenn ich zugebe, daß all mein Geld, mein Besitz, die glücklichen Momente meines Lebens die entsetzliche Leere in meinem Inneren nicht ausfüllen können?

Der unmännliche Mann lebt in ständiger Angst, die ihn, wie ein hoher Blutdruck, langsam und schleichend umbringt. Die Angst geht nicht weg. Meist bleibt sie auch unter der Hülle von Erfolg, Ansehen und Routine verborgen. Manchmal bricht sie durch. Dann kommt es zu Kurzschlußhandlungen oder zur Depression. Manchmal spielt man mit dem Gedanken, sich das Leben zu nehmen oder einen anderen umzubringen oder etwas bewußt Unmoralisches zu tun.

Doch ob die Angst schlummert oder bewußt wird, Abhilfe ist nötig; und alles, was sich anbietet, ist recht. Aber auch wenn die Vorstellung, den Hund zu prügeln oder die Frau anzuschreien, ihren Reiz hat: Schöner ist es, sich mit angenehmeren Dingen Erleichterung zu schaffen. Das betäubt die Angst und bringt Vergnügen, birgt aber kein Risiko.

Möglichkeiten gibt es genug. Pornographisches Vergnügen ist nicht weiter entfernt als der nächste Kiosk. Wer beim Kauf des «Playboy» eine zu hohe innere Hürde überwinden müßte, kann sich in der eigenen Phantasie oder Erinnerung ähnliche Vergnügen schaffen. Ein Besuch im Restaurant, wo am Morgen die gut proportionierte Kellnerin Dienst tut – die, die Sie immer so nett anlächelt –, hilft auch. Das Ziel heißt *Erleichterung*: schnell, zuverlässig und einfach zu haben. Freude in Gott zu suchen ist anstrengender. Der verängstigte Mann will sofort Hilfe!

Ich fasse zusammen. Wo die maskuline Energie nicht freigesetzt, sondern entweder unterdrückt oder entstellt wird, da

- fühlt der Mann sich machtlos. Dieses Gefühl wird dadurch kompensiert, daß er sich auf ein Gebiet konzentriert, das er beherrscht. Er wird *aggressiv*.
- wird er wütend und überzeugt sich selbst, daß ihm Rache zusteht. Er wird *beleidigend*.
- empfindet er eine tiefe, furchtbare Angst, für die er keine Lösung und keinen Ausweg sieht. Die einzige Hoffnung liegt darin, daß er sich kurzfristige Erleichterung verschafft. Er betäubt die Angst durch sexuelles Vergnügen und wird schließlich *süchtig*.

Der männliche Mann

Der echte Mann ist anders. Wenn die Energie, die Gott selbst in ihn hineingelegt hat, sich auf gesunde Weise äußern kann, dann

- weiß der Mann, daß er stark und nicht machtlos ist. Starke Männer ergreifen die Initiative, selbst wenn sie nicht ganz sicher sind, was zu tun ist. Sie wissen, daß sie dazu berufen sind, auch in ihrem Beziehungsstil Gottes Wesen widerzuspiegeln, und dieses Wissen treibt sie mehr an als der Wunsch, irgendwie mächtig zu erscheinen, oder die Angst vor der eigenen Unfähigkeit. Der männliche Mann ist nicht aggressiv; er ist *aktiv*, und er will Beziehungen fördern. Seine Stärke soll anderen zur Hilfe werden und nicht dazu dienen, *ihm* ein Gefühl der Überlegenheit zu vermitteln.
- erlebt er, daß er nicht mehr so wütend ist, daß er sich nicht mehr so schnell bedroht fühlt. Manche nennen das Frieden. Der Satz «wir überwinden weit» hat für ihn eine Bedeutung, auch dann, wenn Schwierigkeiten drohen. Der Schmerz, den er empfindet, verstellt ihm nicht den Blick auf das Schicksal der anderen, selbst wenn ihre Nöte vielleicht nicht so groß sind wie seine. Er hat den Mut, den Dingen ehrlich ins Auge zu sehen. Das führt dazu, daß er an diesem Leben in einer gefallenen Welt leidet, daß er sich in dieser so unvollkommenen Welt einsam fühlt.

Seine Traurigkeit und Einsamkeit rufen aber höchstens einen gerechten Zorn in ihm hervor, einen Zorn, der Mitgefühl in ihm weckt, aber dennoch unnachsichtig mit der Sünde bleibt. Der befreite Mann verhält sich nicht beleidigend; er ist *freundlich*, nicht schwach. Er ist ein Mann, der seine Macht dazu einsetzt, guten Zielen zu folgen.

• findet er eine Antwort auf seine Ängste – *Freiheit*. Egal, was in seinem Leben passiert, der männliche Mann findet immer genug Handlungsspielraum. Es gibt immer eine Möglichkeit, sich in einer bestimmten Weise zu verhalten, auch wenn es nichts Konkretes zu tun gibt.

Wenn seine Familie auseinanderbricht oder das Geschäft Konkurs anmelden muß, dann ist der männliche Mann – ebenso wie der unmännliche – versucht, um sich zu schlagen oder Ablenkung zu suchen.

Aber er tut es nicht. Er sieht darin eine Möglichkeit, Gott zu verherrlichen, etwas von der Hoffnung auf Gott widerzuspiegeln. Er durchlebt Anfechtung in einer Haltung, die den anderen eher auffällt als ihm selbst.

Der männliche Mann freut sich an der Freiheit, an der ungehinderten Möglichkeit, sein Mannsein auszuleben. Er ist nicht süchtig. Er ist streng mit seinem Körper, damit er nicht unter eine fremde Macht gerät. Er kämpft hart gegen das unablässige Verlangen nach Vergnügen. Er folgt einem Plan. Er lebt *zielgerichtet*. Er weiß, was er zu tun hat und wie er es erreichen kann.

Tag für Tag bewegen wir uns entweder auf dieses echte Mannsein zu oder davon weg.

Es ist eine der großen Tragödien unserer Tage, daß so viele Männer sich auf einem Weg befinden, von dem sie meinen, er würde sie zu den berechtigten Freuden an ihrem Mannsein führen. Manchmal dauert es Jahre, bevor sie erkennen, daß sie in der falschen Richtung unterwegs sind, daß sie einem Zerrbild der echten maskulinen Energie folgen und auf diesem Weg nur noch machtloser, verbitterter und ängstlicher werden.

«Manchem scheint ein Weg recht; aber zuletzt bringt er ihn zum Tode» (Sprüche 14,12).

Bevor wir uns damit befassen, was das Wesen echten Mannseins ist, wollen wir untersuchen, wo die Wurzel dafür liegt, daß Männer auf diesem falschen Weg weitergehen.

Kapitel 3

Die Bibel als Kochbuch

Sie waren beide nervös – und ziemlich geladen. Es war ihr erster Termin bei Dr. Gilbert, dem Eheberater, den ihnen ihr Pfarrer empfohlen hatte.

Gegen Ende ihres ersten Ehejahres hatte sie plötzlich davon zu reden begonnen, daß sie Hilfe bräuchten. Er hatte damit nichts anfangen können. Er meinte, sie sollten doch lieber versuchen, alleine klarzukommen. Wenn sie nicht damit gedroht hätte, ihn zu verlassen, dann säße er jetzt nicht hier in Dr. Gilberts Praxis, knapp zwei Wochen vor ihrem zweiten Hochzeitstag. Er war neunundzwanzig. Sie war ein Jahr jünger.

Sie wirkte nervös. Er nicht, so meinte er. «Na gut», hatte er zu ihr gesagt, «ich komme einmal mit und schaue mir an, ob dieser Typ weiß, wovon er spricht.»

Nachdem er ihnen eine Tasse Kaffee angeboten hatte, die sie aber beide ablehnten, kam Dr. Gilbert sofort zur Sache. «Was führt Sie zu mir?» Der weiß, wo es langgeht, dachte der junge Mann. Das war gut. Freundlich, aber bestimmt.

Sie brauchte keine weitere Aufforderung. Kaum war die Tür vor ihr geöffnet, da stürmte sie hindurch, und sie begann mit den Worten, die ihr Mann schon so oft gehört hatte: «Dr. Gilbert, unsere Ehe ist in der Krise.»

Fast fünfzehn Minuten lang erschlug sie ihn förmlich mit einer Geschichte nach der anderen. Das dauernde Auf und Ab in der Freundschaft; Absturz pur in der Ehe. Fast immer Streit. Keine echte Zärtlichkeit. Keine. Nur Sex. Halte es nicht länger aus. Dafür habe ich nicht geheiratet.

Zum Abschluß wiederholte sie die übliche Beschwerde: «Jedesmal wenn ich versuche, ihm zu sagen, wie mir zumute ist, dann fängt er entweder an, mir Vorwürfe zu machen, oder er sagt einfach gar nichts.»

Ihr Mann beschloß, sich auch einmal zu Wort zu melden. Er

brauchte keine Einladung von Dr. Gilbert. «Hören Sie, ich habe ihr schon tausendmal gesagt, daß ich bereit bin, alles zu tun, damit es in unserer Ehe klappt. Ich liebe sie. Ich bin sogar mit ihr zu dem Eheseminar gegangen, weil sie gemeint hatte, es würde uns helfen. Und ich habe wirklich versucht zu machen, was der Typ erklärt hat. All diese Sachen von wegen die Kommunikation verbessern, ihr zu sagen, daß ich sie liebe, und zwar so, daß sie es verstehen kann. Ein paar der Schritte, die das Feuer zurückbringen würden.»

Er schwieg einen Moment und studierte das Gesicht des Beraters. Dr. Gilbert sah weder besonders überzeugt noch irgendwie skeptisch aus.

Der junge Mann redete weiter. «Unser Pfarrer hat gesagt, Sie wären gut, deshalb dachte ich, wir könnten es ja mal versuchen. In einem Punkt hat sie recht – so kann es wirklich nicht weitergehen. Wenn ich Zahnschmerzen habe, dann gehe ich zum Zahnarzt. Also, wenn es in meiner Ehe nicht klappt, dann gehe ich in die Beratung. Das leuchtet mir irgendwie ein.»

Sie fiel fast vom Stuhl. «Da sehen Sie, wie er ist!» schrie sie. «Ich möchte einen Mann, der mich versteht, mit dem ich mich unterhalten kann. Und er? Er will immer etwas reparieren. Das hört sich an, als wäre unsere Ehe so etwas wie ein kaputtes Auto.»

Dann, ruhiger und mit Tränen in den Augen: «Ich bin doch kein Ding, das kaputt ist. Ich bin ein Mensch, eine Frau, ich will doch nur geliebt werden. Ich weiß einfach nicht, ob wir je wieder miteinander glücklich sein können.» Die Tränen flossen jetzt ungehindert.

Er haßte es, wenn sie weinte. Dann zog sich immer etwas in ihm zusammen. Er kam sich so hilflos vor. Auch wütend, unsicher, aber vor allem hilflos. Sie weinte weiter. Er rührte sich nicht.

Dr. Gilbert brach das Schweigen. «Sagen Sie mir, was Sie jetzt gerade denken.»

Die Frage war an ihn gerichtet. Er zuckte nur die Achseln und erwiderte: «Ich weiß nicht, was ich machen soll.»

*

Als Junge habe ich im Sommer oft auf dem Rücken im warmen Gras gelegen, kurz bevor ich ins Bett mußte, und in den sternenübersäten Himmel geschaut. Ich weiß noch, wie klein ich mich dabei fühlte – und ich erinnere mich, daß ich das mochte. Ich glaube, das lag daran, weil ich wußte, da war etwas Großes, etwas viel Größeres als ich, in das ich aber irgendwie hineingehörte. Ich wußte nicht genau, was es war, aber es hatte irgend etwas mit der großen Geschichte zu tun, die Gott erzählte. Ich wollte diese Geschichte kennenlernen, und ich wollte dazugehören.

Ich habe inzwischen feststellen müssen, daß es ein großer Unterschied ist, ob man zum Himmel aufschaut oder ob man sich in seine Bücher vergräbt, eine Doktorarbeit schreibt oder in einer Praxis Seelsorge betreibt. Wenn ich die Sterne betrachte, dann denke ich an das große Bild. Bei den anderen Aktivitäten besteht die Gefahr, daß ich mich in Details verliere. Die Aufgaben, die sich mir in meinem Erwachsenenleben stellen, haben zum größten Teil damit zu tun, Dinge herauszufinden – zum Beispiel zu verstehen, warum manche Männer mit homosexuellen Trieben zu kämpfen haben, während andere depressiv veranlagt sind – und zu überlegen, wie Probleme überwunden werden können. Dazu ist ein Psychologe doch da – herauszufinden, wo der Fehler liegt, und ihn dann zu reparieren.

Dasselbe wird heutzutage auch von Lehrern, Pfarrern und anderen Christen in Verantwortung erwartet. Sie haben Experten zu sein, die sich mit den «wahren» Problemen des Lebens auskennen. Wenn sie dabei Erfolg haben, dann steigt ihr Bekanntheitsgrad schnell. Wenn nicht, dann werden sie als schwach abgestempelt oder gelten als wenig hilfreich. In beiden Fällen zeigt sich aber, daß man heute mehr an kleinen, überschaubaren Portionen interessiert ist als an dem gesamten Bild, dem Bild, das ich an den Himmel gemalt sah, das die Ehre Gottes erzählt und das Werk seiner Hände verkündet (Psalm 19,1).

Die Folge ist, daß die theologischen Erkenntnisse, die heute verkündet werden, eher Lebensrezepte sind als echte Wahrheiten über Gott. Eine «transzendente Theologie», die aus dem großen Bild fließt, ist durch ein Denken ersetzt worden, das ich «Rezepttheologie» nennen will und das sich auf jeweils einzelne Bereiche des Lebens konzentriert. Im Mittelpunkt der transzendenten Theologie steht Gott, sein Wesen und seine Absichten. Im Mittelpunkt der Rezepttheologie steht der Mensch, seine Bedürfnisse und sein Wohlergehen.

Diese Art des Denkens wirkt sich bis in unser Alltagsleben aus. Nehmen wir nur das Beispiel vom Eingang dieses Kapitels, die Geschichte von dem jungen Ehemann, der zwei ganz konkrete Vorstellungen hatte: 1) Es gibt jemanden, der weiß, was zu tun ist, um mit dieser Ehekrise fertig zu werden, und 2) wenn er diesen Jemand findet und seinen oder ihren Rat befolgt, dann wird es mit der Ehe wieder aufwärtsgehen. Der Seminarleiter war nicht der Richtige gewesen. Vielleicht hat der Eheberater das richtige Rezept.

Die meisten Menschen denken so. Wir wollen gern glauben, daß es jemanden gibt, der ganz genau weiß, was wir tun müssen, um unsere Probleme zu lösen, und wir sind – je nachdem, wie ernst die Probleme uns erscheinen – bereit, alles zu tun, was dieser Jemand vorschlägt. Wir sind eine Gesellschaft von *Experten* und *Ausführenden* geworden, entschlossen, die einzelnen Bereiche unseres Lebens in den Griff zu bekommen.

Hier ein paar Beispiele für dieses Denken:

- «Wollen Sie wissen, wie Sie mit den Verletzungen, die Sie in Ihrer Kindheit erlitten haben, fertig werden können? Hier sind die Zutaten, die Gott uns zur Verfügung stellt. Rühren Sie sie nach Anweisung zusammen, und nehmen Sie sie entsprechend ein, und Ihr Selbstwertgefühl ist wieder in Ordnung.»
- «Vielleicht sollten Sie die Stelle wechseln oder mit dem Streß an Ihrer jetzigen Stelle besser umgehen lernen. Hier sind ein paar biblische Aussagen, die Ihnen Hilfe geben können. Wenden Sie sie regelmäßig an, und Sie können im Vertrauen den nächsten Schritt tun und werden die Freude erfahren, die man erlebt, wenn man Gottes Willen tut.»

– «Sind Sie zornig? Ist das Verhältnis zu Ihrem Partner nicht in Ordnung, oder gibt es Probleme mit einem Freund? Hier ist Gottes Rezept, wie Sie den Zorn loswerden, Spannungen beseitigen und Nähe aufbauen können. Und vergessen Sie nicht: *Seine* Arznei wirkt immer.»

Dieser zerstückelte Ansatz hat einen Einfluß darauf, wie ein Mann – ob fromm oder nicht – sich selbst sieht. Ein Mann fühlt sich dann am wenigsten wie ein Mann, wenn die Umstände ihn zwingen, die Hände über dem Kopf zusammenzuschlagen und zuzugeben: «Ich habe keine Ahnung, was ich tun soll», und dann tatsächlich nichts tut. Unentschlossene Ehemänner oder Freunde, liebenswerte Feiglinge, jammernde Opfer – das sind die sichtbar schwachen Männer. Sie sitzen still. Wie eine Fahne, die an einem windstillen Tag schlapp am Mast herunterhängt, bleiben auch sie regungslos. Und wenn sie sich in Bewegung setzen, dann tun sie «männliche» Dinge und schreien ihre Frau an oder einen kleineren Mann; sie trinken zu viel oder masturbieren oder phantasieren. In einer Gesellschaft, die von ihren Männern erwartet, daß sie immer genau wissen, was zu tun ist, fällt es schwer, sich mit Problemen auseinanderzusetzen, für die man kein Rezept und keine Lösung weiß.

Männer berichten oft, daß sie sich vor allem dann so richtig männlich fühlen, wenn sie sagen können: «Ich weiß zwar nicht, was ich *hier* tun soll, aber ich weiß, was *da* zu tun ist. Da kann ich helfen, das mache ich jetzt mal. Das klappt.» Solche Männer sind dann vielleicht erfolgreiche Geschäftsleute, aber unnahbare Väter. Weil sie sich in den Grenzen ihrer Fähigkeiten bewegen, merken sie in der Regel nicht, daß mit ihrem Mannsein etwas nicht stimmt. Sie befassen sich nur mit den Problemen, mit denen sie umzugehen wissen.

Männer, die sich als solche fühlen, etwa weil sie zeitweise tatsächlich kompetent sind, müssen nicht unbedingt auch männlich sein. Nur selten merken sie, daß zu den Bereichen ihres Versagens («Ich weiß nicht, was ich *hier* tun soll») die wichtigsten Beziehungen ihres Lebens gehören. Ihre Erfolge hingegen («Aber ich weiß, was *da* zu tun ist») verbuchen sie dort, wo sachorientierte Problemlösungen gefragt ist. Männer, die sich um des eigenen Wohlbefindens willen mit Aufgaben befassen, die sie auch in den Griff bekommen können, kommen in der Regel da nicht besonders weit, wo es um engere Beziehungen geht.

Oft wollen sie es gar nicht wissen, wie einsam, verletzt oder mißverstanden ihre Frauen sich fühlen. Wenn sie Klagen hören, dann überlegen sie entweder, was sie tun könnten, oder sie setzen sich darüber hinweg. Sie gehen mit ihrem Sohn zum Fußballspiel, aber nie auf eine lange Wanderung. Und sie erzählen niemandem von ihren Kämpfen, schon gar nicht ihren Söhnen. Kompetente Männer können weder richtig zuhören noch sich selbst mitteilen.

Sie genießen vielleicht das Zusammensein mit ihrer Tochter – sie albern herum, necken sich oder versprechen, sie zu beschützen («Wenn einer was von dir will, dann bekommt er es mit mir zu tun!») –, aber selten kommt es zu einer ernsthaften Unterhaltung. Sie wissen nicht viel von gegenseitigem Austausch und vertraulichen Gesprächen.

Frauen und Töchter kompetenter Männer wissen nicht, was es heißt, in der Güte eines Mannes zu ruhen, die so tief reicht, daß sie sogar Schlechtigkeit mildern kann. Sie haben keine Möglichkeit, in einer starken Liebe zu entspannen, der man sich vorbehaltlos anvertrauen kann. Deshalb sind sie praktisch immer im Dienst: Sie müssen dafür sorgen, daß alles läuft. Mit anderen Worten: Kompetente Männer bringen starke Frauen hervor.

Ich meine, ein Mann sei dann am männlichsten, wenn er zugibt: «Ich weiß zwar nicht, was ich in dieser Situation tun soll. Aber es ist wichtig, daß ich mich nicht zurückziehe, sondern etwas unternehme. Ich will deshalb überlegen, was Gott wohl im Leben dieses Menschen oder in dieser Situation vorhat, und dann will ich versuchen, mich entsprechend zu verhalten und Gott um die nötige Weisheit und Kraft bitten.» Der männliche Mann bleibt auch dort am Ball, wo es keine Patentrezepte gibt.

Meine Einwände gegen die Rezepttheologie richten sich nicht gegen ihre biblischen Prinzipien oder den Aufruf, ihnen zu folgen. Sie richten sich vielmehr gegen die Tendenz, aus diesen biblischen Prinzipien Schlüssel für den Erfolg zu machen.

Gott hat uns kein Kochbuch geschrieben, in dem wir für jede Lebenslage das passende Rezept finden. Er geht auf unsere jeweilige Situation ein und lädt uns ein, an einer Geschichte mitzuwirken, die viel größer ist als unser eigenes Leben. Rezepttheologie untersucht die einzelnen Bestandteile unseres Lebens, damit wir *unsere* Geschichte besser erzählen können. Gott hingegen lädt uns ein, *seine* Geschichte mitzuerzählen.

*

Ich habe oft den Eindruck, in unserer heutigen Gesellschaft geht es hauptsächlich darum, das Leben besser in den Griff zu bekommen. Wir meinen, alles müsse funktionieren – wenn nicht das Leben ganz allgemein, so doch wenigstens unser eigenes in einer ganz bestimmten Situation. Wir wollen mit uns selbst zufrieden sein können, nette Freunde haben, genug verdienen, einen Arzt kennen, der uns helfen kann, und von der Umgebung geachtet werden. Die Fachleute sind dazu da, uns dabei zu helfen. Gott auch. Wenn einer der Experten beschließt, Gott um seine Hilfe zu bitten, dann wird er zum «Kochbuchtheologen».

Warum sind wir nur so kurzsichtig? Warum hat das kleinkarierte Denken eine solche Anziehungskraft, während der Gedanke, in das große Bild, das Gott zeichnen will, miteinbezogen zu werden, uns nicht locken kann? Warum fällt es uns so schwer, die Annahme «Das Leben muß doch funktionieren» in Frage zu stellen, und noch schwerer, unsere Forderung, jemand müsse uns doch sagen können, wo es langgeht, aufzugeben? Warum sind die Rezepte so populär?

Könnte es sein, daß es uns, wie schon jeder Generation vor uns, gelungen ist, zumindest einen wesentlichen Aspekt der biblischen Wahrheit zu vernachlässigen, und wir darum ein verzerrtes Bild des Glaubens und des christlichen Lebens haben? Zur Zeit Martin Luthers hatte die Kirche die Lehre von der Gnade aus den Augen verloren. Die Folge war eine Theologie des Ablasses und der guten Werke.

Und heute? Ist uns vielleicht die Freude und die Spannung an unserer Berufung verlorengegangen – nämlich daß wir den unsichtbaren Gott durch unser Leben und ganz besonders durch die Art, wie wir mit anderen umgehen, sichtbar machen sollen? Die einfachste und wichtigste Wahrheit über den Menschen wird auch am häufigsten übersehen – daß wir Gottes Ebenbilder sind. Als Ebenbilder sind wir dazu berufen, mit unserem Leben seine Geschichte zu erzählen, nicht unsere Geschichte mit seinen Mitteln.

Weil wir das vergessen haben, hören wir Gottes Ruf, ihm nachzueifern, nur noch wie ein leises Flüstern. Die Einladung, an unserem Leben zu arbeiten, damit es so funktioniert, wie wir uns das wünschen, wird hingegen von den Dächern geschrien. Wir sind entweder Fans von Selbsthilfelehren («Ich möchte mich besser *fühlen*»), oder wir werden immer sturer und gesetzlicher («Ich müßte noch mehr *tun*»).

Daß wir anderen durch unser Leben etwas von Gottes Wesen offenbaren sollen, ist zu einer religiösen Floskel geworden, der wir durchaus zustimmen. Wichtiger ist es uns jedoch, zunächst einmal die «wirklichen» Probleme anzupacken, nämlich unser Leben so einzurichten, daß wir uns darin auch wohlfühlen können. Praktische Hilfe ist uns wichtiger als das Bewußtsein, nach einem höheren Plan zu leben.

Doch das hat natürlich einen Haken, denn wir können unsere Probleme gar nicht lösen, noch unseren Pflichten aus einer geistlichen Haltung heraus nachkommen, solange wir dem Ruf, als Gottes Ebenbild zu leben, nicht Folge leisten und alles daransetzen, ihn besser kennenzulernen. Wer mit der Theologie der Patentrezepte anfängt, der bleibt immer bei sich selbst stehen. Wer jedoch bei der Theologie der Transzendenz beginnt, der wird zu dem Menschen, der er eigentlich sein sollte.

Ich will das erklären. Die Rezepttheologie kennt heute vor allem zwei Themen. Es geht ihr zum einen darum, Probleme zu lösen (der Ruf nach Heilung), zum anderen darum, Pflichten zu erfüllen (der Ruf nach Gehorsam).

Entweder wir beschäftigen uns mit dem eigenen Wohlergehen, oder wir stehen unter dem Druck, Gutes zu tun. Weder das eine noch das andere aber verschafft uns einen Platz in Gottes größerer Geschichte oder lädt uns ein, an ihr teilzuhaben.

Wer meint, nichts sei wichtiger, als den Schmerz über eine zutiefst geschädigte Persönlichkeit zu lindern oder zu lernen, wie man in einer Beziehung geschätzt und angenommen werden kann, der wird sich für seine Heilung bei der Kochbuchtheologie die richtigen Zutaten heraussuchen. Er wird nach einem Fachmann suchen, der ihm den Weg zu einem volleren, freieren, glücklichen Leben in einer schwierigen Welt zeigt. Auch der Hinweis auf die eigene Verantwortung wird nicht fehlen; im entscheidenden Moment bekommt das persönliche Glück aber Priorität über die Einhaltung von gegebenen Versprechen.

Ein Klient sagte mir einmal: «Ich fühle mich viel mehr wie ein Mann, wenn ich mit der anderen Frau zusammen bin. Ich weiß, das ist verkehrt, aber ich kann mir einfach nicht vorstellen, daß Gott wirklich von mir verlangt, mit meiner Frau zusammenzubleiben, wenn wir uns doch nur gegenseitig das Leben schwer machen.»

Auf der anderen Seite finden wir jene, die mahnend den Zeigefinger erheben und in Gott nicht so sehr den liebevollen «Abba» sehen als vielmehr den Polizisten. Ihre Theologie hat einen anderen Schwerpunkt: auch hier ein Rezept, die Betonung liegt jedoch auf der Verantwortung und den Pflichten des Menschen. Die Folge sind Selbstgefälligkeit und Selbstgerechtigkeit statt echter Freude und Druck anstatt Freiheit.

Ein Freund erzählte mir einmal von seinen Erfahrungen. Schon beim ersten Besuch bei seinem Seelsorger gab dieser ihm einen Computerausdruck mit einer Liste von Bibelversen und die Anweisung, jeden einzelnen auswendig zu lernen und zu befolgen. Wenn ein Mensch versucht, sich einfach noch mehr anzustrengen, um sein Leben in den Griff zu bekommen, dann wird er entweder scheitern und mit Niederlagen leben müssen, oder er hat Erfolg und wird stolz.

Bei beiden Irrtümern bewegen wir uns aber immer noch in einem Bereich des Lebens, den wir, so meinen wir, beeinflussen können. Wir haben es gern, wenn man uns Schritte zeigt, die wir nur zu befolgen brauchen, oder wenn uns unsere Pflichten Gott gegenüber wie ein gut ausgeleuchteter Weg geschildert werden. Dann ist alles klar. Wir wissen, was wir zu tun haben. Wir brauchen den Bereich des Machbaren nie zu verlassen. So lernen wir aber auch nie die Abhängigkeit und das Vertrauen kennen, die nur in der Dunkelheit wachsen.

Stellen wir uns aber nur einmal vor, was geschehen würde, wenn wir den Mut fänden, die machbaren Dinge des Lebens hinter uns zu lassen und in den Bereich des Geheimnisvollen einzutreten. Hier gibt es keine brauchbaren Antworten, und hier ist mehr der Mut gefordert, sich dem Chaos zu stellen, als die Disziplin, die zum Einhalten bestimmter Schritte oder Regeln nötig ist. Nehmen wir an, ein zorniger Vater, dem es bislang nur darum ging, sein Temperament zu zügeln, hätte die Gelegenheit, seinem Sohn etwas vom Herzen Gottes zu zeigen. Vielleicht weiß er nicht, was er konkret tun soll. Aber die Kraft, die seinem Sohn entgegenströmt, wäre eine andere.

Wenn wir die Rezepte auf den ihnen gebührenden Platz verweisen könnten, dann wäre es uns vielleicht möglich, die guten Prinzipien, die sie ja eigentlich verkörpern, als Mittel zu begreifen, wie wir Gott besser kennenlernen können und nicht als Methoden, die uns innere Heilung verschaffen, oder Anforderungen, denen wir mechanisch gehorchen. Vielleicht könnten das Wesen und die Ziele Gottes dann wieder den Platz in unserem Denken einnehmen, der ihnen zusteht, und dies könnte dazu führen, daß sich die transzendente Theologie weiter entwickeln kann.

Ausgangspunkt für ein rechtes Verständnis des Mannseins und dafür, wie man ein geistlicher, männlicher Mann werden kann, ist nicht ein Rezept, wie man Maskulinität entwickelt, oder eine Liste von Zutaten, die man zusammenmischen muß. Am Anfang steht Gottes einzigartiger Ruf. Doch hier stellt sich die Frage, wie der Mann – im Unterschied zur Frau – seine Gottesebenbildlichkeit ausleben soll. Welche spezifische Berufung haben wir Männer im Rahmen einer transzendenten Theologie?

Wer Männern Mut machen will, jene zutiefst männlichen Qualitäten zu entwickeln, die zunächst in Gott vorhanden waren und dann in den Mann hineingelegt wurden, und ihnen dann zu helfen, diejenigen Wesenszüge Gottes, die nur ein Mann richtig wiedergeben kann, auch selbst widerzuspiegeln, der braucht viel Weisheit und ein Gespür für Gott und seine Pläne. Theologische Rezepte reichen hier nicht aus. Eine gelebte Verbindung mit Gott ist gefragt.

Die Kochbuchtheologie paßt besser in den *Bereich des Machbaren*, wie ich es nenne. Doch wenn wir in den *Bereich des Geheimnisvollen* vordringen wollen, dann ist eine transzendente Theologie gefragt. Unser ganzes Leben läßt sich in diese beiden Bereiche aufteilen.

Der Mann besteht naturgemäß darauf, sich im Bereich des Machbaren zu bewegen. Männer, die auf dem Weg zum echten Mannsein sind, finden den Mut, sich in den Bereich des Geheimnisvollen zu begeben.

Ich will die Begriffe etwas näher definieren:

> Der *Bereich des Machbaren* existiert überall da, wo eine Sache mehr oder weniger vorhersehbar ist, wo eine Ordnung herrscht, die so gut zu verstehen ist, daß wir sie anwenden können, damit unser Leben so funktioniert, wie wir es uns wünschen.
>
> Der *Bereich des Geheimnisvollen* besteht überall da, wo wir es mit Dingen zu tun haben, die im letzten unvorhersehbar sind. Auch hier gibt es Ordnungen. Aber wir durchschauen sie nicht, und deshalb können sie uns auch nicht die Kontrollmöglichkeiten an die Hand geben, die wir uns im Grunde von Ordnungen wünschen.

Im Bereich des Machbaren haben wir die Gewißheit, daß wir zumindest beschränkte Einflußmöglichkeiten haben, daß wir uns Ziele setzen und sie auch plangemäß verfolgen können. Im Bereich des Geheimnisvollen haben wir nichts als die Gewißheit, daß da einer ist, dem wir vertrauen, den wir aber nicht beeinflussen können. Alle Ziele in diesem Bereich werden zu Gebetsanliegen, während wir unsere Kraft dafür einsetzen, Gott zu gefallen, anstatt bestimmte Dinge selbst herbeiführen zu wollen.

In unserer Gesellschaft besteht die Tendenz, Beziehungen – auch unsere Beziehung zu Gott – als Aufgabe zu betrachten und dann zu überlegen, was wir tun können, damit sie funktionieren.

Es wäre uns lieb, wenn auch das Wachstum in Christus – und die Pflege guter Beziehungen – in den Bereich des Machbaren gehörten. Also siedeln wir sie auch dort an und versuchen zu ergründen, was nun zu tun ist. Ein Mann beschäftigt sich am liebsten mit Dingen, die er beherrscht. Die Kochbuchtheologie weist ihm den Weg.

Wir müssen zu einer transzendenten Theologie zurückkehren, die uns befähigt, den Schritt in die Dunkelheit zu tun, wo Gott am Wirken ist. Wir müssen erkennen, was es heißt, uns ganz Gott anzubefehlen und dann auch echte Beziehungen zu wagen. Dazu ist es nötig, daß wir uns in den finsteren Bereich des Geheimnisvollen begeben.

Kapitel 4

In die Dunkelheit

Die Tränen, die in ihm aufstiegen, waren anders als sonst. Verzweifelter. Nicht so gereizt wie immer dann, wenn er das Gefühl hatte, nicht genug beachtet zu werden. Und schon gar nicht wie die vorwurfsvollen Tränen, bei denen er sich vorkam wie ein schmollendes Kind, das seinen Willen nicht bekommt.

Nein, diesmal waren sie anders. Irgendwie sauberer. Er weinte nicht, weil er verletzt war oder aus Trotz, und es war auch nicht die Art von Tränen, die einen schalen Geschmack von Ekel oder Abscheu vor sich selbst hinterläßt.

Er eilte fort, weil er allein sein wollte, und wünschte sich, daß sie ihm folgen würde. Und selbst bei diesem Wunsch kam er sich nicht schwach vor, denn er wußte, daß weder sie noch irgend jemand sonst seine Tränen wirklich trocknen konnte. Jetzt stand er am Geländer und sah hinaus auf den See, und einen schrecklichen Augenblick lang starrte er in das schwarze Loch, dieses Loch, von dem er wußte, daß es immer da war, obwohl er es bis jetzt noch nie gesehen hatte, zumindest nicht so deutlich.

Die heitere Schönheit des Wassers, das still wie ein Tuch vor ihm lag und die gezackten, schneebedeckten Gipfel der kanadischen Rockies widerspiegelte, bildete einen scharfen Kontrast zu seiner inneren Verfassung. Er war verzweifelt, in seinem Herzen war es finster. Er hatte keine Antworten und auch keine Kraft mehr. Da war nichts mehr von Schönheit, kein Sinn, keine Liebe. Bis in die tiefsten Tiefen seiner Seele war er aufgewühlt – und das alles wegen einem banalen Mißverständnis zwischen ihm und seiner Frau. Der kleine Zwischenfall erschien ihm jetzt wie eine harmlose Tür, die ihn jedoch, sobald sie einmal aufgestoßen war, unaufhaltsam in das hinter ihr liegende Dunkel hineingezogen hatte.

Das Entsetzen wuchs an und stieg in ihm hoch wie ein Bissen verdorbenes Fleisch, der wieder hinauswill, und mit ungewollter

Heftigkeit entrang sich ihm der Schrei: «Ich weiß nicht, was ich tun soll!» Die Worte waren an kein Gegenüber gerichtet – höchstens an Gott, falls er zufällig hinhörte.

Er hörte keine Antwort, kein beruhigendes Gemurmel; da war keine tröstende Nähe. Und diese Einsamkeit war fast noch schlimmer. War das ein Vorgeschmack der Hölle? Nie endender Schmerz? Niemand da, der helfen konnte? Absolutes Alleinsein?

Aber er war nicht in der Hölle. Der See vor ihm leuchtete in unglaublicher Schönheit. Seine Frau war zu ihm getreten, und er spürte, wie Besorgnis und Güte aus ihrem Herzen strömten. Und er wußte, daß er sich in der Gegenwart Gottes befand. Der verborgene, schweigende Gott war dennoch da.

Seltsam, dachte er. Wie verzweifelt man sich vorkommt, wenn man sich so gedemütigt weiß. Wenn man so ganz von einem anderen abhängt, weil man selbst nicht mehr weiterweiß.

Der Gedanke war wie aus dem Nichts gekommen, und er fand ihn irgendwie reizvoll.

Auch wenn das kein Trost war. Das Dunkel war immer noch da und so dicht, daß er meinte, es anfassen zu können. Er blieb regungslos, wie gelähmt. Sollte er sich seiner Frau zuwenden und sich entschuldigen? Die Schuld vor Gott (auch wenn er es in diesem Moment noch nicht in Worte fassen konnte) war allerdings größer. Sollte er sie in die Arme nehmen? Aber nur ein Mensch, der geliebt wird, kann den anderen richtig lieben. Den Konflikt noch einmal aufwärmen? Sinnlos. Nur eine weitere Gelegenheit, seinen Egoismus unter Beweis zu stellen.

«Ich weiß nicht, was ich tun soll!» Schon wieder dieser Schrei. Alles war so sinnlos. Seine Schuld, die Kälte, sein Egoismus hielten ihn gefangen, lähmten ihn.

«Kann mir denn niemand sagen, was ich tun soll?»

Doch plötzlich schien die Frage belanglos. Sie hatte keinen Reiz mehr. Er wußte, daß es keine Antwort gab, daß es nutzlos war, danach zu verlangen. Doch ein anderer Weg tat sich auf. Etwas anderes forderte seine Aufmerksamkeit.

Und dann hörte er etwas. Worte formten sich in seinen Gedanken, ungebeten, aber doch willkommen. Die Finsternis hatte ihn blind gemacht – er konnte noch immer nicht sehen –, und was er jetzt im Dunkeln hörte, hatte er im Licht noch nie vernommen.

«Ich tappe wirklich im Dunkeln», hörte er sich selbst sagen. «Ich weiß nicht, was ich tun soll. Ich bin völlig durcheinander, verunsichert, und ich habe Angst. Ich habe das Gefühl, keinen Zugang zu Gott zu haben. Mir bleiben nur zwei Möglichkeiten. Entweder warte ich, bis diese Stimmung wieder verflogen ist, und mache dann weiter, so gut ich kann, oder ich liefere mich Gott völlig aus. – Weitermachen hat letztlich keinen Sinn. Die Finsternis kommt zurück, und jedesmal ist sie schlimmer als vorher. Jedesmal führt sie mir neu vor Augen, wie dumm ich mich verhalten habe, und läßt mich voller Verzweiflung eine neue Richtung suchen. Die Finsternis – dieser schreckliche, wohlwollende Engel – zeigt es mir ganz klar. Es gibt nichts anderes, als zu vertrauen! O Gott, von ganzem Herzen will ich mich dir ausliefern. Verbrenne, was dir nicht gefällt, und fülle mich mit deinem Geist. Du hast es mehr als verdient, daß ich dir völlig vertraue. Danke für das Dunkel, in dem ich soweit zur Ruhe kommen durfte, daß ich deine Stimme hören konnte.»

Er griff nach der Hand seiner Frau, und langsam gingen sie zurück in ihr Zimmer. Das Vertrauen war noch nicht wiederhergestellt. Beide empfanden noch nicht, wonach sie sich wirklich sehnten. Die Freude der ersten Liebe war noch nicht zurückgekehrt.

Aber er fühlte, daß etwas viel Besseres vor ihm lag. Und mit dieser Gewißheit verspürte er den Wunsch, Gott näherzukommen, seiner Frau näherzukommen, sich auf das Leben einzulassen wie nie zuvor. Auch seine Frau spürte es: Es gab Hoffnung.

*

Der Mann ist dazu berufen, ins Dunkel hineinzutreten, auch dann noch zielgerichtet und entschlossen vorwärts zu gehen, wenn er den Weg nicht klar erkennen kann. Drei Beobachtungen aus dem Schöpfungsbericht können uns helfen, zu begreifen, was Gott bereits getan hat und wozu er uns Männer beruft.

Beobachtung 1

Über Gott erfahren wir in der Bibel als erstes, daß er der *Schöpfer* ist und daß er etwas schuf, indem er *in die Finsternis hineinsprach.* Auf diese Beobachtung wird in den Kapiteln 4 und 5 näher eingegangen.

Beobachtung 2

Das erste, was in der Bibel über den Mann gesagt wird, entnehmen wir dem hebräischen Wort aus 1. Mose 1,27, das im Deutschen mit der Wendung *«als Mann»* wiedergegeben wird. Kapitel 6 beschäftigt sich mit der Bedeutung dieses Wortes.

Beobachtung 3

Das erste, wozu Gott Adam beauftragte, war, *den Tieren Namen zu geben.* Adam war dazu aufgerufen, «durch sein Wort Ordnung zu schaffen», wo noch keine war, wie Gott es in der Schöpfung getan hatte. Als Adam sprach, entstand Ordnung. Als er schwieg, kam das Chaos zurück. Welche Folgen Adams Reden und sein Schweigen hatten, wird in Kapitel 7 dargelegt.

*

Wir haben bereits gesehen, was geschieht, wenn der Mann dem Vorbild der Gesellschaft folgt und sich unmännlich verhält. Wenn wir Hilfe in theologischen Rezepten suchen, dann beschäftigen wir uns mit Detailfragen. Wir gehen am Wesen echten Mannseins vorbei und entfernen uns vom Glauben und dem Geheimnis des Lebens. Nun wollen wir einen Schritt weitergehen. Der Mann war dazu bestimmt, wie Gott in die Dunkelheit hineinzusprechen und ein Geschichtenerzähler zu werden.

Nach Jesu Tod waren zwei Männer gemeinsam unterwegs nach Emmaus. Sie unterhielten sich über die Ereignisse der letzten Tage. Sie waren enttäuscht und begriffen nicht, was geschehen war. Aber es ließ sie nicht los, und sie redeten auf ihrem Weg darüber. In der Bibel heißt es: «Unterwegs redeten sie über nichts anderes als über die Ereignisse der letzen Tage. Während sie miteinander sprachen ...» (Lukas 24,14-15; Hoffnung für alle).

Vielleicht *wollten* sie zumindest verstehen, was geschehen war.

Jesus (den sie nicht erkannten, sondern für einen Fremden hielten) gesellte sich zu ihnen und fragte sie, worüber sie sich unterhielten. Sie waren überrascht und meinten, er sei wohl nicht aus der Gegend. Gab es denn ein anderes Gesprächsthema? Die Ereignisse rund um den Tod Jesu und alles, was in der vergangenen Woche geschehen war, waren doch so verwirrend, daß sie an nichts anderes denken konnten. Nun gab es keine Hoffnung mehr. Alles war sinnlos geworden. Es war alles so mysteriös und undurchdringlich.

Jesus hörte ihnen ein paar Minuten zu. Dann blieb er stehen, so daß auch sie innehalten mußten, sah sie an und sagte: «Wie unverständig seid ihr doch! Warum begreift und glaubt ihr nicht, was die Propheten vorhergesagt haben? Mußte Christus nicht all dies erleiden, bevor Gott ihn zum Herrn über alles einsetzt?» (Lukas 24,25-26; Hoffnung für alle).

Er ging weiter, und sie folgten ihm, und dann hörten sie eine Bibelauslegung vom Verfasser höchstpersönlich. Er fing bei den Büchern Mose und den Propheten an, und «dann erklärte ihnen Jesus, was in der Heiligen Schrift über ihn gesagt wird» (Lukas 24,27; Hoffnung für alle). Später berichteten sie, daß ihre Herzen in ihnen brannten, als sie ihm zuhörten.

Wenn wir die erste Seite unserer Bibel aufschlagen (wie Jesus es in gewissem Sinne bei seinen beiden Weggenossen tat), dann erfahren wir als erstes, daß Gott der Schöpfer aller Dinge ist. Und zweitens wird uns gesagt, daß Gott sein Werk in der Dunkelheit begann.

Hören wir nur auf die ersten beiden Sätze der Bibel. Satz eins: «Im Anfang schuf Gott Himmel und Erde.» Satz zwei: «Und die Erde war wüst und leer, und es war finster auf der Tiefe; und der Geist Gottes schwebte auf dem Wasser.»

Der Rest dieses ersten Kapitels berichtet uns, daß Gott in die formlose, nackte Finsternis hineinsprach. Mit schöpferischer

Kraft begab er sich in das *Urgeheimnis* hinein und erschuf aus dem Durcheinander Schönheit und Leben.

Zehnmal sprach er. Viermal gab er einer formlosen Welt Gestalt – er schuf *Ordnung* (1. Mose 1,3.6.9.14); und viermal füllte er die Leere mit der *Schönheit des Lebens* (1. Mose 1,11.20.24.26). Die letzten beiden Male offenbart er den Menschen, die er geschaffen hat, sein Herz und *segnet sie*, indem er ihnen eine Aufgabe gibt, die ihrer Würde entspricht (1. Mose 1,28), und ihnen reichlich zur Verfügung stellt, was sie zum Leben brauchen (1. Mose 1,29-30). Er hatte ihnen bereits sich selbst gegeben und sie füreinander geschaffen, mehr benötigten sie nicht.

Wir wollen einen Schritt weitergehen und uns folgende Frage stellen: Wird in diesem Bericht an irgendeiner Stelle von Christus gesprochen? Paulus sagt, alles, was es im Himmel und auf Erden gebe, sei durch Christus geschaffen (Kolosser 1,16). Christus habe in das Dunkel gesprochen und aus dem Chaos Ordnung und Schönheit hervorgebracht.

Was mag der Schöpfer wohl den beiden Freunden auf dem Weg nach Emmaus erzählt haben, als er davon sprach, wie er damals, vor langer, langer Zeit, zehnmal in das Geheimnis der Finsternis über den Wassern eindrang, um Leben zu erschaffen? Was mag er ihnen von sich selbst mitgeteilt haben, das sie dazu befähigte, zu verantwortungsbewußten Ältesten zu werden?

Im Anfang, ehe Christus sprach, war nichts da als Wasser: ungebändigtes, kaltes, lebloses Wasser, das von einer undurchdringlichen Finsternis bedeckt wurde. Es ist wichtig, daß wir das nicht aus den Augen verlieren: Gott sprach in die Finsternis, um Leben zu schaffen. Denn Petrus schreibt in einem seiner Briefe, daß ein Zusammenhang besteht zwischen dem Vergessen, wie Gott die Welt erschuf, und einer gottlosen Haltung. «Ihr sollt vor allem wissen, daß in den letzten Tagen Spötter kommen werden, die ihren Spott treiben, ihren eigenen Begierden nachgehen ... sie wollen nichts davon wissen, daß der Himmel vorzeiten auch war, dazu die Erde, die aus Wasser und durch Wasser Bestand hatte durch Gottes Wort» (2. Petrus 3,3.5).

Wenn wir also vergessen, daß Gott durch sein Wort in die

Finsternis die Welt ins Leben rief, dann stehen wir in Gefahr, gottlos zu werden. Wie? Warum? Was bedeutet das? Auf den ersten Blick scheinen die beiden Dinge nichts miteinander zu tun zu haben.

Der Zusammenhang wird uns jedoch klar, wenn wir begreifen, was das für eine Finsternis war, in die hinein Gott sprach. In den folgenden Kapiteln werden wir davon reden, daß Gott den Mann dazu bestimmt hat, mit Bedacht auch in die finstersten Regionen seiner Welt vorzudringen. Die Worte, die er in das Durcheinander des Lebens hineinsagt, sollen genauso kraftvoll sein wie die Worte Christi, als er in die Finsternis sprach, weil sie derselben Quelle entstammen (Kolosser 1,16.29).

Die Bedeutung der Finsternis

In der Bibel kommen verschiedene Arten von Finsternis vor. Es gibt das Dunkel der *Heimlichkeiten*, in dem das Böse wohnt, das die Menschen lieben, die Böses tun (Johannes 3,19). Christen sind aus diesem Dunkel herausgerufen in das Licht, in dem alles offenbar wird, in dem aber auch volle Vergebung ist (1. Petrus 2,9). Die Schatten dieser Dunkelheit verbergen das Böse. Doch vor dem Auge Gottes kann es nicht bestehen. In Gott ist keine Finsternis, es gibt keinen Bereich, der vor ihm nicht aufgedeckt wird (1. Johannes 1,5).

Judas meint etwas Ähnliches, wenn er davon spricht, daß Gott die rebellierenden Engel «für das Gericht des großen Tages festgehalten [hat] mit ewigen Banden in der Finsternis» (Judas 6). Das ist die Finsternis des *Gerichts*, der schreckliche Zustand, wenn Gott, der das Licht ist, sich völlig zurückzieht.

Es wird aber noch eine dritte Art von Finsternis erwähnt, nämlich die Finsternis, die das Wasser *bedeckte* und in die Gott hineinsprach, als er das Leben schuf. Diese Finsternis hat mehr mit Unordnung und zufälligem Chaos zu tun als mit versteckter Bosheit oder der Strafe für böse Taten.

Es ist die Finsternis, über der im Eingangsbild der Bibel der Geist Gottes *schwebte*. Mit der Formulierung «schweben» wird jedoch angedeutet, daß bald etwas geschehen würde. Dies ist die

Finsternis des *Durcheinanders*, der Zufall, der bald dem Licht von Ordnung und Schönheit Platz machen muß; ein sinnloses Chaos ohne Form und Lebensfunken, ein Chaos jedoch, aus dem trotzdem etwas Wunderbares entstehen kann.

Das Dunkel dieses Durcheinanders ist so dicht, daß jede natürliche Bewegung zum Stillstand kommt. Als Gott Ägypten mit Finsternis bedeckte (in 1. Mose 1,2 findet sich dasselbe Wort wie in 2. Mose 10,21-22), da war diese Finsternis geradezu spürbar. Drei Tage lang blieb jeder da, wo er gerade war.

Wenn der Fremdenführer in einer Höhle das Licht ausschaltet, dann muß er den Leuten nicht sagen, daß sie stehenbleiben sollen. Wenn es wirklich stockdunkel ist, regt sich keiner.

Als Gott auf dem Sinai das Gesetz gab, da war der Berg umgeben von «Finsternis, Wolken und Dunkel» (5. Mose 4,11, auch hier dasselbe Wort). Die Menschen, so heißt es, hörten das Wort, «aber ihr saht keine Gestalt, nur eine Stimme war da» (5. Mose 4,12).

In dieser Finsternis kann man zwar nichts sehen, aber man kann hören; zumindest die Stimme Gottes. Normale Bewegungen, solche, für die man etwas sehen muß, kommen in der Finsternis zum absoluten Stillstand. Übernatürliche Bewegung jedoch, und zwar sowohl die Bewegungen Gottes wie die Bewegungen von Menschen, die mehr im Glauben als im Schauen gehen, sind selbst in der tiefsten Dunkelheit möglich.

Wenn sich der Vorhang hebt und das biblische Schauspiel beginnt, dann erkennen wir auf der Bühne als erstes Jesus Christus. Die Geschichte beginnt damit, daß Gott in den ursprünglichen Bereich des Geheimnisvollen hineinwirkt: in die Finsternis, die über dem formlosen, noch nicht gefüllten Wasser schwebt. Da gab es noch keinen Plan, keine Ordnung, keine Schönheit, kein Leben – nur Dunkel.

Der Geist schwebt über dem Wasser. Und dann redet Gott. Mit einer Kraft, die stärker ist als alle Finsternis, begibt er sich in das Geheimnis hinein und schafft durch sein Wort Leben.

Für unsere Betrachtung über das wahre Mannsein ist nun das Folgende von Bedeutung. Das erste, was Gott den Mann tun hieß, war, *den Tieren einen Namen zu geben*. Gott hätte das auch selbst tun können, aber er tat es nicht. Er «brachte sie zu dem Menschen, um zu sehen, wie er sie nennen würde. Genauso sollten sie dann heißen» (1. Mose 2,19; Hoffnung für alle). Gott übertrug die Verantwortung für die Namensgebung der Tiere dem Mann, nicht der Frau. Eva war noch gar nicht erschaffen.

Wie Gott war der Mann also berufen, ins Dunkel zu sprechen, sich in das Durcheinander eines noch völlig unbenannten Tierreichs hineinzubegeben und jedem der Lebewesen einen Namen zu geben. Etwas benennen bedeutete übrigens im Vorderen Orient zu jener Zeit folgendes: Man hatte damit die Autorität, die Wesensart dieser Sache zu definieren und ihrem Wesen eine Form zu geben. Ihre Leere füllte man mit Substanz und versah diese mit Prägungen, die von einem selbst, also dem Namensgeber, kamen.

Könnte es wohl sein, daß Gott genau das wollte? Daß der Mann sich so verhält wie er, daß er mutig dem Dunkel und Geheimnis entgegentritt und ideenreich und mit lebenspendender Kraft sein Wort in das Durcheinander richtet?

Seit dem Sündenfall herrscht im Leben eines jeden Mannes das Chaos. Nehmen wir nur die folgenden Beispiele. Was soll er tun, wenn seine Frau ihn vor Freunden lächerlich macht? Soll er

- ihr Vorwürfe machen?
- ihr Verhalten ignorieren?
- etwas Freundliches erwidern?
- später darauf zurückkommen und ihr sagen, wie er das empfunden hat?
- die Sache nie mehr erwähnen?

Was soll ein Mann tun, wenn er seine Arbeit haßt? Soll er

- aufhören zu jammern und froh sein, daß er wenigstens Geld verdient?
- sich eine andere Stelle suchen?
- die Arbeit als eine Gabe Gottes betrachten?
- überlegen, was ihn am meisten stört, und dann sehen, was sich daran ändern läßt?

Was soll ein Mann tun, wenn das Verhältnis zu einem guten Freund gestört ist? Soll er

- mit dem Freund darüber reden, im Geist von Matthäus 18,15-17?
- mit einer Liebe, die eine Menge Sünden zudeckt, darüber hinweggehen?
- den Freund auf sein Fehlverhalten hinweisen und ihm damit zu weiterem Wachstum verhelfen?

Echtes männliches Wesen entsteht da, wo ein Mann anfängt Fragen zu stellen, auf die er keine Antwort erwarten kann.

Kein Mann kann dem Dunkel und dem Geheimnis entrinnen. Wenn er in einer Beziehung lebt und ihm überhaupt daran gelegen ist, daß sie funktioniert, dann steht er unlösbaren Problemen gegenüber. Wenn er ganz Mann sein will, dann muß er erkennen, was es bedeutet, im Dunkel vorwärts zu gehen. Und dazu muß er es lernen zuzugeben: «Ich weiß nicht, was zu tun ist», im Wissen, daß Patentlösungen nicht helfen können.

Rezepte sind in einer hellerleuchteten Küche nützlich. Die Rezepttheologie, jene Sammlung praktischer biblischer Prinzipien, die uns in jeder Situation sagen, was wir zu tun haben, behandelt das Durcheinander wie ein Problem, das man lösen kann, nicht wie einen Zustand, in den man sich hineinbegeben muß. Sie reduziert die Geheimnisse des Lebens auf ein paar handliche Fragen.

«Kochbuchtheologen» vereinfachen die Probleme und wollen das Durcheinander aus dem Weg räumen. Theologen der Transzendenz hingegen wissen, daß es eine Dunkelheit gibt, in die man sich nur hineinbegeben kann, wenn man Jesus kennt. Dem Durcheinander, das in dieser Dunkelheit herrscht, kann man sich nur stellen, wenn man in Jesus bleibt; wenn man glaubt, daß er Kraft geben kann, über der Finsternis zu schweben; und wenn man sich dann mit Worten, die Leben bringen, in das Dunkel hineinbegibt.

Hat ein Mann einmal den Entschluß gefaßt, sich dem Dunkel und Geheimnis zu stellen, dann muß er weitergehen, bereit, nicht länger zu schweigen, sondern eine Geschichte zu erzählen. Meine Mitautoren Don Hudson und Al Andrews werden darauf näher eingehen. In Kapitel 5 berichtet Don Hudson von der einen Geschichte, die wir Männer erzählen sollen: der Geschichte Gottes. Diese Geschichte erinnert uns daran, daß wir es tatsächlich schaffen und daß wir vorwärts gehen können. In Kapitel 6 ruft Al Andrews uns auf, uns an unsere eigenen Geschichten zu erinnern, daran, wie Gott in unserem Leben gewirkt hat. Diese Geschichten bringen Hoffnung, vor allem, wenn sie in der Gemeinschaft erzählt werden. In Kapitel 7 schließlich zeigt Don, daß wir unser Schweigen brechen und reden müssen, wenn wir Gott ähnlich und unserer Berufung treu sein wollen. So werden wir zu Männern.

Kapitel 5

Von Chaos zu Chaos

Die Stille der Nacht zersprang, als das Telefon schellte. Erst beim zweiten Klingeln wurde er allmählich wach. Beim dritten wußte er, wo er war. Er sah auf den Wecker. Zwei Uhr morgens. Wer kam bloß auf die Idee, um diese Zeit anzurufen? Wie in Zeitlupe angelte er nach dem Hörer. Gerade als er ihn ertastet hatte, zögerte er. Entweder wollte ihm da jemand einen Streich spielen, oder es war etwas passiert. Hoffentlich ist es nur ein Irrtum, redete er sich gut zu. Es läutete schon wieder. Er zerrte den Hörer von der Gabel und hielt ihn ans Ohr.

Vom anderen Ende hörte er leises Weinen. Ein paar unerträgliche Sekunden verstrichen, dann begann sie zögernd: «Ich bin's, deine Mutter. Vater mußte ins Krankenhaus.»

Im ersten Moment war er wie betäubt, ungläubig. Das kann nicht sein, versuchte er sich einzureden. Vater ist erst vierundsechzig. Er ist noch viel zu jung, als daß es etwas wirklich Bedrohliches sein könnte.

«Was hat er?» fragte der junge Mann.

«Kurz vor dem Zubettgehen hatte er einen Herzinfarkt», erklärte sie. «Ich habe den Notdienst angerufen und eine Herzlungenwiederbelebung versucht. Ich bin jetzt in der Notaufnahme, und er wird gerade untersucht.» Dann veränderte sich ihr Tonfall. Er kannte diese Stimme nur zu gut. Und er haßte sie, weil sie mit ihm redete, als wäre er noch ein kleiner Junge.

«Aber mach dir keine Sorgen. Es geht uns gut, es wird schon alles gut werden», kam es tonlos vom anderen Ende.

Er überhörte die Bemerkung und sagte, er komme mit dem nächsten Flugzeug. Sie wehrte mit halbem Herzen ab, sagte, das sei hinausgeworfenes Geld. Er legte auf.

Bilder von seinem Vater erschienen vor seinem inneren Auge. Wie sie sich in einem Ringkampf auf dem Boden wälzten. Wie sie gemeinsam zum Angeln loszogen. Das eine Mal, wo er Vater hatte weinen sehen – bei der Beerdigung seines eigenen Vaters. Wie er als kleiner Junge während eines Ausflugs in einer Jagdhütte zu seinem Vater ins Bett gekrochen war. Bei diesem Bild blieb er etwas länger hängen. Er war damals sechs Jahre alt gewesen. Vor dem Fenster heulte ein Luchs. Er brauchte nur eine Sekunde, dann war er aus seinem Bett und zu seinem Vater unter die Decke geschlüpft. Eng drückte er sich an ihn. Hier war er sicher. Was sollte er nun ohne ihn tun?

Schluß damit, mahnte er sich. Ich habe noch genug zu tun. Und vielleicht kommt er ja durch.

Auf dem Flughafen erwartete ihn sein älterer Bruder. Er wußte es schon, als er sein Gesicht sah. Worte waren überflüssig.

«Vater ist tot. Vor zwei Stunden ist er gestorben. Ein schwerer Herzinfarkt.»

Sein Bruder drehte sich auf dem Absatz um und ging zur Gepäckausgabe. Über die Schulter rief er ihm zu: «Es gibt 'ne Menge zu tun.»

Wieder hatte er das Gefühl, wie in Zeitlupe zu leben. Gehorsam folgte er seinem Bruder, während er versuchte, die entsetzliche Wahrheit zu begreifen.

Als sie auf dem Rollband standen, kamen die ersten gefühlsmäßigen Reaktionen. Er blickte auf die Menschen rundherum. Sie wissen es nicht, dachte er. Wenn sie eine Ahnung hätten, daß mein Vater gestorben ist, dann würden sie sofort stehenbleiben. Sie würden sich umdrehen und nach Hause gehen. Wenn sie wüßten, daß mein Vater gestorben ist, dann würden sie begreifen, daß ihr Leben keinen Sinn mehr hat. Die Erde würde sich nicht mehr weiterdrehen. Das Leben wäre zu Ende. Warum hat Gott ihn jetzt weggenommen? Mein kleiner Sohn hängt so an ihm. Was soll ich ihm sagen? Er wird es nicht begreifen. Ich wünschte, ich könnte mit Vater reden. Ich wünschte, ich könnte ihn anrufen und fragen, was ich jetzt machen soll. Er könnte es mir sicher sagen. Aber er lebt nicht mehr.

Je heftiger die Gedanken auf ihn einströmten, desto zorniger wurde er. Als sie endlich im Auto saßen, war er wütend. Nicht traurig, wütend.

Die Woche, in der die Beerdigung stattfand, war für den

jungen Mann ein einziger Alptraum. Lauter wohlmeinende Menschen kamen ins Haus geströmt. Ein paar Familienangehörige benahmen sich ziemlich daneben. Keiner fand die richtigen Worte. Weil er ein ziemlich zurückhaltender Mensch war, kamen ihm die anderen wie Eindringlinge vor, die ihn in seinem ganz persönlichen Kummer stören wollten.

Sein zweijähriger Sohn fragte unablässig: «Wo ist Opa?» Diese Frage war am schlimmsten. Es schien ihm, als müßte er alle dreißig Minuten eine neue Erklärung dafür finden, daß Opa jetzt im Himmel war. «Kommt er wieder?» fragte sein Sohn flehend.

«Nein. Er kommt nicht wieder.»

Seiner Frau konnte er nicht in die Augen sehen. Hin und wieder zog er sie einmal an sich. Er ließ es nicht zu, daß sie ihn tröstete. Seiner Mutter versuchte er so freundlich wie möglich aus dem Wege zu gehen.

Am Tag nach der Beerdigung verschwand er. Nicht wirklich. Er war immer noch da, aber es war nur seine äußere Hülle. Am Morgen regelte er noch ein paar Einzelheiten mit dem Bestattungsinstitut, er sah die Lebensversicherung seines Vaters durch und zahlte die noch offenstehenden Rechnungen. Am Nachmittag verzog er sich auf die hintere Veranda. Dort blieb er sitzen und gab sich seinen Gefühlen hin, vor allem dem Zorn.

Er war wütend, und er kannte dieses Gefühl gut. Er war eigentlich immer wütend, obwohl nur wenige das wußten. Aber diesmal war es schlimmer. Innerlich raste er vor Zorn. Seine Frau kam zu ihm auf die Veranda und fragte, ob er Lust habe, mit ihr spazierenzugehen. Abschätzig sah er sie an: «Bei dieser Hitze?»

«Wir können auch warten, bis es etwas abgekühlt hat», sagte sie. Er ignorierte sie und wandte sich ab. Sie kam sich alleingelassen vor, als er auch noch eine Illustrierte in die Hand nahm und gelangweilt darin zu blättern begann.

Es kochte vor allem dann in ihm, wenn sich jemand besonders freundlich näherte. Am liebsten hätte er jeden, der das Wort an ihn richtete, verprügelt. Das Leben hatte ihm einen schweren Schlag versetzt. Irgend jemand hatte dafür zu zahlen. Sein Zorn äußerte sich in einer abweisenden Kälte, die jeden auf Abstand hielt.

Aber lange hielt er diese Wut nicht aus. Schließlich erinnerte sie ihn nur noch daran, daß er hilflos, daß er dem Schicksal gegenüber absolut machtlos war. Er sehnte sich nach etwas, das den Schmerz lindern oder ganz vertreiben konnte. Irgend etwas, das ihm helfen würde zu vergessen.

Also begann er zu phantasieren. Er träumte von anderen Frauen. Er gab sich erotischen Gedanken hin. Die Nähe seiner eigenen Frau zu suchen, das kam in einem solchen Moment nicht in Frage. So vertrieb er sich den Nachmittag mit ungezügelten Phantasien.

Er saß auf der Veranda, bis die Sonne unterging. Dann, in der Abendkühle, fiel ihm plötzlich ein, daß er noch die Predigt für den nächsten Sonntag vorzubereiten hatte.

*

Sex und Gewalt – zwei Themen, die jeden Mann bewegen. Die Buch- und Filmindustrie verdient allein mit der Behandlung dieser beiden Themenkreise Millionen. Männer kennen die Macht des Zorns. Männer wissen um den Reiz der Sexualität.

Als ihm das größte Unglück seines bisherigen Lebens geschah, da fand der Mann in unserer Geschichte Trost und Erleichterung in Wut und sexuellen Phantasien. Er war außer sich, weil sein Vater so früh von ihm genommen wurde. Die Väter der meisten seiner Freunde waren viel älter und noch immer am Leben. Wieso war sein Vater tot?

Erinnerungen an seinen Vater brachten keine Erleichterung. Im Gegenteil, sie machten alles nur noch schlimmer. Sie ließen die Tatsache, daß dieser gute Mensch nicht mehr lebte, nur noch sinnloser erscheinen. Um dem Schmerz über den Tod seines Vaters zu entfliehen, verlor er sich in erotischen Phantasien. Bislang war sein Vater immer dagewesen, ihn hatte er um Rat fragen können. Jetzt war er allein. Und das machte ihn wütend. Das Chaos – diese verwirrende Dunkelheit, die früher oder später in das Leben eines jeden Menschen einbricht – war in seine Welt gekommen, und nun wandte er sich den Dingen zu, die helfen konnten. Und waren sie nicht auch ganz natürlich?

Wie reagiert der Mann normalerweise, wenn das Chaos in sein Leben bricht?

Erinnern wir uns an den Sündenfall. Ganz am Anfang, im Garten Eden, da wußte Adam nicht, daß es überhaupt ein Chaos gab. Die Schöpfungsgeschichte beginnt zwar mit dem Chaos, doch sie endete mit der Schöpfung. «Und Gott sah, daß es gut war.» Er verwandelte die Wüste in ein Paradies und gab es Adam und Eva. Vor Adams Ungehorsam gelang dem Menschen alles, was er in die Hand nahm. Es gab weder Dornen noch Disteln. Seine Arbeit war keine Qual, sondern schenkte ihm volle Befriedigung. Und – wichtiger noch – er lebte in völliger Gemeinschaft mit seiner Frau und mit Gott.

Dann kam das Chaos zurück. Im Verständnis der Zeit, in welcher der Schöpfungsbericht geschrieben wurde, galt die Schlange als Symbol für das Chaos, für die undurchdringliche Dunkelheit. Die Schlange verdrehte Gottes Wort und verleitete Eva dazu, seine Weisheit in Frage zu stellen. Sie verdunkelte den Blick auf Gottes Wahrheit. Und plötzlich schwebte wieder die Finsternis über der Erde. In einem späteren Kapitel werden wir näher darauf eingehen, wie Adam das Schweigen wählte, als er sich zum ersten Mal dem Chaos gegenübersah. Adams Reaktion auf das Chaos verwandelte das Paradies wieder in eine Wüste. Sein Schweigen brachte all seinen Nachkommen eine neue Art von Chaos: Gewalt und sexuelle Perversion. In den restlichen Kapiteln des ersten Mosebuches wird die Geschichte von Sex und Gewalt in allen Variationen wiedergegeben – von der Ermordung Abels über Lots Inzest bis zur Vergewaltigung von Dina, der Tochter Jakobs, um nur ein paar Beispiele zu nennen.

Adams Kampf und Niederlage werden seitdem von jedem Mann neu erlebt. Unser Leben ist voller Chaos. In tausendfacher Verkleidung stellt es sich uns dar. Das kann die Angst vor einer ungewissen Zukunft sein. Oder wir stehen vor einer Entscheidung, und alle Möglichkeiten erscheinen gleich gut. Chaos – das kann der Verlust des Arbeitsplatzes sein, eine Gehaltskürzung, der Verlust des Partners, ein aufmüpfiger Teenager, ein negativer Arztbericht. Wenn wir ehrlich sind, dann müssen wir zugeben, daß das Chaos uns jeden Tag bedrängt. Es ist die Dunkelheit, die ständig über uns schwebt, ob wir nun mit unserer Frau reden, an der Arbeitsstelle sind, die Rechnungen zahlen oder irgendeinen Sinn in unserem Leben zu entdecken suchen.

Adam hat uns gezeigt, wie wir es nicht machen sollten. Aber wo können wir lernen, wie die richtige Reaktion auszusehen hätte?

Bevor ein Mann die Frage beantworten kann, was es denn nun bedeutet, ein Mann zu sein, muß er zunächst entscheiden, nach welchen Maßstäben er sich richten will. Woran will er sich orientieren? An anderen Männern? Seinem Vater? Der Gemeinde? An Filmen, am Fernsehen oder an der Psychologie?

Die meisten Männer orientieren sich mehr an der sie umgebenden Gesellschaft als an Gottes Wahrheit. Doch wenn wir so werden wollen, wie Gott uns gedacht hat, dann müssen wir zu der Geschichte zurückgehen, die er uns offenbart hat. Gott hat in seinem Wort zu uns geredet und seinen Plan gezeigt. Damit wir diesen Plan besser verstehen, ist es wichtig und hilfreich, dem biblischen Bericht einmal die heidnischen Schöpfungsgeschichten gegenüberzustellen.

Wie sah der Mann des Altertums aus? Was sagten die Völker, die Israel umgaben, über den Mann? Wie sahen ihre Götter aus? Welches Bild hatten sie von ihren Männern und Frauen? Wie sollten sie sich zueinander verhalten?

Wir wollen aus den zahlreichen Schöpfungsberichten, die es auf der ganzen Welt gibt, zwei herausnehmen, einen aus dem alten Babylon und einen aus dem alten Griechenland. So wie wir den Bericht aus 1. Mose heranziehen, um uns selbst zu verstehen, so zogen die Babylonier und die Griechen ihre Mythen heran, um sich selbst zu verstehen. Wir wollen beim Lesen der beiden folgenden Berichte versuchen, den biblischen Schöpfungsbericht nicht aus den Augen zu verlieren. Die Unterschiede zwischen den heidnischen Mythen und dem Bericht der Bibel sind erstaunlich.

Das babylonische Weltschöpfungsepos

Als Himmel und Erde noch keinen Namen hatten, als es noch keine Weiden und kein Schilf gab, da waren Apsu («Süßwasser») und Tiamat («Salzwasser») Gott und Göttin. Sie waren Mann und Frau, und sie bekamen zwei Kinder, Lahmu und Lahamu. Danach wurden Ansar und Kisar geboren, und sie bekamen noch viele Söhne und Enkel.

Bald kamen alle Söhne, die Götter, zusammen, und sie machten einen großen Lärm. Sie wurden immer mächtiger und prahlten mit ihrer Macht. Das mißfiel Apsu und Tiamat, ihren Eltern, und sie fühlten sich in ihrer Ruhe gestört. Apsu beschloß darum, seine Söhne und Enkelsöhne umzubringen, damit die Stille wiederhergestellt würde. Tiamat war entsetzt. Zwar mißfiel auch ihr das Betragen ihrer Kinder, aber sie wollte ihnen trotzdem nichts Böses. Doch Apsu ließ sich nicht davon abbringen. Er plante weiter den Untergang seiner Nachkommen.

Einer seiner Söhne jedoch, Ea, bekam von der Sache Wind. Er verzauberte seinen Vater Apsu und erschlug ihn dann im Schlaf.

Dann bekamen Ea und seine Frau, Damkina, einen Sohn. Sein Name war Marduk. Er hatte vier Augen und vier Ohren. Er war ein strahlender Gott, und sein Vater freute sich an seiner Macht und Schönheit. Er war der Weiseste und Klügste aller Götter.

Ein weiterer Gott, Anu, ein Sohn Ansars, erschuf die vier Winde, und sie wirbelten Tiamats Wasser auf. Weil sie sich von den Winden gestört fühlte, sorgte sie wiederum dafür, daß Tag und Nacht durcheinandergerieten, und störte damit die Götter. Sie beschwerten sich über Tiamat, ihre Mutter, und gaben ihr die Schuld an Apsus Tod.

Voller Wut gebar sie Drachen, Schlangen und andere Ungeheuer, die im Himmel großes Durcheinander schufen.

Ea rief seinen Sohn Marduk, um Tiamat entgegenzutreten. Marduk, der große König, zog in den Kampf gegen Tiamat. Er ließ einen bösen Sturm aufkommen, einen Wirbelwind, um die Wasser der Tiefe, in denen Tiamat wohnte, aufzurühren. Sie schickte ihren Fluch. Sie spie Gift und Galle und riß ihr Maul auf, um Marduk zu verschlingen.

Doch Marduk ließ einen bösen Wind in ihren Rachen fahren und schoß einen Pfeil ab, der «zerspaltete ihren Bauch, ihr Inneres zerschnitt er, zerriß das Herz». Er warf ihren Leichnam zur Erde und betrachtete ihn und rühmte sich seines Sieges. Dann zerschlug er den Schädel mit seiner Keule, er schnitt ihre Adern auf und ließ die Winde ihr Blut an ferne Orte tragen. Schließlich nahm er den Leichnam und teilte ihn in zwei Teile: aus dem einen wurde der Himmel, aus dem anderen die Erde.

Marduk beendete die Schöpfung. Aus dem Blut einer Gottheit erschuf er die Menschen, damit sie den Göttern dienten.

Die Götter freuten sich über Marduk und bauten ihm zu Ehren eine Stadt.

Der griechische Schöpfungsbericht

Im Anfang war das Nichts. Es hieß das Chaos, die Leere.

Später entstand die Erde, damit die Götter einen Wohnsitz hätten. Als nächstes kam Tartaros, die Unterwelt. Dann Eros, die Liebe. Eros war der schönste und stärkste der ewigen Götter.

Das Chaos brachte die Nacht und das Dunkel des Totenreichs hervor, aber der Nacht entstammen der leuchtende Tag und der Äther. Die Erde dagegen gebar Himmel und Meer.

Die Götter wohnten im Himmel, schlugen dann jedoch ihren Wohnsitz auf dem Olymp auf.

Himmel und Erde gebaren die Titanen. Der jüngste von ihnen war Kronos. Er war ein ungebärdiger Sohn und haßte seinen Vater, den Himmel.

Noch drei Söhne wurden Himmel und Erde geboren. Jeder war ein furchterregendes, mächtiges Ungeheuer mit fünfzig Köpfen.

Das war für den Himmel, ihren Vater, zuviel. Er hatte seine Kinder schon immer gehaßt und verbannte sie nun in die finstersten Regionen der Erde.

Ihre Mutter Gaia, die Erde, sann jedoch auf Abwehr und bot ihren Söhnen an, sie aus der Verbannung zu befreien. Sie fürchteten alle ihren Vater, außer Kronos. Ihm gab sie eine Sichel, die sie früher angefertigt hatte.

Der Himmel kam zur Erde und breitete sich zärtlich über sie aus. Kronos wartete im Versteck. Er ging mit der Sichel auf seinen Vater los und tötete ihn.

Bevor er starb, verfluchte der Himmel seine Kinder. Er schwor, daß sie alle für ihr Verbrechen an ihm büßen würden.

Kronos hatte selbst wieder Kinder. Eines Tages dämmerte es ihm, daß sie ihm womöglich dasselbe antun könnten wie er seinem Vater. Wenn er seinen Vater umbringen konnte, dann konnten auch sie ihn töten. Als seine Frau Rhea ihm darum Kinder gebar, da verschlang er sie bei lebendigem Leibe.

Rhea flehte die Erde an, ihren Sohn Zeus doch zu verstecken. Sie gewährte ihr die Bitte und verbarg Zeus im Wald.

Dann nahm Rhea einen großen Stein und wickelte ihn ein und ließ Kronos in dem Glauben, dies sei sein Sohn Zeus. Kronos glaubte ihr, packte das Bündel und verschlang es. Damit, so hoffte er, hatte er seinen Sohn vernichtet.

So wurde Zeus zum größten aller Götter. Bald vernichtete er Kronos, seinen Vater.

Zornentflammt und vor Begierde rasend

Beide Mythen haben gemeinsame Züge. Die Geschichte beginnt im Chaos. Im babylonischen Mythos haben Himmel und Erde keinen Namen, und es gibt kein bebaubares Land. Der griechische Bericht ist deutlicher: Am Anfang war das Nichts, das Chaos.

In beiden Berichten besteht eine Spannung zwischen der männlichen und der weiblichen Gottheit. Letztere personifiziert das Chaos. Sie ist das Geheimnisvolle, das gewaltsam ermordet und zerstückelt werden muß. Im babylonischen Epos wird Tiamats zerteilter Leichnam zum Leib, aus dem Himmel und Erde erwachsen. Im griechischen Mythos verführt die weibliche Gottheit Gaia (die Erde) ihren Mann Uranus (den Himmel), um ihn zu vernichten.

Die Götter führen Krieg gegen ihre eigenen Kinder. Die Götter und Göttinnen der heidnischen Mythen ermorden ihre Väter und Geschwister, ihre Frauen und Kinder.

Sie erschaffen schließlich den Menschen, damit er ihnen dient. Sie sehen die Menschheit als etwas Böses an, das keine eigene Würde hat.

Die Geschichten enden im Chaos: Tod, Zerstörung und sexuelle Perversion. Die Menschen werden nicht umsorgt, sie werden vernichtet. *Die heidnischen Mythen entwickeln sich von einem Chaos zum nächsten.*

Damit können sie nur bestätigen, was bereits vom Menschen gilt. Er ist gewalttätig, und er ist sexuell pervertiert. Die Heiden schufen sich ihre Götter nach dem Bild des Menschen. Ihr Maßstab war der Mensch, so wie er bereits existierte. Sie konnten nur von dem reden, was sie am Menschen als natürlich beobachteten. Nur selten, wenn überhaupt, sprachen sie davon, was aus dem Menschen werden könnte, von der Würde und Schönheit des Menschseins.

In den heidnischen Mythen brachte der Mann Finsternis über das Land. Weil die männlichen Götter egoistisch, voller Furcht und gefräßig waren, brachten sie das Chaos über ihre Familien. Wir sehen einen männlichen Gott, der nur für sich selbst lebt, einen Gott, der nur sich selbst zum Ziel hat.

Cicero sagte folgendes über die griechischen und römischen Schöpfungsberichte:

> Die Dichter haben uns die Götter als zornentflammte und vor Begierde rasende Wesen vorgeführt und uns ihre Kriege, Schlachten, Kämpfe und Verwundungen sehen lassen, außerdem ihre Haßausbrüche, Zerwürfnisse, ihre Geburt und ihren Tod, ihr Klagen und Jammern, ihre jedes Maß sprengenden Leidenschaften, Ehebrüche, Fesselungen, ihren sexuellen Verkehr mit Menschen und Sterbliche, die von einem Unsterblichen gezeugt werden.*

Im Orient fürchtete der Mann das Chaos mehr als alles andere. Er lebte in der ständigen Angst, jeden Moment in dieses Chaos hineingeworfen zu werden. Er hatte Angst vor Hungersnot. Er

---

* Cicero, Über das Wesen der Götter, Stuttgart 1995, S.43-45.

hatte Angst davor, unfruchtbar zu sein. Er hatte Angst vor plündernden Feinden. Was tat er darum mit dem Chaos? Er schuf sich Götter nach seinem Bild – gewalttätige, sexuell pervertierte Götter. Und er huldigte diesen Göttern, um sie zu besänftigen, um sie dazu zu bewegen, daß sie das Chaos aus der Welt verbannten. So hat der Mann immer wieder reagiert.

Aber was kann er denn tun, um dem Chaos in seinem Leben zu begegnen? Was sagt die Bibel?

Vom Chaos zur Schöpfung

Im Schöpfungsbericht lesen wir, daß der Mensch nach Gottes Bild erschaffen wurde. Der christliche Glaube beginnt mit Gott, nicht mit dem Menschen. Er ist unser Bezugspunkt. Wer aber ist dieser Gott? Ist er so wie die Götter der heidnischen Mythen? Braucht er Gewalt und sexuelle Perversion, um sich dem Chaos entgegenzustemmen? Nein.

Im Schöpfungsbericht finden wir nichts von Gewalt und dem sexuellen Verlangen des Menschen. Statt dessen begegnet uns eine Schilderung dessen, wie der Mensch in seiner Vollkommenheit aussah und wie er heute noch sein könnte, wenn er als Gottes Ebenbild leben würde. Wir sehen Mann und Frau, die in Eintracht und gegenseitigem Respekt zusammenleben. Der Mann hat keine Angst vor der Frau. Die Frau versucht nicht den Mann zu zerstören. Sie unterstützen sich gegenseitig und pflegen gemeinsam den Garten, in dem sie wohnen.

Adam und Eva sollten den Garten «bebauen und bewahren». Dem Mann ist Stärke gegeben, das Gegenteil von Gewalt, um Beziehungen zu pflegen, nicht zu zerstören. Intimität, das Gegenteil von Lust und Begehren, ist ihm gegeben, um anderen zu helfen, nicht um sie für die eigenen egoistischen Begierden zu mißbrauchen. Die ersten Worte, die von Adam berichtet werden, waren poetisch und auf ein Gegenüber gerichtet: «Das ist Bein von meinem Bein und Fleisch von meinem Fleisch.»

Im ganzen Schöpfungsbericht und überhaupt im Alten Testament ist der Mann der Mittler. Er ist die Verbindung zwischen Vergangenheit und Zukunft. Er weiß, daß er nicht für sich selbst lebt. Er zerstört seine Kinder nicht. Er vergißt sie nicht. Er weiß, daß Gewalt Kinder kaputtmacht. Er weiß, daß sexuelle Perversion Kinder zerstört. Er kennt die Geschichten von früher, die Geschichten seiner Väter und Vorväter. Und es ist Inhalt und Aufgabe seines Lebens, die Geschichte von Gott an die nächste Generation, an seine Kinder und Enkel, weiterzugeben. «Wenn dich nun dein Sohn morgen fragen wird: Was sind das für Vermahnungen, Gebote und Rechte, die euch der Herr, unser Gott geboten hat?, so sollst du deinem Sohn sagen ...» (5. Mose 6,20-21).

Eine große Gemeinsamkeit gibt es jedoch zwischen dem Schöpfungsbericht und den heidnischen Mythen, und davon berichtet uns 1. Mose 3: «der Sündenfall». Adams Ungehorsam bewirkte genau das, was die heidnischen Mythen entschuldigen. In 1. Mose 1 und 2 sehen wir, wie Gott die Geschichte vom Chaos hin zur Schöpfung lenkt. In 1. Mose 3 gerät Adam in einer Welt der Schönheit von einem Chaos ins andere. Durch Adams Ungehorsam kam eine Welt der Finsternis zurück – eine Welt voller Sex und Gewalt. Der Rest des ersten Mosebuches berichtet von den Folgen dieser Sünde des ersten Menschen: Haß, Mord, Rassismus, Vergewaltigung, Inzest und Ehebruch.

Wenn ein Mann sich dem Geheimnis des Lebens voll Wut und Begierde nähert, dann verhält er sich so wie die Heiden. Er glaubt, daß auf Gott kein Verlaß ist. Gott ist nicht da. Gott schweigt. Weil der Mann aber mit dem Durcheinander des Lebens nicht umzugehen weiß, wütet er und gibt sich der Begierde hin.

Die Wut vermittelt dem Mann ein Gefühl der Stärke. Gewalt veranlaßt uns dazu, die Sache selbst in die Hand zu nehmen und die Fehler eines vermeintlich ungerechten Gottes zu korrigieren. Die Lust hilft dem Mann zu vergessen. Phantasien sind ein egoistischer Weg, im Heute zu leben. Sie leugnen die Schmerzen der Vergangenheit und die Hoffnung auf die Zukunft. Der zornige Mann ist zwar anwesend, aber er ist gefährlich. Der sexuell begehrliche Mann ist abwesend, aber er hat das Gefühl zu leben.

Das erste Mosebuch erzählt uns eine andere Geschichte. Sicher, sie nimmt einen schlechten Ausgang. Aber der Anfang ist schön. Es gibt Schönheit; es gibt Sinn und Ordnung. Wer auf das Geheimnis des Lebens mit Gewalt und sexueller Perversion reagiert, der stößt die Welt zurück ins Dunkel. Der Bericht in 1. Mose findet dafür keine Entschuldigung. Statt dessen lädt er uns ein, zurückzukommen, uns dem ursprünglichen Bild wieder zu nähern, starke Männer zu werden, die die Nähe suchen, und unserem Ruf zu folgen, nämlich Gott ähnlich zu werden. In der Offenbarung lesen wir, daß wir eines Tages wieder dahinkommen werden. Alles, was zwischen diesen beiden biblischen Büchern steht, sagt uns, wie. Es ist die Geschichte Gottes. An sie sollen wir uns erinnern.

Kapitel 6

Nicht zu vergessen

Bevor er das fensterlose Gebäude betrat, sah er sich nach allen Seiten um, als wolle er eine gefährliche Kreuzung überqueren. Sein Herz klopfte wild, vor Angst, aber auch vor Aufregung. Er fürchtete, er könnte erwischt werden – oder nicht. Er war aufgeregt, weil er in sich diese Erregung spürte und weil die Sache so gewagt war. Obwohl sich nur selten eines seiner Gemeindeglieder in diesen Stadtteil verirrte, rechnete er halbwegs damit, ausgerechnet heute einem bekannten Gesicht zu begegnen. Doch das war nicht der Fall, und so schritt er vorsichtig durch die Tür, an der ein Schild hing mit der Aufschrift: «Zutritt nur für Erwachsene.»

In der nächsten Stunde blätterte er eifrig in Illustrierten und sah sich Videos an. Hin und wieder blickte er auf, um sich zu vergewissern, daß ihn keiner kannte. Ansonsten vergaß er alles, was ihm sonst wichtig war – den so bereichernden Gebetsabend, den er gestern noch mit Freunden verbracht hatte; seine Frau, die ihr zweites Kind erwartete; seine muntere zweijährige Tochter; die wachsende Gemeinde, in der er Pastor war; den Gott, den er seit seiner Bekehrung im Schulalter kannte. All das mußte er aus seinen Gedanken verbannen, weil es ihn nur daran hindern würde, sich ganz dem Vergnügen hinzugeben.

Nach einer Weile verließ er das Etablissement genauso vorsichtig, wie er es betreten hatte, gelangweilt und gleichzeitig erregt – und doch irgendwie unbefriedigt. Und während der langen Heimfahrt wich die anfängliche Angst und die Aufregung über das «Abenteuer» dem vertrauten Gefühl, wieder einmal versagt zu haben.

Am anderen Ende der Stadt fuhr zur selben Zeit ein anderer Mann auf denselben Laden zu. Auch er kam oft durch diese Gegend. Doch heute fiel ihm zum ersten Mal die alte Kirche auf, und plötzlich faßte er einen Entschluß. Er lenkte das Auto auf den Parkplatz neben dem alten Gemäuer. Er hielt an, stieg aus und trat durch das schwere Eichenportal. Genau wie der andere Mann hatte er Angst und war auch etwas aufgeregt, aber er mußte sich nicht nach allen Seiten umdrehen, bevor er eintrat. Er hatte vielmehr Angst, seine plötzliche Entscheidung – eine so ganz andere und bessere – würde nicht von Dauer sein. Aber vielleicht war ja doch noch ein edler Zug in ihm, der ihn auch jetzt zu diesem Schritt veranlaßt hatte und nur darauf wartete, freigesetzt zu werden.

Er ging weiter. Drinnen schritt er langsam zum Altar. Er zündete eine Kerze an, kniete nieder und begann zu beten. Er schämte sich plötzlich wegen der törichten Entscheidungen, die er in der Vergangenheit so oft getroffen hatte, und er war dankbar, daß es heute irgendwie anders war. Er dachte an seine Frau, die Kinder, die Kollegen, und er dachte an Gott und betete ihn an.

Nach einer Weile verließ er die Kirche, stieg ins Auto und fuhr nach Hause. Er war erschöpft, wie nach einem Kampf. Doch zum ersten Mal seit Jahren empfand er auch wieder so etwas wie Hoffnung.

Der Kampf ist echt

Zwei Geschichten von zwei Männern. Mit ähnlichen Kämpfen. Doch mit anderem Ergebnis. Viele Männer mögen sich in diesen beiden Geschichten wiedererkennen. Viele führen seit Jahren den beschämenden Kampf, aber sie können mit niemandem darüber reden. Sie stehen allein. Andere, für die die Pornographie keine solche Anziehungskraft besitzt, merken vielleicht gar nicht, daß sie auf anderem Gebiet abhängig sind. Arbeitssucht, Materialismus, Essen, Machthunger, Geltungsdrang, eine ausgeprägte Phantasie, Selbstbefriedigung. Die Liste ist endlos, aber das Problem ist überall dasselbe. Jeder Mann hat mit Wünschen und Leidenschaften zu kämpfen, die sich kaum beherrschen lassen. Und wie die beiden Männer in der Eingangsgeschichte gehen manche siegreich aus dem Kampf hervor, während andere unterliegen.

Der Kern des Problems

Wenn einer der beiden Männer Sie um Rat fragen würde, was würden Sie antworten? Welchen Rat würden Sie ihm geben?

Die meisten Ratgeber tendieren mehr oder weniger in dieselbe Richtung. «Du brauchst die Gemeinschaft mit anderen Gläubigen», sagt der eine. «Wenn du die Nähe gläubiger Männer und Frauen suchst, dann kommst du nicht mehr so leicht in die Gefahr, den sündigen Verhaltensmustern nachzugeben. Du brauchst jemanden, dem du verantwortlich bist.»

«Lies die Bibel, und lerne ein paar Schlüsselverse auswendig», meint ein anderer. «Wer das Wort Gottes im Herzen hat, der verstrickt sich nicht so leicht in den Dingen dieser Welt.»

Wieder ein anderer rät: «Flieh die Versuchung. Halt dich von den Orten und Dingen fern, die dir zur Anfechtung werden könnten.»

All diese Ratschläge sind gut und vernünftig und auch richtig. Alle lassen sich biblisch begründen. Manchen Männern haben sie auch geholfen, sich tatsächlich zu ändern. Viele andere verlieren darüber aber noch mehr den Mut. Vielleicht gehören Sie dazu. Vielleicht haben Sie das alles schon seit Jahren probiert, und nichts hat sich geändert. Zwischendurch haben Sie es vielleicht einmal geschafft, aber das Problem kommt immer wieder zurück, und Sie sind mutloser als je zuvor.

Ich schlage darum vor, daß wir einen anderen Weg wählen – einen, der die guten Elemente der genannten Ratschläge aufgreift, aber noch einen Schritt weiter führt. Wir wollen nicht nur an unsere Kräfte oder den Willen appellieren und uns auffordern, etwas zu tun oder auch zu lassen. Statt dessen wollen wir uns fragen: Warum tun wir, was wir tun? Warum entscheiden wir uns für Dinge, die in solch krassem Gegensatz stehen zu allem, was wir als wahr und richtig erkannt haben?

Der Mann ist als Ebenbild Gottes erschaffen. Wir sind von Anfang an darauf angelegt, durch die Art, wie wir leben und mit unserer Umwelt umgehen, etwas von Gottes Wesen auszudrükken. Wir sind darauf angelegt, vorwärts zu gehen, zu reden, schöpferisch zu sein, zu lieben. Wenn unser Leben dieses Bild nicht widerspiegelt, dann ist irgend etwas nicht in Ordnung. Etwas Ernstes. Wir stehen vor einer großen Entscheidung, und es geht dabei um mehr als nur darum, ob wir uns weiter mit Pornographie beschäftigen wollen oder nicht. Wenn wir uns falsch entscheiden, dann leben wir am eigentlichen Wesen unseres Mannseins vorbei.

Der Kern des Problems besteht darin, daß wir uns so weit von Gottes ursprünglicher Absicht entfernt haben. Und das war letzten Endes unsere eigene Entscheidung.

Geschaffen, um sich zu erinnern

Wir haben bereits gesehen, daß ein Mann dann dem Ebenbild Gottes gemäß lebt, wenn er dem Chaos entgegentritt und in es hineinspricht. Gott will aber noch mehr. In 1. Mose 1,27 steht ausdrücklich, daß Gott «den Menschen zu seinem Ebenbild, als Mann und Frau» erschuf.

Für das Wort, das hier mit «Mann» wiedergegeben wird, steht im Hebräischen der Ausdruck «sachar», was soviel bedeutet wie «einer, der sich erinnert». Was für ein eigenartiges Wort, um einen Mann zu beschreiben. Viel eher hätte man etwas erwartet wie «einer, der stark ist», «einer, der führt» oder «der Mächtige». Statt dessen wird der Mann als einer geschildert, der sich erinnert. Warum?

Woran soll ein Mann sich erinnern? Sollte er sich besser merken, wo er die Schlüssel hingelegt hat? Sollte er versuchen, sich wichtige Daten wie zum Beispiel Geburtstage oder den Hochzeitstag besser einzuprägen?

Wenn tatsächlich das gemeint wäre, dann hätten wir alle – außer vielleicht den Zwangsneurotikern – die allergrößten Probleme. Doch natürlich geht es bei dem Gedanken der Erinnerung um weit mehr. Er bedeutet zunächst einmal, daß es da etwas Wichtiges gibt, woran wir uns erinnern sollten, und zweitens, daß wir einen Grund haben, uns zu erinnern.

Wichtige Erinnerungen

Jeder von uns hat wohl einen oder mehrere langjährige Freunde, die entscheidende Phasen seines Lebens miterlebt haben. Für mich sind das vor allem die Kollegen aus einem evangelistischen Projekt im College. Es ist inzwischen einige Jahre her, seit wir uns das letzte Mal getroffen haben. Aber ganz gleich wann wir zusammenkommen, wir wissen immer schon im voraus genau, wie ein solches Treffen ablaufen wird. Wir essen miteinander und erzählen, was sich in der Zwischenzeit bei uns ereignet hat; und dann, irgendwann im Laufe des Abends, fangen wir an Geschichten zu erzählen. Das ist nicht geplant, und wir haben uns auch nicht darauf vorbereitet. Es ergibt sich einfach so.

Einer fängt damit an, daß er sich an irgendein Ereignis aus unserer gemeinsamen Vergangenheit erinnert, und wir anderen hören aufmerksam zu. Jeder von uns hat die Geschichte schon ungezählte Male gehört, aber das mindert unser Interesse nicht. Im Gegenteil, wir kennen die Geschichte inzwischen so gut, daß der Erzähler oft unterbrochen oder von jemandem korrigiert wird, dem gerade noch ein wichtiges Element eingefallen ist. Die Spannung steigt und nähert sich unaufhaltsam dem fröhlichen Höhepunkt. Ist er erreicht, brechen wir alle in lautes Gelächter aus, bis wir keine Luft mehr bekommen und uns die Tränen über die Wangen rollen. Und wenn wir uns wieder gefaßt haben, kommt die Bitte: «Roger, erzähl doch noch mal von ...» Und so geht es weiter bis spät in die Nacht.

Warum erzählen wir uns diese Geschichten? Weil wir so gern lachen? (Vielleicht.) Weil wir rückwärtsgewandt leben und nicht nach vorn sehen wollen? (Auch das wurde schon behauptet.) Nein, es gibt einen weit wichtigeren Grund.

Es geht im Grunde gar nicht um die Geschichten. Sie sind nichts weiter als ein paar unterhaltsame Gedanken aus einer gemeinsam durchlebten Zeit. Sie sind lustig und manchmal auch albern, aber sie sind uns wichtig. Ihr Wert liegt jedoch darin, daß sie uns auf etwas anderes hinweisen. Sie erinnern uns an andere Tage, eine andere Zeit, die schon lange zurückliegt, in der wir gemeinsam in der Studentenarbeit tätig waren. Wir haben damals Gottes Wirken in unserem eigenen und im Leben der Studenten, die wir betreuten, erfahren. Entscheidendes ist damals geschehen, auch Trauriges, und manches Wunder. Gott war in unserer Mitte am Werk, und wenn wir zusammenkommen, dann erinnern wir uns an jene Tage.

Ich denke, es ist durchaus angemessen, wenn wir uns in unserer Männergruppe diese Geschichten erzählen. Schließlich sind wir so veranlagt. Wir sind die, «die sich erinnern», geschaffen, um die Erinnerung an das Vergangene wachzuhalten, geschaffen, um Geschichten zu erzählen.

Das Erinnern an vergangene Zeiten ist ein Thema, das sich durch die ganze Bibel zieht. Wenn Gottes Volk sich zum Gottesdienst versammelte, dann bekannte es seine Sünden und betete, und einer seiner Führer erhob sich aus seiner Mitte und fing an, von den Taten Gottes zu reden:

> Als unsere Vorfahren in Ägypten unterdrückt wurden, hast du dich über sie erbarmt. Am Schilfmeer schrien sie um Hilfe, und du hast sie erhört. Der Pharao, seine obersten Beamten und sein Volk haben unsere Vorfahren verspottet und gedemütigt. Doch du hast ihnen Einhalt geboten mit großen Wundern und mit Zeichen deiner Macht. So hast du deinen Namen in aller Welt bekannt gemacht, und noch heute spricht man von deinen Taten. Vor den Augen deines Volkes teiltest du das Meer, trockenen Fußes zogen sie mitten hindurch. Doch ihre Verfolger stürztest du in die Wogen, wie Steine sanken sie in die Tiefe. Mit einer Wolkensäule führtest du dein Volk bei Tag, in der Nacht mit einer Feuersäule. So zeigtest du ihnen den Weg (Nehemia 9, 9-12; Hoffnung für alle).

Die Geschichte des Volkes wurde wieder und wieder erzählt und in der Erinnerung wachgehalten. Denken wir nur an die vielen Stellen in der Bibel, in denen von den Werken Gottes berichtet wird. Warum so oft? Im Alten Testament wollte Gott sich einem Volk offenbaren, das mitten im Chaos lebte. Die Ältesten wußten, daß die Geschichten von Gottes Treue und Liebe wie ein Anker waren, an dem sich das Vertrauen festmachen konnte. Ihre Berichte von dem, was war, enthielten eine wichtige Botschaft: «Gott steht treu zu seinem Volk. Wieder und wieder hat er um euretwillen eingegriffen. Er hat seine Güte unter Beweis gestellt. Und er ist heute noch derselbe Gott wie damals. Also faßt Mut. Glaubt. Vergeßt nicht, wie er ist und was er getan hat.»

Habakuk, der Prophet, der gegen Gott und sein offensichtliches Nichteingreifen zürnte und ihm vorwarf, taub und blind zu sein, schöpft Hoffnung aus der Erinnerung. Er betet: «Herr, ich habe deine Botschaft gehört. Dein Plan erfüllt mich mit Ehrfurcht. Führe ihn aus, sobald es geht, vollende dein Werk, damit wir es noch erleben! Auch wenn du im Zorn handelst – hab Erbarmen!» (Habakuk 3,2; Hoffnung für alle). Habakuk dachte daran, wie Gott sich in der Geschichte offenbart hatte.

Als die Philister zum Kampf gegen Israel zogen, da brachte der Prophet Samuel ein Opfer. Der Herr ließ einen lauten Donner erschallen, so daß die Philister erschraken und Israel leichtes Spiel hatte. Dann nahm Samuel einen Stein und richtete ihn auf und gab ihm den Namen «Eben-Eser», was soviel heißt wie «Bis hierher hat uns der Herr geholfen». Jedesmal, wenn das Volk an diesem Stein vorbeikam, erinnerte es sich an die Treue Gottes.

Wir sind die, «die sich erinnern». Wir sind dazu geschaffen, uns an die Worte und Taten Gottes zu erinnern. Wir Männer sind dazu berufen, die Erinnerung an Gott wachzuhalten, indem wir anderen treu erzählen, wer er ist und was er getan hat. Aber warum? Welchen Sinn hat das Erinnern?

Wozu die Erinnerung?

> Hüte dich nur und bewahre deine Seele gut, daß du nicht vergißt, was deine Augen gesehen haben, und daß es nicht aus deinem Herzen kommt dein ganzes Leben lang. Und du sollst deinen Kindern und Kindeskindern kundtun den Tag, da du vor dem Herrn, deinem Gott, standest am Berg Horeb, als der Herr zu mir sagte: Versammle mir das Volk, daß sie meine Worte hören und so mich fürchten lernen alle Tage ihres Lebens auf Erden und ihre Kinder lehren (5. Mose 4,9-10).

Vor einigen Jahren durchlebte ich eine besonders schwere Zeit. Monatelang erschien mir das Leben wie ein einziger Kampf. Die

Patienten in meiner Beratungspraxis präsentierten mir ungewöhnliche und scheinbar unüberwindliche Probleme Freunde hatten alle Schweres durchzumachen. Die Angst vor dem Leben in dieser gefallenen Welt war auf einmal erschreckend nahe an mich herangekommen.

Allmählich begann ich an mir selbst zu zweifeln. Schon bei der kleinsten Kleinigkeit verspürte ich den heftigen Drang, zu schreien oder um mich zu schlagen. Im Radio spielten sie irgendein harmloses Liedchen, und ich fing an zu weinen. Ein Auto wechselte vor mir die Spur, und ich mußte der Versuchung widerstehen, es von der Fahrbahn zu drängen. Ein Kind im Supermarkt lächelte mich an, und mir kamen die Tränen. Aber wenn die Schlange an der Kasse sich nicht schnell genug vorwärts bewegte, dann rief ich verärgert nach dem Geschäftsführer. Wut und Traurigkeit. Rauf und runter.

Schließlich suchte ich einen guten Freund und Kollegen auf und erzählte ihm, was mit mir los war. Er hörte mir aufmerksam zu und erwiderte dann ernst: «Ja, wenn man beschließt, sich am Kampf zu beteiligen, und dann auf einmal feststellt, daß es keinen Ausweg gibt – das ist nicht einfach.»

Ich war zunächst verblüfft, gleichzeitig aber wußte ich, daß er recht hatte. Im Laufe der letzten Jahre war es mir zunehmend wichtig geworden, den Blick mehr auf das große Ganze zu richten. Ich hatte beschlossen, die Augen nicht mehr vor den abscheulichen Realitäten unserer gefallenen Welt zu verschließen. Als ich zwanzig war, da hatte es mir genügt, wenn die anderen kämpften und ich am Rand bereitstand, um ihnen Wasser und Erfrischungen zu reichen. Aber allmählich hatte sich meine Haltung geändert, und ich spürte es. Ich hatte Angst vor der Zukunft. Wenn ich daran dachte, dann kamen mir die Tränen und die Wut: Tränen, weil ich am liebsten nach Hause gerannt wäre (wo immer das sein mochte), und Wut, weil ich dem, wovor ich Angst hatte, nicht ausweichen konnte und nicht wußte, was genau auf mich zukommen würde.

Nachdem ich mit meinem Freund gesprochen hatte, fielen mir ein paar Geschichten ein, die mein Vater vom Zweiten Weltkrieg erzählt hatte, in dem er als junger Mann gekämpft hatte. Eines

Abends rief ich ihn an und bat ihn, ein paar seiner Gedanken für mich aufzuschreiben.

Eine Woche später kam sein Brief. Anschaulich berichtete er von den Tagen vor der Invasion und der Landung auf Omaha Beach. Von den Gefühlen der Männer. Den Worten der Offiziere. Von der Landung. Vom Vorwärtskriechen über die Körper der gefallenen Kameraden hinweg. Von Müdigkeit, Erschöpfung. Von dem, was ihn vorantrieb, und der Furcht, die ihn zum Aufgeben bewegen wollte. Zwischendrin sprach mein Vater auch immer wieder vom Beten, von der Angst, aber auch davon, daß Gott selbst inmitten schwerer und furchtbarer Zeiten da ist.

Ich verschlang den Brief. Er zeigte mir eine Seite meines Vaters, die ich noch nicht kannte. Was aber wichtiger war, er gab mir Hoffnung. Ein Stück von ihm selbst, ein Stück seiner Erinnerungen war an mich weitergegeben worden. Und ich habe dadurch auf eine tiefere Weise etwas von den Wegen Gottes kennengelernt.

Die Worte meines Freundes und der Brief meines Vaters geben beide einen Hinweis darauf, warum wir uns erinnern sollen. Der Mann ist dazu aufgerufen, Wichtiges an die zukünftigen Generationen weiterzugeben: nicht nur ein Stück Geschichte, sondern ein Stück Erinnerung an das Wirken Gottes in unserem Leben. Es geht darum, unser heutiges Leben in einen größeren Rahmen zu stellen. Der Psalmist bezeugt, auf welche Weise die Geschichte Israels ihm Hoffnung und Mut gab:

> Gott, mit unseren eigenen Ohren haben wir's gehört; unsere Väter haben uns erzählt, was für große Taten du zu ihrer Zeit vollbracht hast – doch das liegt schon lange zurück! Du selbst hast fremde Völker aus dem Land vertrieben und es unseren Vorfahren überlassen. Die Völker, die dort wohnten, hast du zerschlagen, damit unser Volk aufblühen und sich entfalten konnte. Unsere Vorväter haben das Land in Besitz genommen. Aber nicht ihre Schwerter, nicht ihre eigene Kraft verhalf ihnen zum Sieg. Nein, du hast machtvoll eingegriffen und für sie gekämpft. Du hast sie durch deine Gegenwart gestärkt und ihnen deine Liebe gezeigt (Psalm 44,2-4; Hoffnung für alle).

Mein Vater gab mir keine Antwort auf meine Fragen. Aber seine Erinnerungen gaben mir Mut, trotzdem weiterzumachen. Seine Geschichte schenkte mir Hoffnung.

Sich nicht erinnern wollen

Die meisten Männer sind bekannt für ihr Schweigen. Ihre Kinder erfahren nur selten etwas aus der Vergangenheit des Vaters – was er erlebt, wo er versagt hat, von seinen Glaubenskämpfen. Statt etwas an seine Kinder weiterzugeben, bleibt er still. Er tut, als habe er das Gedächtnis verloren. Warum?

Erinnern wir uns noch einmal an die beiden Männer, von denen am Anfang des Kapitels die Rede war. Was hat die Vorstellung vom Mann als dem, «der sich erinnert», mit dem Kampf gegen sexuelle (oder irgendeine andere) Sünde zu tun?

Überlegen wir doch einmal. Der Mann, der in den Sexshop ging, mußte alles aus seinen Gedanken verbannen, was ihm sonst lieb und teuer war. Solange er an Frau und Kinder oder den Dienst in der Gemeinde dachte, konnte er die sündigen Freuden nicht «genießen». Er mußte, um sich seinem Vorhaben ganz hingeben zu können, wenn auch nur für kurze Zeit, den Gedanken an Gott völlig verdrängen.

Denken Sie einmal an eine Gelegenheit, in der Sie selbst – ob in Gedanken oder tatsächlich – sich bewußt mit etwas beschäftigt haben, von dem Sie wußten, daß es falsch ist. Wie sah in jenem Moment Ihre Beziehung zu Gott aus? War sie eng? Freuten Sie sich an seiner Nähe? Natürlich nicht. Wenn er in Ihrem Bewußtsein gewesen wäre, dann hätten Sie nicht weitergehen können.

Genau das ist das Wesen des Götzendienstes – man sucht etwas anderes als Gott, um die eigenen Wünsche zu befriedigen. Wer sündige Entscheidungen treffen will, muß Gott vergessen. Wobei Vergessen in diesem Zusammenhang etwas anderes ist, als einfach nicht mehr zu wissen, wo man die Autoschlüssel hingelegt hat. Es ist eine bewußte, aktive Entscheidung – die Weigerung, sich zu erinnern.

Der Apostel Paulus schildert anschaulich, was geschieht, wenn Menschen «die Herrlichkeit des unvergänglichen Gottes vertauscht [haben] mit einem Bild gleich dem eines vergänglichen Menschen» (Römer 1,23). «Darum hat Gott sie in den Begierden ihrer Herzen dahingegeben in die Unreinheit» (Römer 1,24). Beachtenswert ist besonders Vers 28: «Und wie sie es für nichts geachtet haben, Gott zu erkennen, hat sie Gott dahingegeben in verkehrten Sinn, so daß sie tun, was nicht recht ist.» Diese Menschen haben Gott vergessen. Die Folge ist Sünde.

Obwohl die Menschen die Wahrheit über Gott kannten, kamen sie an einen Punkt, wo sie keinen Sinn mehr sahen, diese Wahrheit in sich wachzuhalten. Sie schufen sich selbst berechenbare Götter, solche, die ihnen nicht dazwischenreden konnten. Was tut ein Mann, wenn er in einen Sexshop geht oder sich seinen Phantasien hingibt? Was geschieht, wenn er unbedingt das letzte Wort behalten will und andere sich so verhalten müssen, wie er sich das vorstellt? Was sind seine Motive, wenn sein größter Wunsch darin besteht, geliebt zu werden? In allen diesen Fällen besteht das Grundproblem darin, daß er nicht glaubt, daß Gott genügt. «Das Leben funktioniert nicht so, wie ich das will. Gott behandelt mich nicht so, wie ich es verdient hätte. Aber das macht mir keinen Spaß. Ich brauche irgend etwas oder irgend jemanden, der mir hilft, mich besser zu fühlen oder wieder ein bißchen Einfluß zu gewinnen. Gott vertrauen bringt es nicht. Der tut ja doch nicht, was ich will. Ich werde ihn einfach eine Zeitlang links liegenlassen und mir etwas Angenehmeres suchen.»

Solche Gedanken erscheinen uns Männern ganz natürlich. Adam hatte vor dem Sündenfall noch etwas, woran er sich erinnern konnte. Er hatte sehr viel von Gottes Wesen mitbekommen, er hatte ihm bei seinem Schöpfungswerk zugesehen und sich mit ihm unterhalten können. Adam wußte, welche Aufgabe Gott ihm gegeben, was Gott ihm anvertraut hatte und wo seine eigenen Grenzen lagen. Doch wir haben bereits gesehen, daß er sich nicht entsprechend verhielt. Als die Schlange Eva versuchte, da sagte Adam nichts. Sein Gedächtnis ließ ihn im Stich. Oder genauer gesagt, er wollte sich nicht erinnern.

Heißt das, daß ein Mann jeden Abend seiner Familie «Geschichten erzählen» sollte? Daß er jedesmal, wenn die Versuchung naht, Bibelverse aufsagen sollte, die von den Werken Gottes erzählen? Würde das helfen? Vielleicht. Aber vielleicht würde damit auch nur der Druck verstärkt, das Richtige zu tun. Doch es geht um mehr: um ein verändertes Herz. Solange ein Mann nicht ehrlich zugibt, daß er gern vergißt und Dingen nachstrebt, die stärker sind als sein Verlangen nach Gott, solange kann es keine bleibende Veränderung geben.

Der Ruf zur Erinnerung

Als ich noch nicht lange Christ war, da schien es mir unvorstellbar, daß Menschen, die miterlebt hatten, wie das Rote Meer sich vor ihnen teilte, vergessen konnten, was Gott getan hatte, und sich anderen Göttern zuwandten. Schon bald nach ihrer wundersamen Rettung aus der Gewalt der Ägypter sündigten die Israeliten erneut. Und die Bibel berichtet von unzähligen Begebenheiten aus der Geschichte Israels, wo Menschen, die die Güte Gottes erlebt hatten, trotzdem andere Wege gingen.

Ich fand das erstaunlich. Heute aber, wenn ich mein eigenes Leben betrachte, überrascht es mich nicht mehr. Ich bin ein gläubiger Christ, ein Mann, der Gottes Wirken in seinem eigenen Leben erfahren hat. Und doch gibt es Momente, wo ich etwas anderes suche als Gott, um Befriedigung und Erfüllung zu erleben. Und indem ich das tue, vergesse ich, was wahr ist.

Drei Jahre war Jesus mit den Jüngern zusammen. Dann neigte sich die gemeinsame Zeit dem Ende zu. Eines Abends rief er sie zusammen zum Passamahl. Diese Männer waren mit ihm gewesen, sie hatten mit eigenen Augen seine Wunder gesehen und würden bald Zeugen seines Todes und seiner Auferstehung werden. Zu diesen Männern sagt Jesus: «Das tut zu meinem Gedächtnis.» Sollten denn wirklich ausgerechnet sie ein Symbol brauchen, das sie an Jesus erinnerte? Nach allem, was sie gesehen und gehört hatten? Würden sie das je vergessen können?

Doch Jesus kannte diese Männer genauso, wie er uns kennt. Und er wußte um ihre Neigung zu vergessen. Denken wir nur an die kleinliche Diskussion in Lukas 22,24, nur wenige Augenblicke nachdem er ihnen von seinem bevorstehenden Tod erzählt hatte: «Es erhob sich auch ein Streit unter ihnen, wer von ihnen als der Größte gelten solle.» Noch ehe Jesus sie verlassen hatte, gerieten seine Worte bereits in Vergessenheit. Schon jetzt wandten sie sich von dem Leben ab, zu dem er sie berufen hatte.

Die beiden Männer vom Anfang des Kapitels standen vor der Wahl. Beide hatten zu kämpfen. Beide waren gläubig. Der erste wollte sich nicht erinnern und betete letztlich vor dem Altar eines falschen Gottes an. Der zweite hörte Christi Ruf und ehrte den wahren Gott.

Kapitel 7

Er war da – und er schwieg

«Ich glaube an Gott, auch wenn er schweigt.»

Für ihn war es der längste Tag der Woche. Er war Professor an einer kleinen Universität. Aber er verdiente nicht genug, deshalb hatte er noch einen zweiten Job. An diesem Mittwoch stand er früh auf, weil er einen auswärtigen Klienten am Telefon beraten mußte. Danach eilte er zum Frühstück mit einem seiner Studenten. Anschließend hastete er ins Büro zur wöchentlichen Fakultätsbesprechung. Kaum war die vorüber, hatte er eine dreistündige Vorlesung zu halten. Mittagessen mit einem anderen Studenten, hinterher vier Stunden Beratung. Zum Abschluß des Tages verbrachte er eine Stunde mit einem Kollegen und besprach mit ihm die Pläne für ein gemeinsames Seminar.

Auf der Heimfahrt spürte er nur noch die Müdigkeit, er war völlig ausgepumpt. Von halb sechs am Morgen bis halb sieben am Abend nichts als Gespräche – mit Freunden, Studenten, früheren Studenten, Kollegen und Patienten. Wieder einmal hatte er ständig geben müssen – bis an den Rand der Erschöpfung, und noch während der Fahrt kam er zu der Erkenntnis, daß er ausgebrannt war, leer. Er wünschte sich nichts sehnlicher, als allein zu sein. Ganz kurz dachte er darüber nach, wie er es wohl einrichten könnte, einmal ein paar Tage allem zu entfliehen.

Er hatte das Radio eingeschaltet, und zur Musik träumte er von der Hütte in den Bergen, die nur in seiner Phantasie existierte. Keine Störungen. Keine Anfragen. Keine Kritik. Doch noch etwas anderes ging ihm durch den Sinn und nagte an ihm, dabei war es eigentlich ein angenehmer Gedanke. So müde er war, er konnte es kaum erwarten, zu den Menschen zu kommen, die er am meisten liebte – seiner Frau und seinem Sohn.

Als er in die Einfahrt bog, spürte er plötzlich, wie die Wut in ihm aufstieg. Seine Nerven spannten sich, und es war, wie wenn sich wieder diese Mauer vor ihn schob. Er wußte genau, was geschehen würde, wenn er ins Haus trat. Während er noch das Auto in die Garage fuhr, sah er es bereits vor seinem inneren Auge: Sein Sohn wollte mit ihm spielen, und seine Frau wollte wissen, wie sein Tag gewesen sei und ihm in allen Einzelheiten erzählen, was sie selbst im Laufe des Tages erlebt hatte. Sie würde haarklein berichten, was geschehen war, seit er am Morgen das Haus verließ. Sie würde ihn bitten, nach der Waschmaschine zu sehen oder nach der verstopften Toilette oder den Müll hinauszutragen.

Er blieb noch einen Moment im Auto sitzen und spürte die Anforderungen der Familie wie eine schwere Last auf seinen Schultern. In Gedanken fing er an, seiner Frau die Schuld an seiner Wut und Enttäuschung zu geben: *Sie verlangt zu viel. Sie versteht nicht, was ich an der Arbeit auszuhalten habe. Sie weiß gar nicht, wie sehr ich mich für sie aufopfere. Nie läßt sie mich in Ruhe.* Er tat sich selbst leid.

Als er ins Zimmer trat, begrüßte ihn seine Frau mit der Frage, die Millionen von Frauen an jedem Tag ihrem Mann stellen. Es war eine ganz einfache Frage, auf die sie auch nur eine einfache Antwort erwartete. Weshalb wurde er wütend? Sie bat ihn um nichts, was er nicht hätte geben können. Sie verlangte keine Antwort auf ein schwieriges mathematisches Problem. Sie bat ihn um etwas, was er geben *konnte* – aber er hütete es wie der einäugige Seeräuber seinen geheimsten Schatz.

Sie fragte: «Wie war es heute?»

Er hatte den ganzen langen Tag über geredet – seelsorgerliche Gespräche geführt, geplaudert, seine Vorlesung gehalten, sich mit anderen beraten. Jetzt, nach dreizehn Stunden reden, gab er ihr die gewohnte Antwort. Er sah ihr in die Augen und sagte nur ein Wort: «Gut.»

Er hoffte, das Gespräch wäre damit zu Ende. Sofort wandte er sich der Post zu und tat so, als sei sie wichtiger als die Frage seiner Frau. Dennoch war ihm durchaus bewußt, daß sie eigentlich mehr von ihm wissen wollte, als wie sein Tag verlaufen war. Sie wollte, daß er sie an seinem Leben Anteil nehmen ließ, daß er sich mit ihr unterhielt, daß er ihre Einsamkeit mit seinen Worten und seiner Nähe durchbrach. Doch er weigerte sich, ihr zu geben, was sie sich wünschte.

Wie an so vielen Abenden vorher, blieb er ausgerechnet bei dem einen Menschen, den er von Herzen liebte, stumm. Er konnte mit Studenten und Patienten reden, aber vor seiner Frau versteckte er sich. Später, als er schon im Bett lag, kamen die quälenden Gedanken. *Warum*, so grübelte er, *hasse ich ihre Fragen? Ich liebe meine Frau, aber ich schiebe meine Müdigkeit vor, um Ruhe vor ihr zu haben. Warum habe ich geschwiegen? Sicher, der heutige Tag war besonders lang. Aber auch an leichteren Tagen ziehe ich mich von den Menschen, die ich liebe, zurück. Warum?*

Was stimmt nicht mit den Männern?

Ich kann diesen Mann verstehen, und zwar deshalb, weil ich fast täglich dasselbe durchmache und mir dieselben Fragen stelle. Durch die Beschäftigung mit der Bibel und meine Arbeit in der Seelsorge bin ich allerdings zu der Erkenntnis gekommen, daß jeder Mann dieses tiefe und bewußte Schweigen kennt. Als ich das erste Mal öffentlich über das Schweigen der Männer sprach, da stürzten sich die Frauen förmlich auf mich und riefen: «Mein Mann schweigt auch immer! Was kann ich tun, um ihn zum Reden zu bewegen?» Und ein paar Männer kamen verstohlen zu mir und flüsterten: «Ich dachte, ich wäre der einzige. Sie kennen das auch?»

Jeder Mann steht in der Spannung zwischen einem Muster, dem er nicht entfliehen kann, und seinem täglichen Scheitern an diesem Muster. Er ist dazu bestimmt, zu reden und zuzuhören. Männer wollen lieben und geliebt werden, aber innerlich sind sie blockiert. Irgend etwas hindert sie daran, ihre Gefühle und Empfindungen zu zeigen.

Kann uns geholfen werden? Können wir uns ändern? Ja. Der Weg dahin beginnt jedoch anders als erwartet. Nicht damit, daß wir überlegen, wie wir am schnellsten zum Erfolg kommen, sondern damit, daß wir uns mit unserem Versagen auseinandersetzen. Wir müssen zunächst ganz ehrlich untersuchen, was nicht stimmt.

Die Lösung jedes Problems beginnt mit einer ehrlichen Bilanz. Wir müssen zunächst analysieren, wo der Fehler liegt, bevor wir uns ändern und unserer Bestimmung entsprechend leben können. Dabei kann uns die Bibel helfen. Sie berichtet von einem Mann – dem ersten Mann überhaupt –, der auch schwieg. Wir wollen uns darum die bekannte Geschichte einmal näher ansehen.

Adam war da ...

> Die Schlange war listiger als alle anderen Tiere, die Gott, der Herr, gemacht hatte. «Hat Gott wirklich gesagt, daß ihr von keinem Baum die Früchte essen dürft?» fragte sie die Frau. «Natürlich dürfen wir», antwortete die Frau, «nur von dem Baum in der Mitte des Gartens nicht. Gott hat gesagt: ‹Eßt nicht von seinen Früchten, ja – berührt sie nicht einmal, sonst müßt ihr sterben!›» «Unsinn! Ihr werdet nicht sterben», widersprach die Schlange, «aber Gott weiß: Wenn ihr davon eßt, werden eure Augen geöffnet – ihr werdet sein wie Gott und wissen, was Gut und Böse ist.»
>
> Die Frau schaute den Baum an. Er sah schön aus! Seine Früchte wirkten verlockend, und klug würde sie davon werden. Sie pflückte eine Frucht, biß hinein und reichte sie ihrem Mann, und auch er aß davon. Plötzlich gingen beiden die Augen auf, und ihnen wurde bewußt, daß sie nackt waren. Hastig flochten sie Feigenblätter zusammen und machten sich einen Lendenschurz (1. Mose 3,1-7; Hoffnung für alle).

Im Verlauf der gesamten Geschichte hat die Kirche in der Regel Eva für den Fall des Menschengeschlechts die Schuld gegeben. Die meisten Menschen gehen stillschweigend davon aus, daß Adam sich irgendwo anders befand, als Eva sich mit der Schlange unterhielt. Sie meinen, Eva habe sich, nachdem sie gesündigt hatte, aufgemacht, um Adam zu suchen, und ihn dann überredet, auch von der verbotenen Frucht zu essen. Oft wird Eva auch deshalb verurteilt, weil sie versuchte, mit der Schlange zu argumentieren, dann aber aus Schwäche ihrer List erlag. Es heißt, Eva habe den ersten Schritt zur Sünde getan und Adam sei lediglich ihrem Beispiel gefolgt. Manche Ausleger meinen sogar, Adam habe nur deshalb von der Frucht gegessen, damit Eva mit ihrer Sünde nicht allein dastand.

Ja, neben der Launenhaftigkeit seines «schwächeren Gefäßes» wird Adam in ein besseres Licht gestellt. Aber wenn er nun während der ganzen Unterhaltung neben Eva stand? Wenn er an ihrer Seite war und mit anhörte, wie die Schlange die Wahrheit verdrehte? Wenn sein Ungehorsam nicht damit begann, daß er auch von der Frucht aß, sondern damit, daß er sich weigerte, mit der Schlange oder seiner Frau zu reden? Was dann?

Wenn Adam tatsächlich dabei war, aber schwieg, dann wirft das ein ganz neues Licht auf das Problem des Mannes. Die gängige Deutung des Berichts aus 1. Mose 3 hat es unter Umständen möglich gemacht, daß die Männer den Frauen die Schuld geben (wie Adam damals die Schuld auf Eva schob), statt sich mit dem eigenen Versagen auseinanderzusetzen.

Wenn Adam jedoch, während die Schlange Eva versuchte, neben seiner Frau stand, dann sieht die Sache doch ganz anders aus. Dann wird sein Schweigen zur Sünde und hat weitreichende Konsequenzen.

Vier Gründe sprechen dafür, warum wir meinen, Adam sei bei der Versuchung anwesend gewesen:

1. Sein Schweigen paßt in den gesamten Kontext von 1. Mose 1-3.
2. In 1. Mose 3,6 heißt es, daß er da war.
3. Die Art, wie das Ereignis in 1. Mose 3,1-7 berichtet wird, legt es nahe, daß Eva sich unmittelbar an Adam wandte und ihm von der Frucht gab.
4. Andere Männer, von denen in 1. Mose berichtet wird, verhielten sich ähnlich wie Adam, was die Vermutung nahelegt, daß sein Schweigen sich als Verhaltensmuster in seinen männlichen Nachkommen fortsetzte.

Adam, das Ebenbild, verleugnet sein Bild

Zunächst wollen wir den unmittelbaren Kontext betrachten, in dem dieser Abschnitt steht. Wir tun das, indem wir 1. Mose 3 mit 1. Mose 1 vergleichen. In 1. Mose 1 begegnet Gott der Finsternis und dem Chaos: «Die Erde war wüst und leer.» Wir haben bereits gesehen, daß Gott die Welt auf ganz einzigartige Weise erschaffen hat. Er sprach in die Finsternis und brachte damit Ordnung, Schönheit und Beziehungen hervor. Im Judentum gibt es eine treffende Beschreibung dieses Schöpfers: «Er, der sprach, und die Welt entstand.» Er ist ein Gott, der spricht, um Beziehungen herzustellen. Er schreckt nicht vor dem Dunkel und dem Chaos zurück. Nein, er ruft hinein. Und nachdem er alles erschaffen hat, hält er den Sabbat.

In 1. Mose 3 verhält sich Adam – der Mann, der als Gottes Ebenbild erschaffen wurde – grundlegend anders als dieser Gott. Wie in 1. Mose 1 beginnt die Geschichte im Chaos. «Die Schlange war listiger als alle anderen Tiere, die Gott, der Herr, gemacht hatte. ‹Hat Gott wirklich gesagt, daß ihr von keinem Baum essen dürft?› fragte sie die Frau.» In Kapitel 5 haben wir gesagt, daß die Schlange für das Chaos steht. Die Menschen im Orient hielten sie für das Symbol von List und Täuschung. In 1. Mose 3 tritt also das Chaos in Form einer Schlange wieder auf, die Adam und Eva mit einer List täuscht.

Was aber geschieht nun im Angesicht des Chaos? Interessanterweise ist es Eva, die das Bild Gottes deutlicher wiedergibt als Adam, denn sie spricht mit der Schlange. Was aber ist mit Adam? Wenn er da war, hat er zumindest nichts gesagt. Das Chaos war in seine vollkommene Welt eingedrungen, und er stand verwirrt und fassungslos in der Dunkelheit. In der Bibel wird nicht berichtet, daß Gott Adam irgendwelche Anweisungen gegeben hätte, was er der Schlange sagen sollte. Also schwieg er.

Adam war also ein schweigender, ein passiver Mann. Wie so viele andere Männer im Laufe der Menschheitsgeschichte war er körperlich zwar anwesend, gefühlsmäßig jedoch nicht. Er verblaßt im Hintergrund, anstatt nach vorn ins Rampenlicht zu treten. Im Gegensatz dazu stand Gott in 1. Mose 1 im absoluten Mittelpunkt, und er sprach und machte damit aus der Wüste ein Paradies. Adam hingegen verschwand. Seine Sünde begann mit seinem Schweigen. Er war dazu geschaffen, zu reden, aber er sagte kein Wort. Er hörte der Schlange zu, er hörte, was seine Frau sagte, er nahm von der Frucht, und *dann* aß er.

Dreimal reagierte er passiv, bevor er von der verbotenen Frucht aß.

Als Gott sprach, erstand aus dem Chaos die Schöpfung; als Adam schwieg, kam in die Schöpfung das Chaos zurück. Erinnern wir uns noch einmal daran, daß Gott die Sprache gebrauchte, um eine Beziehung herzustellen; Adam benutzte das Schweigen, um die Beziehung zu zerstören. Gott ruhte, nachdem er alles geschaffen hatte; Adam mußte als Folge seines Schweigens noch härter arbeiten. Adam verdarb das Paradies, weil er etwas nicht tat. Adam, das Ebenbild, spiegelte seinen Gott nicht wider, weil er sich heraushielt, weil er schwieg und Gottes Gebot vergaß.

Adam, *der bei ihr war*

Es gibt noch einen zweiten Grund für die Annahme, daß Adam während der Versuchung dabei war: In 1. Mose 3 steht ausdrücklich, er sei dabeigewesen. «Die Frau schaute den Baum an. Er sah schön aus! Seine Früchte wirkten verlockend, und klug würde sie davon werden!» heißt es zunächst über Eva (Vers 6a). Dann erfahren wir: «Sie pflückte eine Frucht, biß hinein und reichte sie ihrem Mann, und auch er aß davon» (Vers 6b).

Es ist nun von großer Wichtigkeit, daß eine Tatsache festgehalten wird, die bisher oft übersehen wurde: Übersetzt man wörtlich, dann befand sich Adam im Augenblick der Versuchung *bei seiner Frau*: «... und reichte sie dem Mann, der *bei ihr* [hebr.: 'Imha] war ...» Das Wort *'Imha* setzt sich aus zwei hebräischen Wörtern zusammen, die als «mit ihr» übersetzt werden. Die hebräische Konstruktion ist eine Kombination aus der Präposition *'im* («mit») und dem weiblichen Personalpronomen in der dritten Person *ha*, was soviel bedeutet wie «ihr».

Wo in der hebräischen Bibel *'im* gebraucht wird, da bezeichnet es eine sehr enge Nähe, bis hin zur sexuellen Vereinigung. Man hätte andere Präpositionen benutzen können, um eine Verbindung herzustellen, der Gebrauch von *'im* läßt jedoch darauf schließen, daß hier nicht nur von irgendeiner Verbindung, sondern von körperlicher Nähe die Rede ist. Eine angemessene Wiedergabe des Satzes könnte lauten: «direkt neben ihr.»

Es gibt in der Bibel weitere Verse, die diese Deutung von «der bei ihr war» unterstützen. Ein Beispiel finden wir in Richter 13,9. Der Vers steht mitten in dem Bericht von Simson, von dem die Kapitel 13-16 handeln. Ehe Simson geboren wurde, erschien der Engel des Herrn seiner Mutter. Normal war es, daß der Engel des Herrn Männern erschien. Warum also kam er hier zu Simsons Mutter und nicht zu seinem Vater Manoach?

Simsons Mutter war unfruchtbar, und der Engel des Herrn kam, um ihr einen Sohn zu verheißen. Er sagte, dieser Sohn solle ein Geweihter Gottes sein von Mutterleibe an, ein Mann, der nie sein Haar schneiden dürfe. Die Frau lief los, um ihrem Mann vom Erscheinen des Engels und seiner Botschaft zu erzählen, doch Manoach war skeptisch. Er bat den Herrn, noch einmal zu kommen und ihm zu sagen, was mit dem Jungen zu tun sei. Vielleicht glaubte er seiner Frau nicht, oder es fiel ihm schwer, zu glauben, was Gott bereits gesagt hatte.

Wie dem auch sei, der Herr erhörte Manoachs Gebet, doch nicht so, wie er es erbeten hatte. In Richter 13,9 lesen wir: «Und Gott erhörte Manoach, und der Engel Gottes kam wieder zu der Frau. Sie saß aber auf dem Felde, und ihr Mann Manoach war nicht bei ihr.» Hier sehen wir denselben Satz – *'imha* –, diesmal allerdings mit der Verneinung *lo*.

Der Engel des Herrn erscheint der Frau, doch ihr Mann Manoach ist im wortwörtlichen Sinne *lo 'imha* – nicht bei ihr. Er ist körperlich nicht anwesend. In 1. Mose 3 erscheint die Schlange und redet mit der Frau, und ihr Mann Adam ist *'imha* – direkt neben ihr.

Wir haben also zwei Fälle, wo dieses hebräische Wort gebraucht wird, und in beiden Fällen geht es eindeutig um die körperliche Nähe: Manoach war *nicht bei* seiner Frau, und Adam war *bei* ihr. Angesichts dieser klaren Aussagen liegt für die traditionelle Argumentation, Adam sei *nicht* bei Eva gewesen, die Beweislast eindeutig bei ihren Verfechtern. Der Text spricht dafür, daß er da war.

Eva wandte sich an ihren Mann

Der dritte Grund, warum wir meinen, Adam sei bei Eva gewesen, besteht in der Tatsache, daß es sich bei 1. Mose 3,1-7 um einen in sich geschlossenen Bericht handelt. Nichts in diesem Abschnitt deutet darauf hin, daß zwischen dem Moment, in dem Eva von der Frucht aß, und dem Augenblick, in dem sie Adam davon anbot, eine größere zeitliche Lücke liegt. Aus Vers 6 läßt sich auch nicht herauslesen, Adam sei während der Versuchung nicht anwesend gewesen. Noch gibt es irgendeinen Anhaltspunkt dafür, daß Eva zunächst selbst von der Frucht aß und dann loslief, um Adam zu suchen. Wenn wir den Bericht so lesen, wie er dasteht, dann können wir in Vers 6 keinen zeitlichen Bruch entdecken. Statt dessen sehen wir Eva von der Frucht nehmen, davon essen und sie sofort an ihren schweigenden, passiven Mann weiterreichen, der *bei ihr* war.

Auch hier liegt die Beweislast wieder bei den Verfechtern der Theorie, daß es zwischen dem Moment, in dem Eva von der Frucht aß, und ihrer Suche nach Adam einen Bruch gibt.

Immer wieder Adam

Der Schreiber des ersten Mosebuches ist ein Geschichtenerzähler. In den ersten drei Kapiteln hat er die Handlung und das Problem aufgezeigt. In den folgenden siebenundvierzig Kapiteln variiert er das Thema in unzähligen fesselnden Geschichten. Wie jede gute Geschichte greift auch seine immer neu dieselben Themen und Ereignisse auf. Und das Schweigen der Männer erscheint wieder und wieder.

Verschiedene der Männer, die im ersten Buch Mose dargestellt werden, entschieden sich ganz bewußt dafür, zu schweigen oder wegzusehen, zu vergessen oder sich abzukehren. Und jedesmal brachten sie sich damit in Schwierigkeiten. So hörte zum Beispiel Abram (später Abraham), anstatt Gottes Plänen zu vertrauen, auf den Rat seiner Frau Sarai und schlief mit seiner Dienerin Hagar. «Und Sarai sprach zu Abram: Siehe, der Herr hat mich verschlossen, daß ich nicht gebären kann. Geh doch zu meiner Magd, ob ich vielleicht durch sie zu einem Sohn komme. *Und Abram gehorchte der Stimme Sarais.* Da nahm Sarai, Abrams Frau, ihre ägyptische Magd Hagar und *gab sie Abram, ihrem Mann*, zur Frau» (1. Mose 16,2-3).

Achten wir einmal auf die Ähnlichkeiten zwischen Adam und Abraham. Wie Adam bleibt Abraham beim Gespräch mit seiner Frau stumm. Obwohl Sara im Unrecht war, hörte er auf sie. Erinnern wir uns daran, daß Gott Adam strafte, weil er der Stimme seiner Frau gehorcht hatte. Und genauso wie Eva ihrem Mann von der verbotenen Frucht gab, so gab Sara Abraham ihre Magd – und er nahm sie! Abraham war still und passiv. Aber sein Schweigen redet noch heute, viertausend Jahre später. Ismael, Hagars Sohn – von dessen Nachkommen die arabischen Völker abstammen – verachtet Israel bis auf den heutigen Tag.

Oder ein anderes Beispiel. Lot verschloß die Augen vor der offenkundigen Sünde Sodoms, einer Stadt, die als Sinnbild alles Bösen galt. Ja, Lot bot sogar seine Töchter einer Horde pervertierter Vergewaltiger an. Sein Verhalten ist dem von Abraham und Isaak nicht unähnlich, die beide ihre Frauen verrieten und sie fremden Königen anboten. Damit stehen sie beispielhaft auch für die heutigen Männer. Sie sind schwach und opfern aus Feigheit die wichtigsten Frauen in ihrem Leben. Wie Adam zwingen sie ihre Frauen, für sie dem Chaos entgegenzutreten. Wie Noah fügen sie mit ihrer Trunkenheit ihren Kindern – ja ganzen Generationen – auf Jahre hinaus Schaden zu. In seinem Suff merkte Lot gar nicht, daß er mit seinen eigenen Töchtern schlief. Seine Trunkenheit führte zum Inzest, aus dem zwei Söhne hervorgingen, die später ständig gegen Israel Krieg führten.

Doch die aufschlußreichste Geschichte finden wir in 1. Mose 38. Sie wird oft übergangen und ist auch ziemlich dubios. Dennoch verdient sie sorgfältige Beachtung, weil sie die Geschichte von der ersten Sünde so deutlich aufgreift.

Jakobs Sohn Juda zog nach Kanaan, um eine Frau zu suchen. Er heiratete schließlich eine Frau namens Schua, und sie gebar ihm drei Söhne. «Und als er zu ihr einging, ward sie schwanger und gebar einen Sohn, den nannte er Er. Und sie ward abermals schwanger und gebar einen Sohn, den nannte sie Onan. Sie gebar abermals einen Sohn, den nannte sie Schela» (1. Mose 38,2-5).

Juda hatte augenscheinlich keine Probleme mit Gottes Gebot, sich zu vermehren und die Erde zu füllen. Doch wie bei jedem Bericht in 1. Mose ist das Chaos nicht weit. Judas erstgeborener Sohn war in Gottes Augen böse, darum ließ er ihn sterben. Dem zweiten Sohn, Onan, wurde aufgetragen, eine Art Leviratsehe zu führen, für Tamar, die Frau seines verstorbenen Bruders zu sorgen und den Namen der Familie fortzuführen. Aber Onan wußte, daß die Kinder aus dieser Ehe nicht als seine eigenen gelten und auch das Erbe nicht ihm zufallen würde. Statt zu tun, was Gott verlangte, ließ er darum seinen Samen auf den Boden fallen. Damit weigerte er sich, das Gedenken an seinen Bruder (und auch an seinen Vater Juda) weiterleben zu lassen. Mit anderen Worten, er wollte sich nicht erinnern. Was war Gottes Antwort? Er ließ auch Onan sterben.

Versetzen wir uns einmal an Judas Stelle. Wie schon unsere Väter und Vorväter wünschen wir alle uns nichts sehnlicher als einen Sohn, der unseren Namen und Stammbaum fortsetzt. Und wir erkennen, daß die Verheißung, die Gott Abraham gegeben hat, wie immer in der nächsten Generation von der Auslöschung bedroht ist. Kurz: keine Kinder – keine Verheißung. (Darum waren Kinder für jene ersten Hebräerfamilien so wichtig. Wenn sie kinderlos blieben, dann bedeutete das, daß Gottes Verheißung nicht mehr galt.) Wir haben drei Söhne in die Welt gesetzt, den Erstgeborenen, auf den wir so große Hoffnungen setzten, aber bereits verloren. Dann geben wir der Witwe den zweiten Sohn, damit sie von ihm Kinder bekommen kann. Aber auch er stirbt. Die Frage lautet nun: Wollen wir ihr auch den dritten Sohn geben – unsere letzte Hoffnung? Wollen wir Gott auch in diesem Chaos noch vertrauen?

Juda wollte nicht. Und der Schreiber des Berichts schildert in schonungsloser Offenheit: «Da sprach Juda zu seiner Schwiegertochter Tamar: Bleibe eine Witwe in deines Vaters Hause, bis mein Sohn Schela groß wird. *Denn er dachte, vielleicht würde er auch sterben wie seine Brüder*» (1. Mose 38,11). Juda hatte Angst. Er war der Auserwählte. Sein dritter Sohn war seine letzte Hoffnung. Hätte Juda Gott vertraut, dann hätte er auch seinen dritten Sohn an Tamar gegeben. Statt dessen ließ er sich vom Chaos lähmen. Er gab Tamar einen klugen Rat und vertagte das Problem auf später.

Unglück erwartet Männer, die schweigen

Was geschieht, wenn ein Mann Gott vergißt und schweigt? Was geschieht, wenn er nicht bereit ist, ein Opfer zu bringen, um Gottes Verheißung treu zu bleiben? Dummerweise fordert er andere damit auf, für ihn in die Bresche zu springen.

Für Juda bestand das Chaos in einer unberechenbaren Zukunft. Was würde geschehen, wenn er Tamar auch seinen dritten Sohn gab? Die Ungewißheit lähmte ihn. Wenn er Tamar fortschickte, so mag er gedacht haben, dann würde vielleicht auch das Problem verschwinden.

Doch es kam zurück. Seine Schwäche und Falschheit holten ihn ein. Hören wir, wie es weiterging:

Judas Frau starb. Nach der offiziellen Trauerzeit ging er in eine andere Stadt, um seine Schafe zu scheren. «Da wurde der Tamar gesagt: Siehe, dein Schwiegervater geht hinauf nach Timna, seine Schafe zu scheren. Da legte sie die Witwenkleider von sich, die sie trug, deckte sich mit einem Schleier und verhüllte sich und setzte sich vor das Tor von Enajim an dem Wege nach Timna, denn sie hatte gesehen, daß Schela groß geworden war, aber sie wurde ihm nicht zur Frau gegeben» (1. Mose 38,13-14).

Juda hatte sein Versprechen nicht erfüllt und Tamar seinen letzten Sohn nicht zum Mann gegeben. Aber Tamar war nicht die passive Frau, wie sie von allzu vielen auch heute in christlichen Kreisen geschätzt wird, und machte sich daran, die Sache in

Ordnung zu bringen. Ihr war anscheinend mehr daran gelegen, die Linie von Abraham fortzusetzen, als Juda selbst.

Juda sah Tamar, aber hielt sie für eine Prostituierte (Vers 15). Noch ein Mann in diesem biblischen Buch, der nicht erkannte, was um ihn vorging. Er schlief mit Tamar, ohne zu erkennen, wer sie war, und dann ging er fort. Drei Monate später hörte er, daß Tamar schwanger sei. Als Mann mit einem ausgeprägten Sinn für Gerechtigkeit bekam er einen Wutanfall und forderte, daß seine Schwiegertochter verbrannt würde, weil sie nicht treu geblieben war.

Doch anders als ihre Urmutter Eva hatte Tamar auf die Schwäche des Mannes mit einer List reagiert. Weil Juda sie für eine Prostituierte gehalten hatte, hatte er sie um sexuelle Gefälligkeit gebeten. Tamar hatte eingewilligt, jedoch verlangt, daß er ihr seinen Ring, seine Schnur und seinen Stab überließ. Ein Ausleger hat gemeint, das sei heute dem Führerschein und den Kreditkarten gleichzusetzen. Mit einem brillanten Schachzug stellte Tamar ihrem Schwiegervater also eine Falle. Die Tochter Evas kehrte Evas Ungehorsam damit ins Gegenteil. Eva hatte sich nicht bemüht, die Schlange zu widerlegen. Tamar benutzte ihren Verstand, um ihren gesellschaftlichen Auftrag zu erfüllen.

Und sie spielte ihre Rolle bis zum dramatischen Höhepunkt der Geschichte. Als machtlose Frau hatte sie einen zwar unwissenden, aber dennoch mächtigen Mann zu überführen. Auf Judas Befehl hin wurde sie hinausgeführt, um verbrannt zu werden. Auf dem Weg zur Hinrichtung sagte sie zu den Männern, die das Urteil vollstrecken sollten: «Ach, übrigens, der Mann, dem dieses Siegel, diese Schnur und dieser Stab gehören – der ist der Vater meines Kindes.» Juda saß in der Falle. Nun mußte er die Wahrheit zugeben. Jahrelang hatte er Tamar angelogen, nun erwiderte er ehrlich: «Diese Frau ist gerechter als ich.» Wie reagierte Gott darauf? Er segnete Tamar mit Zwillingssöhnen.

Judas Schweigen, sein Nichtwissenwollen und sein Betrug machten es nötig, daß Tamar sich in die Unsicherheit der Welt hinauswagte. Mit seinem Schweigen leugnete er Gott, weil er ihm nicht für die Zukunft vertraute. Es war Judas starrköpfige

Untätigkeit, die seine Nachkommenschaft bedrohte. Er meinte, wenn er seine Interessen schützte, könnte er seinen letzten Sohn retten. Aber er hatte Unrecht. Wäre Tamar nicht gewesen, dann wäre die Verheißung mit Judas drittem Sohn ausgestorben. Wäre Tamar nicht gewesen, dann hätte es keinen David gegeben. Wäre Tamar nicht gewesen, dann hätte es keinen Christus gegeben. Juda verhielt sich kurzsichtig und egoistisch. Tamar war es, die ihm den Blick für das größere, selbstlose Ganze öffnete.

Wie Adam, Abraham und Lot begriff auch Juda nicht, daß sein Handeln weitreichende Konsequenzen hatte. Sein Schweigen hatte Auswirkungen auf Generationen. Das Neue Testament erinnert an Tamars Mut und List, indem es sie im Stammbaum Jesu in Matthäus erwähnt: «Dies ist das Buch von der Geschichte Jesu Christi, des Sohnes Davids, des Sohnes Abrahams. Abraham zeugte Isaak, Isaak zeugte Jakob, Jakob zeugte Juda und seine Brüder. Juda zeugte Perez und Serach mit der Tamar» (Matthäus 1,1-3).

Adam stand nicht allein mit seinem Schweigen. Er war uns nicht unähnlich. Als das Chaos in seine Welt trat, da wollte er nichts davon wissen: Er verhielt sich passiv; er schwieg und blieb unbeteiligt. Seitdem hat er mit seinem Schweigen das Verhaltensmuster angegeben.

Das Schweigen der Männer ...

Adam schwieg nicht nur gegenüber der Schlange, er schwieg auch gegenüber Eva. Er erinnerte sie nicht an das, was Gott gesagt hatte. Er rief ihr nie das Gesamtbild und damit den Gesamtzusammenhang der Situation in Erinnerung. Er trat seiner Frau nicht helfend zur Seite. Unbeteiligt hörte er ihr zu, wie sie mit der Schlange sprach, anstatt Eva ernst zu nehmen und mit ihr zu reden.

Ich will damit nicht sagen, er hätte *für* sie den Mund aufmachen sollen. Und ganz sicher meine ich nicht, daß er das Wort an sie hätte richten sollen wie ein Vater an sein Kind oder ein Vorgesetzter an den Untergebenen. Viele Männer begehen übrigens diesen Fehler. Ich sage auch nicht, daß die Männer reden und die Frauen still sein sollten. Beide, Männer und Frauen, wurden als Gottes Ebenbild erschaffen. Doch an diesem Punkt sündigte der erste Mann.

Adam war ungehorsam, weil er nicht mit der Schlange und seiner Frau sprach. Er war passiv und unbeteiligt. Sein Schweigen war symptomatisch für seine Weigerung, sich auf Evas Konfliktsituation einzulassen. Und Gott bestrafte ihn für sein Schweigen: «Zu Adam sagte er: ‹Deiner Frau zuliebe hast du mein Gebot mißachtet. Deshalb soll der Ackerboden verflucht sein! Dein ganzes Leben lang wirst du dich abmühen, um dich von seinem Ertrag zu ernähren›» (1. Mose 3,17; Hoffnung für alle).

Gott strafte Adam, weil er von der verbotenen Frucht gegessen hatte. Aber er strafte ihn auch, weil er auf seine Frau gehört hatte. Adams Ungehorsam geschah schrittweise. Erst schwieg er, und dann aß er von dem Baum. Sein Ungehorsam begann nicht damit, daß er aß, sondern damit, daß er schwieg. Der Ungehorsam gegenüber Gott war die Folge davon, daß er seine Frau allein gelassen hatte. Er schwieg und brach schließlich Gottes klares Gebot.

Schweigen ist tödlich

Wie alle Männer schweige auch ich genauso wie Adam. Manchmal bin ich vor Verwirrung wie gelähmt. Wenn meine Frau mich bittet, doch wenigstens ein klein wenig von mir selbst mitzuteilen, dann werde ich zornig. Wenn sie weint, werde ich wütend. Ihre Tränen machen mir angst, weil ich nicht weiß, was ich damit anfangen soll. Wenn sie mich auf einen Fehler hinweist, dann rechtfertige ich mich bis zum bitteren Ende. Wenn sie an mir etwas auszusetzen hat, dann finde ich zehn Dinge, die mich an ihr stören. Ich weigere mich, unrecht zu haben. Dabei gebrauche ich Worte, ich spreche. Doch ich gebrauche diese Worte, um eine Beziehung zu zerstören – wie die Schlange im Garten Eden.

Wenn meine Frau jedoch ein wenig an der Oberfläche kratzen und sehen könnte, was hinter meinem Zorn steckt, dann würde sie entdecken, daß ich mich wegen dem, was in mir vorgeht, schäme. Wenn ich ihr meine geheimsten Gedanken, Träume und Zweifel mitteile – und sie mich dann ablehnt? Was dann? Erinnern Sie sich noch einmal an meine Geschichte. Ich bin der Mann, der sich wie ein Hochstapler vorkommt. Ich gehe bereits davon aus, daß ich nichts zu bieten habe. Darum denke ich – fälschlicherweise –, es sei besser, mich hinter dem Schweigen zu verstecken.

Aber Schweigen ist nicht Gold – Schweigen ist tödlich. Durch mein Schweigen zeige ich mit dem Finger auf meine Frau und werfe ihr vor, sie verlange zu viel. Wie Adam will ich ihr die Schuld an all der Unordnung in meiner Welt geben. «... die Frau, die du mir gegeben hast, reichte mir eine Frucht – deswegen habe ich davon gegessen!» (1. Mose 3,12; Hoffnung für alle).

Damit schiebe ich die Verantwortung von mir fort. Mit meinem Schweigen fordere ich meine Frau auf, etwas gegen das Durcheinander in meinem Leben zu tun. Ich verlange von ihr, daß sie ständig auf mich eingeht. Wie oft habe ich sie voller Verzweiflung gefragt: «Was erwartest du von mir? Was soll ich tun? Gib mir eine genaue Liste, damit ich weiß, was du brauchst. Dann kann ich dich glücklich machen!» Gib mir eine Liste. Dann mache ich nichts falsch. Dann weiß ich jedesmal, was ich tun muß. Weil ich mir als Mann unzulänglich und unfähig vorkomme, ist es für mich wichtig, daß ich immer alles richtig mache, daß man mir nichts vorwerfen kann.

Und so ziehen sich die Männer in ihre Arbeit, ihre Hobbys oder den Sport zurück. Dinge, die weniger wichtig sind als Beziehungen. Das Schweigen oder das Verschwinden ist unsere beste Verteidigung gegen die Angst.

Genau da aber liegt das Problem. Mit meinem Schweigen verteidige ich mich gegen das Chaos, ich wehre es ab, anstatt *darauf zuzugehen*. Wenn wir uns weigern, uns dem Chaos unseres Lebens zu stellen, dann verpassen wir jedoch eine großartige Gelegenheit. Gott hat den Mann als sein Ebenbild geschaffen, damit auch er schöpferisch tätig wird, damit er Bleibendes wirkt. Er erschuf den Mann, um einer verzweifelten Welt Erlösung zu bringen. Er hat ihn stark gemacht, damit er den Lebensbereich der Menschen um sich herum schützen kann. Er schuf ihn mit einem Blick für andere Menschen.

Doch jeder Mann ist auf irgendeine Weise von der Tragik betroffen. Vater, Mutter oder Großeltern, Frau, Kinder, Vorgesetzte oder Geschäftspartner haben ihm Schaden zugefügt. Jeder Mann weiß nur zu gut, daß diese Welt gefährlich ist. Er weiß, wie riskant es ist, sich in irgendeiner Weise besonders einzubringen, ob in den zwischenmenschlichen Beziehungen oder bei der Arbeit.

Viele Männer sind überzeugt, daß die undurchschaubaren Beziehungen und die ungewisse Zukunft sie kaputt machen können. Deshalb bleiben sie still. Wenn ein Mann aber schweigt, dann leugnet er die Nähe und die Güte Gottes.

Dieser Gedanke beunruhigt mich. Ich halte mich selbst für einen Menschen, der an Gott glaubt. Aber wenn ich schweige, dann verhalte ich mich wie ein Atheist: Durch mein Schweigen bringe ich zum Ausdruck, daß ich das Chaos für mächtiger halte als Gott.

Reden ist das Tor zu jeder Beziehung. Schweigen ist der Torhüter. Die Bibel lehrt uns, daß Worte uns aus dem Schweigen herausholen und uns mit Gott in Verbindung bringen. Und wenn wir reden, wenn wir mit Worten präsent sind, dann haben wir die Möglichkeit, Bereiche mit Leben zu erfüllen, in denen sonst der Tod herrscht.

Mit dieser Möglichkeit geht jedoch eine ernste Warnung einher. Unser Schweigen ist zerstörerisch. Es gibt keinen Mittelweg. Rabbi Pinchas von Koritz hat es so zusammengefaßt: «Die Welt ist wie ein Buch, das in zwei Richtungen gelesen werden kann. Da ist die Kraft der Schöpfung, die aus Nichts etwas schafft. Und da ist die Macht der Zerstörung, die aus Etwas nichts macht.»

In jedem Augenblick meines Lebens stehe ich in dieser Spannung zwischen Schöpfung und Vernichtung. Schweigen zerstört. Reden erschafft Neues. Obwohl ich von Natur aus ein eher ruhiger Mensch bin, will ich doch ein Mann sein, der redet, der da ist, der – wie sein Gott – aus Nichts etwas werden läßt.

Teil 1:

Ein Schlußwort

Den Mann kann man nur verstehen, wenn man weiß, welche Fragen in ihm brennen. Bei den meisten Männern ist es besonders eine, die alle anderen in den Hintergrund drängt: «Was soll ich tun?» So fragt der Mann, wenn er nicht mehr ein noch aus weiß.

Muß er feststellen, daß er dort, wo er sich gerade befindet, keine Antwort erhalten wird, dann geht er dorthin, wo es Antwort gibt. Wenn er sich umsieht und entdeckt, daß er in eine Situation hineingeraten ist, in der Mut und Kreativität gefordert sind, dann sucht er einen Weg, der ihn zurück in den Bereich des Machbaren führt. Er sucht sich eine Tätigkeit oder einen Verantwortungsbereich, bei denen sein Wissen und sein Können von Nutzen sind, wo sein Unvermögen und seine Angst unbemerkt bleiben und wo nicht jene Art von Mut verlangt wird, die nötig ist, um in einer völlig unberechenbaren Welt zu leben. Kurz, er zieht sich dorthin zurück, wo er eine Antwort auf seine drängende Frage finden kann.

Wenn ein Mann aber vor dem Rätsel des Lebens in den bequemen Bereich des Machbaren flieht, dann begeht er Verrat an sich selbst. Ein Mann, der allein von dem Gedanken beherrscht ist, daß er immer wissen muß, was er zu tun hat, wird nie erleben, was echtes Mannsein bedeutet. Er hat seinen Ruf verleugnet und seine Natur verraten.

Gott ruft den Mann dazu auf, ins Dunkel hineinzusprechen, sich daran zu erinnern, wer Gott ist und was er uns über das Leben offenbart hat, und – mit dem Gedanken an diese Erinnerung – seine Beziehungen zu gestalten und seine Verantwortung wahrzunehmen.

Gott erzählt eine Geschichte, eine Geschichte voller Leben, Liebe und Gnade, eine Geschichte, die das Böse haßt und das Gute belohnt, eine Geschichte voller Poesie, voller Spannung und Leidenschaft. Wenn wir erkennen, daß er diese Geschichte auch durch unser Leben erzählen will, dann finden wir den Mut, es auch mit dem unvermeidlichen Durcheinander des Lebens aufzunehmen. Wir finden die Kraft, vorwärts zu gehen, Risiken auf uns zu nehmen und Beziehungen zu wagen, weil wir in ein größeres Ganzes hineingehören.

Gott ruft uns dazu auf, Adams Schweigen zu brechen. Wir sollen uns Gott und seiner Güte anvertrauen. Und in der Freiheit, die durch ein solches Vertrauen entsteht, sollen wir uns mit einem lebenspendenden Wort in die Tiefen der Ungewißheit hineinbegeben. Das kann auf ganz einfache Weise geschehen, indem wir zum Beispiel einem Kind unsere Aufmerksamkeit schenken und ihm dadurch Mut machen. Oder es kann so aussehen, daß wir unser Herz schenken, wo es gar nicht gewollt ist.

Genau da jedoch liegt der Haken: Wir haben Angst. Der Entschluß, sich männlich zu verhalten, *bewirkt* eine gesunde Angst. Wir erkennen, daß es auf dem Weg, den wir nun gehen wollen, keine präzisen Hinweisschilder gibt. Gleichzeitig empfinden wir aber auch so etwas wie Freude. Wenn wir beschließen, in die Finsternis hineinzusprechen, dann schenkt Gott uns Mut. Nicht jene Art, die unsere zitternden Knie zur Ruhe bringt, sondern einen Mut, der uns hilft, auf diesen zitternden Beinen vorwärts zu gehen.

Es ist eine interessante Entwicklung. Wenn der Mann im Glauben vorwärts geht, dann wird ihm immer deutlicher bewußt, wie sehr er Gott braucht, und er beginnt ihn immer ernsthafter zu suchen. Und wenn wir Gott von ganzem Herzen suchen, dann läßt er sich finden. Das hat er versprochen.

Männer, die ihr Leben dafür einsetzen, Gott zu suchen, verwandeln sich ganz unmerklich von bloßen Männern zu Ältesten. Sie werden im besten Sinne «fromme» Männer, die wissen, was es heißt, einem anderen zu vertrauen, wenn es keine genauen Anweisungen gibt; geistliche Väter, die finstere Höhlen betreten, vor denen ihre Kinder davonrennen. Sie werden Mentoren, die kraftvoll und freundlich ins Dunkel hineinsprechen, nicht machtbewußt und zerstörerisch. Ihre Weisheit läßt die Schönheit hinter all dem Durcheinander sichtbar werden. Und in all dem sind sie Christus ähnlich.

Den Weg zum echten Mannsein betritt man durch das enge Tor der ehrlichen Bereitschaft, sich selbst ganz und völlig Gott hinzugeben. Doch der Weg hinter diesem Tor führt in die Freiheit – die Freiheit, in die Dunkelheit hineinzureden, weil man die wohlvertraute Stimme Gottes hören und sein Reden weitergeben darf.

Teil 2

Etwas Wesentliches fehlt

Männer in Beziehungen

Wenn ein Mann gerade in den Augenblicken, in denen er sich bedroht fühlt, einmal ganz ehrlich ist, dann wird er zugeben, daß er von Angst und Selbstzweifeln heimgesucht wird. Anstatt sich nun in Demut und Vertrauen ganz Jesus Christus zu überlassen und alle Erklärungs- und Absicherungsversuche beiseite zu schieben, wird er sich eher eine selbstquälerische Frage stellen, auf die es nur eine entmutigende Antwort gibt: «Wäre ich denn überhaupt in der Lage, mit den Dingen umzugehen, die ich als so bedrohlich empfinde?» Er lebt darum in ständiger Angst und ist wild entschlossen, alles zu tun, damit sein Unvermögen nicht ans Licht kommt. Was es für ihn bedeuten würde, sich als Mann einzubringen, darauf verschwendet er kaum einen Gedanken.

Im allgemeinen machen die Männer sich keine klare Vorstellung davon, wie eine wirklich maskuline Lebenshaltung – besonders auf dem Gebiet der zwischenmenschlichen Beziehungen – aussehen könnte. Sie haben die Freude am Träumen verloren. Denn wer den Kontakt zu Christus verloren hat, der kann auch nicht mehr wirklich träumen.

Kapitel 8

Im Kampf gegen das Dunkel

Er war ein angenehmer Mensch. Nett. Zuvorkommend. Höflich. Es war ihm ein Anliegen, mit allem, was er tat, Gott zu ehren, vor allem aber in seinem Umgang mit Frauen.

In zwei Monaten wurde er vierzig. Und war noch immer allein. Aber das machte eigentlich nichts. Hatte nicht sogar der Apostel Paulus von einer höheren Berufung gesprochen? Nicht, daß er prinzipiell nicht heiraten wollte oder irgendwelche Probleme mit dem anderen Geschlecht gehabt hätte. Und ganz gewiß war er auch nicht homosexuell veranlagt.

Aber die Richtige war ihm einfach noch nicht begegnet. Sicher, er hatte ziemliche Ansprüche. Aber war das denn so verkehrt? Wenn ein paar seiner Freunde etwas höhere Ansprüche gestellt hätten, dann hätten sie heute nicht solche Eheprobleme.

Vielleicht hatte Gott ihn absichtlich in diesen neuen Singlekreis geführt. Wenn er ehrlich war, mußte er zwar zugeben, daß es auch in den anderen dreien viele gute Frauen gegeben hatte – aber vielleicht hatten sie alle zur falschen Gemeinde gehört. Die richtige Lehre war ihm wichtig. Jetzt, wo er etwas älter war, konnte er das besser erkennen. Die drei Gemeinden, die er seit der Zeit im College besucht hatte – das war jetzt über fünfzehn Jahre her –, waren alle an irgendeinem entscheidenden Punkt unbiblisch gewesen.

Inzwischen war ihm das klar: Die erste war zu charismatisch, obwohl ihn gerade das, als er noch jünger war, angesprochen hatte; die zweite zu gesetzlich; die dritte, nun, irgendwie zu förmlich, die liturgischen Elemente hatten im Vordergrund gestanden.

Aber jetzt, wo er endlich die richtige Gemeinde gefunden hatte, würde Gott ihm vielleicht auch die richtige Partnerin zuführen. Er würde einfach abwarten – und beten natürlich.

Die letzte Frau – charakterlich einwandfrei, attraktiv, sehr geistlich. Und frei – aber aus den falschen Gründen. Sie war schon einmal verheiratet gewesen. Er war sich nicht sicher, ob es wirklich Sünde wäre, eine geschiedene Frau zu heiraten, aber auf Kompromisse wollte er sich nicht einlassen. Er beendete die Beziehung, bevor er schwach werden und ihr einen Antrag machen konnte. Es hätte wirklich nicht mehr viel gefehlt. Er war dankbar, daß Gott ihm die Kraft gegeben hatte, einen Rückzieher zu machen.

Oder die zwei Frauen vor ihr. (Es hatte nur die drei gegeben, mit denen er eine nähere Beziehung hatte. Hie und da noch eine Bekanntschaft, aber das war alles nichts Ernstes gewesen.) Die eine hatte ihn wirklich gemocht – sie schienen tatsächlich zueinander zu passen. Dann ging sie plötzlich auf Distanz. Sagte, sie fühle sich von ihm nicht richtig ernst genommen, er gehe nicht genug auf sie ein. Die Beziehung schlief ein. Sie meinte, er sei zwar nett, aber doch nicht mehr als ein guter Freund. Sie wollte mehr. War wohl noch nicht reif genug. Nur hinter Spaß und Vergnügen her. Hoffte auf den berühmten Märchenprinzen. Nun, er erwartete von seiner Frau, daß sie einen klaren Kopf behielt, daß sie bereit war, Christus auch dann zu dienen, wenn es einmal nicht so vergnüglich zuging.

Und dann die davor – seine erste richtige Liebe. So hatte er damals zumindest gedacht. Jetzt, im Rückblick, mußte er zugeben, daß es wohl nur eine jugendliche Schwärmerei gewesen war. Acht Jahre waren sie miteinander gegangen. Dann war sie des Wartens überdrüssig geworden. Aber er wollte sicher sein, daß es Gottes Wille war. Es gibt nichts Schlimmeres, als zu meinen, man wüßte es besser als Gott. Sie war zu impulsiv.

Aber jetzt war es Zeit, sich auf den Weg zur Singlegruppe zu machen. Vorher würde er noch kurz beten, Gott um seinen Segen bitten – um neue Freunde, Ermutigung, vielleicht die richtige Frau. Warum nur mußte ihm gerade jetzt die Bemerkung des alten Mannes wieder in den Sinn kommen? Ausgerechnet jetzt, wo er beten wollte! Fünf Monate lag das jetzt zurück. Wie hatte er noch geheißen? Anderson. Herr Anderson. War schon im Ruhestand und hatte sich mit ihm zu einem Kaffee treffen wollen. Was hatte er alles für Fragen gestellt! Allerdings kein bißchen aufdringlich oder neugierig, eher interessiert, als sei es ihm wirklich ernst.

Und dann dieser Satz. Mehrere Sätze, genaugenommen. Wie hatte er es formuliert? «Ich hoffe, Sie halten mich nicht für unhöflich, aber ich möchte Ihnen gern etwas sagen. Ich habe den Eindruck, daß die Art, wie Sie mit Frauen umgehen, nicht besonders männlich ist. Ich habe das Gefühl, Sie warten darauf, daß eine auf Sie zukommt, wie ein Schuljunge, der hofft, daß das Mädchen seiner Träume ihn zum Tanzen auffordert.»

Diese Vorstellung, daß er irgendwo am Rande stand und darauf wartete, daß eine Frau ihn ansprechen würde ... er konnte sie nicht mehr loswerden. Der Satz des alten Herrn Anderson hatte gesessen, ja, im ersten Moment hatte er sogar weh getan. Jetzt schmerzte er nur noch hin und wieder, wie eine alte Narbe. Aber vergessen konnte er ihn nicht.

Nun, er mußte wohl einfach darauf warten, bis Gott ihm zeigen würde, was er tun sollte.

*

Wenn ein Mann fragt: «Was soll ich tun?», verbirgt sich dahinter in den meisten Fällen eine andere, viel unbequemere Frage: «Wäre ich denn wirklich in der Lage, das zu tun, was Gott von einem richtigen Mann erwartet?» Diese Frage kommt natürlich nie ans Licht, denn sie erfüllt uns mit Unbehagen. Nichtsdestotrotz ist sie da, und wir können ihr nicht gänzlich ausweichen.

Der Mann ist darauf angelegt, die Erinnerung an Gott wachzuhalten und weiterzugeben und sich unerschrocken auch solcher Aufgaben anzunehmen, für die es keine konkreten Anweisungen gibt. Weil wir so geschaffen sind, fühlen wir uns letztlich nicht wohl, wenn wir versuchen, auf Nummer Sicher zu gehen. Und wir wissen darum. Jedesmal, wenn wir vor einer Sache zurückschrecken, weil sie uns zu bedrohlich erscheint, spüren wir, daß irgend etwas nicht in Ordnung ist. Aber wir haben Angst, der Angelegenheit auf den Grund zu gehen.

Statt dessen bemühen wir uns, dieses Gefühl zu überspielen. Wir lernen es, mit einem halbwegs ruhigen Gewissen zu leben.

Dabei merken wir nicht, daß wir uns mit dieser Taktik eine ganze Reihe anderer Probleme einhandeln und uns selbst – in ganz anderen Lebensbereichen – schwächen.

Das Bestreben, auf Nummer Sicher zu gehen, setzt manchmal an anderer Stelle Wünsche frei, denen wir dann kaum widerstehen können. Vielleicht geht die Phantasie mit uns durch. Perverse Gelüste tauchen auf, die wir nicht abschütteln können. Männer, die Gott vergessen, entwickeln häufig so etwas wie Groll gegenüber ihren Frauen. Sie sind ihnen entweder zu langweilig oder zu dick oder zu gleichgültig. Dieser Groll kann dazu führen, daß sie versuchen, sich ihre Frauen wenigstens sexuell gefügig zu machen, oder aber daß das sexuelle Interesse völlig abnimmt. Er kann bewirken, daß ein Mann sich zu nächtlicher Stunde in einem Hotelzimmer Pornofilme anschaut, daß er sich selbst befriedigt oder einen Seitensprung begeht.

Sexuelle Anfechtungen schieben wir gern auf den übermächtigen Trieb in uns, auf schlechte Kindheitserfahrungen, die uns in dieser Hinsicht ungünstig geprägt haben, oder auf unsere Frauen, die uns nicht gefügig sein wollen. Oder wir behaupten, das eigentliche Problem sei einfach unser Ungehorsam, und wenn wir nur mehr Zeit mit Gott und der Bibel verbringen und uns zu sexueller Reinheit verpflichten würden, dann würde schon alles gut.

Tatsächlich kann jedes dieser Elemente eine Rolle spielen, und ganz gewiß steht hinter jeder sexuellen Sünde die Entscheidung zum Ungehorsam.

Doch hinter der offenbaren Sünde mag sich noch etwas anderes verbergen. Es geht nicht nur darum, ob wir es schaffen, das Pornoblättchen wegzulegen oder nicht. Die eigentliche Sünde ist viel ernster, wird allerdings auch häufiger übersehen. Sie schwächt uns und gaukelt uns etwas vor, bis der Wunsch, dem unmoralischen Drängen nachzugeben, vernünftig, ja geradezu nötig erscheint. Wie ein unerkannter Tumor, der Kopfschmerzen hervorruft, so trägt diese tiefere Sünde weiter ihre unmoralischen Früchte, bis wir sie erkennen und etwas dagegen unternehmen.

Der Kern des Problems, das hinter all den sichtbaren Problemchen steckt, besteht darin, daß wir uns letztlich nicht darum bemühen, tiefe, gesunde Beziehungen zu schaffen. Ob als Ehemänner, Väter oder Söhne, als Brüder oder Freunde, wir verhalten uns nicht so, wie es unserem Mannsein angemessen wäre. Wir meiden alle Bereiche, die uns nur verwirren, weil wir unsere Verantwortung nicht wahrnehmen, weil wir nicht ohne konkrete Anleitung vorwärts gehen wollen. Jede Situation, in der ein mutiges Einschreiten gefragt wäre, stellt uns vor die gefürchtete Frage: «Wäre ich denn wirklich in der Lage, das zu tun, was Gott von einem richtigen Mann erwartet?»

Es gibt keine gesunde sexuelle Beziehung, wenn die Beziehung als solche nicht intakt ist; und um eine gesunde Beziehung zu erhalten, müssen wir uns auf einen Weg begeben, von dem wir nicht wissen, wohin er uns führen wird.

Im ersten Teil haben wir überlegt, warum wir Männer fragen: «Was soll ich tun?» Wir haben uns mit der Forderung nach konkreter Anleitung beschäftigt, mit der Weigerung, in das Dunkel hineinzusprechen, und dem Entschluß, im Bereich des Machbaren zu bleiben, wo die Angst vor dem Versagen kontrollierbar ist. Dann haben wir die Entscheidung, Gott zu vergessen, beleuchtet, den «verständlichen» Wunsch, im Leben zurechtzukommen, ohne diesen tiefen Mut aufbringen zu müssen, und schließlich den lähmenden Drang, es Adam gleichzutun und zu schweigen, wo Worte nötig wären. Es stimmt etwas nicht mit den Männern – wir schweigen zuviel.

Im zweiten Teil wenden wir uns der Angst zu, die sich hinter unserer Forderung, das Leben solle doch gefälligst so funktionieren, wie wir es wollen, verbirgt – der Angst, die sich in der Frage äußert: «Wäre ich denn wirklich in der Lage, das zu tun, was Gott von einem richtigen Mann erwartet?» Im einzelnen werden wir untersuchen,

- wie wir mit dieser Angst umgehen (Kapitel 8),
- welches Verhalten für den unmännlichen Mann typisch ist (Kapitel 9),
- warum Männer erwarten, daß andere für sie entscheiden (Kapitel 10) und
- warum Männer sich selbst genügen (Kapitel 11).

Was also tut der Mann, wenn er sich einer Situation gegenübersieht, mit der er nicht umzugehen weiß?

In dieser Welt kann niemand dem Dunkel entweichen. Wir alle geraten immer wieder in Situationen, in denen wir um eine Antwort verlegen sind. Und meist geht es in solchen Situationen um unerwartete Beziehungsprobleme.

Ich habe einen Freund, ich will ihn einmal Chris nennen, der für mich der Inbegriff eines echten Mannes ist. Eines Montags wachte er morgens davon auf, daß die Haustür zugeknallt wurde. Er sprang aus dem Bett und zog die Vorhänge zurück und sah gerade noch, wie sein halbwüchsiger Sohn Rickie, offenbar in höchster Not und Qual, davoneilte.

Chris warf einen Blick auf den Wecker. Zehn nach sechs, die Sonne war gerade aufgegangen.

Sofort packte ihn die Angst. Da stimmte etwas nicht. Aber er konnte nicht sagen, was es war. Sollte er sich schnell anziehen und hinter Rickie herlaufen? Sollte er auf die Knie sinken und beten? Seine Frau schlief tief und fest, sie hatte nichts gehört. Sollte er sie wecken?

In den wenigen Sekunden, die nötig waren, um seine Verwirrung zu steigern, wuchs auch der Zorn. So hatte er sich den Beginn der neuen Woche nicht vorgestellt.

Der Zorn, so stellte er fest, richtete sich in erster Linie gegen seinen Sohn. Rickie hatte sich schon seit über einem Monat recht eigenartig verhalten – aber nicht darüber reden wollen. Wenn er es sich genau überlegte, dann hatte Rickie eigentlich schon von klein auf nichts als Ärger gemacht. Immer war er aus der Reihe getanzt.

Dann plötzlich verlagerte sich der Zorn. Jetzt war Chris wütend auf sich selbst. Hatte er sich vielleicht nicht genug Zeit für seinen Ältesten genommen? Die Anforderungen im Beruf hatten in den vergangenen Jahren ständig zugenommen. Familienandachten und gemeinsame Ausflüge waren immer seltener geworden. Selbst seine Frau hatte kürzlich gemeint, er habe nur noch die Arbeit im Kopf, aber sie hatte sich nie beschwert. Vielleicht hatte sie zu große Angst vor ihm, um ehrlich ihre Meinung zu sagen.

Standen die Dinge vielleicht viel schlimmer, als er dachte? War seine Ehe in Gefahr? Nahm Rickie womöglich Drogen? Er war in der letzten Zeit wirklich ziemlich reizbar gewesen. Hatte schlechtere Noten nach Hause gebracht. War öfter in seinem Zimmer geblieben. Wenn er überhaupt zu Hause war.

Was hatte Chris da letzte Woche in der Zeitung gelesen über Selbstmord unter Teenagern? Was war nur los – mit seinem Sohn, seiner Familie, mit ihm selbst?

Inzwischen rasten seine Gedanken. Es war noch keine fünf Minuten her, daß die Tür ins Schloß gefallen war, und er stand kurz vor einem Nervenzusammenbruch. Am liebsten hätte er seine Frau wachgerüttelt und sie angebrüllt – einfach so. Er wollte hinter Rickie herrennen und das törichte Kind schütteln, bis es wieder zur Besinnung kam. Aber nein! Damit würde er alles nur noch schlimmer machen. Vielleicht sollte er irgendwo mit ihm frühstücken und einmal richtig mit ihm reden, von Mann zu Mann; später zur Arbeit gehen. Sich Zeit nehmen für seinen Sohn. Das klang nicht schlecht.

Chris rief sich zur Besinnung und mahnte sich, ruhig zu bleiben. Schließlich war die ganze Familie gläubig – bis zurück zu den Großeltern auf beiden Seiten. Gott würde schon dafür sorgen, daß alles zum Besten diente. Er mußte nur mehr glauben. Gott konnte er vertrauen.

Aber was war mit der Tochter des Hilfspfarrers? Mit sechzehn schwanger geworden. Diente das zum Besten? Und das Missionarsehepaar, für das sie vor einem Jahr gebetet hatten? Der Sohn hatte sich das Leben genommen. Hatten sie Gott nicht genug vertraut? Auch in christlichen Familien, die besser waren als seine, geschahen schlimme Dinge. Das war offensichtlich. Und Frank, sein Tennispartner – sein Sohn war Anfang zwanzig und seit zwei Jahren vermißt. Tot? In der Drogenszene? War der Haß auf die Eltern so groß, daß er sich nicht mehr melden mochte? Frank wußte es nicht.

Gott, was hast du versprochen? Worauf kann ich mich verlassen? Was ist vorhersehbar? Was soll ich tun?

Das ist die erste Frage, die ein Mann sich stellt.

Nehmen wir einmal an, Chris würde als Antwort eine Stimme

hören, die ihm sagt: «Sei ein Mann. Überlege, was am besten etwas vom Wesen Gottes widerspiegelt, und dann verhalte dich entsprechend. Sei mutig. Sei weise. Laß dir etwas einfallen. Du liebst Gott. Du liebst deinen Sohn. Tu etwas!»

Die meisten Männer haben diese Stimme bereits gehört, manchmal in Gestalt eines älteren, weiseren Mannes. «Aber *was* soll ich tun?» fragen wir erneut. Es muß doch ein paar Anhaltspunkte geben. Es muß doch jemanden geben, der weiß, was in unserer Situation zu tun ist. Es macht ja nichts, wenn wir einmal verunsichert sind. Aber daß wir überhaupt nicht mehr wissen, was tun, das ist nicht gut. Dämmerung ist eine Sache, völlige Finsternis etwas anderes.

Gott weiß, was wir tun sollten. Sicher wird er es uns sagen. Aber dann erkennen wir, daß die Stimme, die wir hörten, bereits Gottes Stimme war. Er hat uns gesagt, was wir tun sollen. Aber es war keine klare Anweisung. Er sagt uns, wir sollen uns verhalten wie ein Mann, ihn lieben und dann tun, was wir für richtig halten.

Als Adam den Tieren ihren Namen gab, da wartete er nicht auf Anregungen von Gott. Gott flüsterte ihm nicht irgendwelche Vorschläge ins Ohr («Was meinst du, sollten wir den Vogel mit dem langen Hals dort Strauß nennen?») oder griff korrigierend ein («Nein, nein! Nilpferd paßt wirklich nicht. Wie wär's mit Kaninchen?»).

Wenn es uns schließlich aufgeht, daß Gott darauf wartet, daß wir etwas unternehmen, daß wir ins Dunkel sprechen, und daß er uns bereits eine Anweisung gegeben hat, nämlich in Einklang mit all dem, was wir von ihm wissen, vorwärts zu gehen, dann können wir die erste Frage nicht mehr stellen. Er wird uns nicht sagen, was wir nun ganz konkret tun sollen. Wir sehen uns mit unserer Entscheidung allein gelassen, wir müssen im Vertrauen handeln, und davor graut es uns.

Genau an diesem Punkt nun steigt aus den tiefsten Tiefen unseres Unterbewußten die zweite Frage auf, begleitet von einer Angst, die das Gefühl der Einsamkeit nur noch verstärkt: «Wäre ich denn wirklich in der Lage, das zu tun, was Gott von einem Mann – einem richtigen Mann – erwartet? Wird meine Entscheidung wirklich weise sein? Habe ich den Mut, etwas zu tun, für dessen Gelingen ich keine Garantie habe außer der, daß ich damit letztlich Gottes Willen tue? Bin ich bereit, mich auf das Geheimnis einer Beziehung mit einem anderen Menschen einzulassen und dabei alle Bestrebungen aufzugeben, das Ergebnis unter Kontrolle zu behalten?»

Es gibt nur wenige Männer, die in ihrem Leben wenigstens einem Menschen auch nur ein Wort sagen, das befreiend wirkt. Die Angst, was passieren könnte, wenn unsere Frau, unser Sohn oder unsere Tochter oder ein guter Freund sich aus unserer Kontrolle lösen und eine unvorhersehbare eigenständige Entwicklung einschlagen, ist einfach zu groß.

Und wenn wir uns doch auf solch unberechenbare Beziehungen einlassen, dann sind wir uns nicht sicher, ob wir wirklich das befreiende Wort sprechen können. Wir sind uns auch nicht sicher, ob wir überhaupt wollen, daß die Menschen, die mit uns zu tun haben, sich wirklich frei entfalten können. Was mag passieren, wenn die Menschen, die uns nahestehen, auf einmal frei werden? Könnten wir damit überhaupt umgehen?

Darum ist es besser, wenn die Frauen wissen, wo ihre Grenzen sind, und die Kinder gehorchen und man sie eher sieht als hört. Dasselbe gilt für andere Männer. Freundschaften entwikkeln sich weitaus angenehmer, wenn bestimmte Themen nicht angesprochen werden. Wirkliche Beziehungen sind zu anspruchsvoll. Mit flüchtigen Bekanntschaften kommen wir viel besser zurecht.

Wenn Gott Sie in Ihrem Beziehungsgefüge in eine Situation stellt, die so entscheidend und so verwirrend ist, daß Sie es laut herausschreien: «Gott, ich will ein Mann sein. Aber bin ich dazu überhaupt in der Lage?», dann seien Sie froh. Sie stehen vor dem Tor, das Ihnen den schmalen Weg zu echter männlicher Frömmigkeit eröffnet.

Allerdings öffnet es sich nur wenigen Männern, und das aus gutem Grund. Denn es läßt sich nicht gewaltsam aufreißen. Vor dem Mann, der daran gewöhnt ist, daß geschieht, was er will, schwingen seine Flügel nicht auseinander. Nur wer den Bereich des Machbaren verlassen hat – wer sich vor dem Geheimnis beugt und von Herzen danach verlangt, eintreten zu dürfen –, ist in all seiner Schwäche stark genug, es aufzustoßen.

Keiner, der die Dunkelheit mit seinem eigenen Licht erhellen will, wird den Weg zum echten Mannsein je betreten. Hören wir, was der Prophet Jesaja dazu sagt:

> Wer ist unter euch, der den Herrn fürchtet, ... der im Finstern wandelt und dem kein Licht scheint? Der hoffe auf den Namen des Herrn und verlasse sich auf seinen Gott.
>
> Siehe, ihr alle, die ihr ein Feuer anzündet und Brandpfeile zurüstet, geht hin in der Glut eures Feuers und in die Brandpfeile, die ihr angezündet habt! Das widerfährt euch von meiner Hand; in Schmerzen sollt ihr liegen (Jesaja 50,10-11).

Das eigene Feuer anzünden, das ist ein anderer Ausdruck für das, was ein Mann tut, wenn er sich im Dunkeln wiederfindet. Er sucht seine Zuflucht bei etwas, wo er sich auskennt, was seine Verwirrung vielleicht erklären und verständlich – und damit auch kontrollierbar – machen kann. Er greift zurück auf theologische Patentrezepte, er sucht einen Fachmann, der ihm eine Anleitung geben kann, wie er sich verhalten soll, um das gewünschte Resultat zu erhalten.

Er weigert sich, mit nichts anderem als der Zuversicht, daß Gott ja bei ihm ist, in das Dunkel hineinzutreten.*

Nehmen wir einmal an, mein Freund, der von der zugeschlagenen Tür aufwachte, hätte seinen ersten panischen Reaktionen nachgegeben, ohne sich selbst zu prüfen. Nehmen wir einmal an, er hätte sich dem, was in ihm vorging, nie gestellt – dem Zorn, den Selbstvorwürfen, der Angst. Nehmen wir an, er hätte all diese Gefühle von sich ferngehalten, statt dessen sofort überlegt, was zu tun sei, und dies dann auch getan. Er hätte nie seinen Stolz erkannt. Es wäre ihm nie zu Bewußtsein gekommen, wie wichtig es ihm war, immer zu wissen, was zu tun ist. Er hätte nie

---

* Natürlich gilt der Abschnitt aus Jesaja genauso auch für Frauen. Jeder Versuch, das Leben zu meistern, ohne auf Gott zu vertrauen, muß letztlich scheitern.

Buße getan über dem egoistischen Anspruch, daß die wichtigen Dinge des Lebens so abzulaufen hätten, daß sie für ihn überschaubar und beherrschbar sind.

Wenn Chris sich nie so ernsthaft geprüft, wenn er an seiner Arroganz nicht zerbrochen, sich nicht unter sein Unvermögen gebeugt hätte, dann wäre alles, wofür er sich an diesem Montagmorgen entschieden hätte, aus seiner eigenen Kraft gekommen. Er hätte sein eigenes Feuer angezündet. Oder anders ausgedrückt: Immer, wenn unsere oberste Priorität darin besteht, das Leben unter Kontrolle zu bekommen, dann sind wir «Feueranzünder».

Wenn es uns jedoch in erster Linie darum geht, Christus zu lieben, ihm zu gefallen und so zu leben, daß andere ihn in uns erkennen können, dann wird alles, was wir unternehmen, davon geprägt sein, daß wir «auf den Namen des Herrn hoffen» und ihm vertrauen. Wenn wir Christus wirklich lieben, dann werden wir natürlich unsere Entscheidungen im Rahmen dessen fällen, was uns in der Schrift gesagt ist. Vielleicht wecken wir unsere Frau auf; aber wir werden sie nicht anschreien. Vielleicht lassen wir sie schlafen; aber wir werden ihr später nicht vorwerfen, sie habe eine größere Familienkrise einfach verpennt. Wir dürfen beides – sie aufwecken und sie schlafen lassen. Nur eines dürfen wir nicht – unseren Frust an ihr auslassen. Und wenn ein frommer Mann etwas tut, was ganz offensichtlich falsch ist, wenn er sich aus dem Licht herausbegibt, das Gott ihm schenkt, dann nimmt er die Schuld auf sich und bittet um Vergebung.

Chris ist ein frommer Mann. Was bedeutete es für ihn, sich ins Dunkel zu wagen, ohne sein eigenes Feuer anzuzünden? Zunächst einmal gab er die eigene Ungeduld, die Selbstzweifel und seine Wut zu. Ganz bewußt räumte er vor Gott ein, daß er schwach war und nicht wußte, was tun. Doch er erinnerte sich auch daran, daß das Ziel seines Lebens, auch an jenem Montagmorgen, darin bestand, Christus zu lieben und in allem Tun zu ehren.

Zornig und verunsichert war er immer noch. Aber sein Herz und sein Wille hatten die Festigkeit, die dem Grad seiner Reife entsprach. Sein Glaube war nur schwach; aber vielleicht, so überlegte er, war er doch wenigstens so groß wie ein Senfkorn.

Er dachte noch eine Minute nach und beschloß dann, seine Frau nicht aufzuwecken, sondern sich schnell anzuziehen, nach unten zu gehen, sich auf die Türschwelle zu setzen und auf die Rückkehr seines Sohnes zu warten. Was ihm dabei vor Augen stand, war der Vater des verlorenen Sohnes, der seinen Sohn nicht im fremden Land suchte, sondern sehnsüchtig seine Rückkehr erwartete. Vielleicht paßte die Geschichte auch nicht ganz. Vielleicht hätte das Gleichnis vom verlorenen Schaf besser gepaßt, und er hätte losziehen und seinen Sohn suchen sollen. Wie konnte er das wissen? Es gab kein Licht; nur Finsternis. Aber er versuchte Gott zu vertrauen, so gut er es vermochte. Er traf eine Entscheidung, obwohl er nicht sicher war, was er tun sollte. Er tat etwas; er wagte den ersten Schritt.

Wichtig ist *nicht*, was nun als nächstes passierte. Sicher, ob er später die Nachricht erhielt, sein Sohn habe sich das Leben genommen, oder ob er ihn Minuten später in die Arme schließen konnte, ist natürlich von unerhörter Tragweite. Und doch ist es nicht der Ausgang dieser Geschichte, der darüber entscheidet, ob mein Freund sich wie ein Mann verhielt oder nicht.

Was im Laufe des Montagmorgens passierte, würde noch mehr «vertrauensvolle Entscheidungen», noch mehr Worte ins Dunkel, noch mehr Schritte ohne Anleitung erfordern. Hatte Rickie sich tatsächlich das Leben genommen, dann mußte Chris mit seinem Kummer fertig werden, womöglich lernen, es zuzulassen, daß andere ihm bei der Aufarbeitung seiner Trauer helfend zur Seite standen.

Kam sein Sohn nach Hause, rannte aber wortlos an ihm vorbei ins Haus, dann waren andere Entscheidungen nötig. Kam Rickie mit Tränen in den Augen heim und wollte sein Herz ausschütten, selbst dann mußte mein Freund Entscheidungen treffen. Was sollte er fragen, wenn überhaupt? Oder sollte er einfach zuhören? Rat und Hilfe anbieten? Beten?

Nachdem wir zum Glauben gekommen sind, müssen wir die wichtigsten Entscheidungen oft im Dunkel fällen, wo uns nichts anderes leuchtet als Gottes Licht. Wir müssen einem Gott vertrauen, der uns oft nicht genau sagt, was wir tun sollen. Viel häufiger flüstert der Heilige Geist uns Ermutigungen zu («Du schaffst es. Ich bin bei dir»), als daß er uns die Richtung angibt («Das solltest du ihr sagen»). Unsere Beziehung zu Christus muß so eng werden, daß wir erkennen, wie er sich verhalten hätte, daß wir spüren, was er in der Situation sagen würde. Wir sind dazu berufen, als sein Ebenbild durch die Dunkelheit hindurch zur Schönheit zu gelangen, und wir müssen es lernen, diesem Ruf zu folgen.

Gott hat uns Männer dazu berufen, in eine Dunkelheit hineinzureden, die manchmal dunkel bleibt. Wir sollen keine Taschenlampe suchen, die uns den Weg erleuchten kann. Wenn wir darauf bestehen, daß uns genau gesagt wird, was wir tun sollen, um unsere Ziele zu erreichen, dann sind wir wie Feueranzünder.

Das eigene Feuer anzuzünden, das ist in jedem Mann ein ganz natürlicher Trieb. Und er ist mehr als offensichtlich – nicht nur in den Beziehungskrisen, sondern im ganz alltäglichen Umgang mit unseren Mitmenschen. Ein Mann, der es gelernt hat, sein eigenes Feuer anzuzünden, anstatt Gott zu vertrauen, offenbart sein mangelndes Mannsein am deutlichsten im Umgang mit anderen Menschen, besonders mit Frauen. Diesen unmännlichen Beziehungsmustern wollen wir uns in den nächsten drei Kapiteln zuwenden.

Kapitel 9

Typisch Mann?!

Seltsam, wie ungesucht einen die Selbsterkenntnis überkommen konnte. Er hatte sich schon vielen unangenehmen Wahrheiten gestellt. Als er acht war, war ihm klargeworden, daß er ein Sünder war. Er hatte sich nicht um diese Erkenntnis bemüht. Auf einmal war sie dagewesen. Sicher, er war daran nicht ganz unbeteiligt, im Grunde aber hatte er nichts Konkretes dazu getan. Es war mehr so gewesen, als sei die Erkenntnis über ihn gekommen.

Vielleicht besaß er auch zuviel Selbsterkenntnis. Manche hielten ihn für introvertiert, manchmal fast selbstquälerisch und zu sehr mit seinen eigenen Gedanken und Gefühlen beschäftigt. Andere dagegen lobten gerade diese Qualitäten. Sie nannten ihn offen und verletzlich.

In der letzten Zeit konnte er ihre Bewunderung jedoch kaum mehr ertragen. Wenn noch ein Mensch anerkennend loben würde, wie «echt» er sei, dann würde ihm übel werden. Diese «Echtheit» kam ihm nicht wie eine besondere Tugend vor; viel mehr wie ein kleiner Teil seiner Berufung, so selbstverständlich und vielleicht auch nötig wie das Atmen.

Die letzte Entdeckung war ganz allmählich gekommen. Sie war ihm nicht plötzlich blitzartig klargeworden und hatte ihn auch nicht wie ein vernichtender Schlag getroffen. Sie hatte sich ganz langsam an ihn herangemacht; wie ein kleines Rinnsal, das über die Jahre zu einem großen Fluß angeschwollen ist.

War er denn wirklich so kleinlich, so egoistisch und unreif? Suchte er wirklich Bestätigung wie ein Baby, das nach der Milch verlangt? Beweise dafür fand er in den kleinen Dingen, manchmal in der ehrlichen Bemerkung eines anderen, wie er auf ihn wirkte. Manchmal, wie zum Beispiel jetzt, war es eine ganz alltägliche Sache, die ihm unerwartet zeigte, wer er war.

Es war erst letzte Woche gewesen. Er war ziemlich früh ins Bett gegangen, weil er müde war. Vielleicht bahnte sich auch eine

Erkältung an. Er hatte noch ein paar Minuten gelesen und dann das Licht ausgeschaltet. Eine Stunde war vergangen. Er war gerade eingeschlafen.

Seine Frau, die noch in einem anderen Teil des Hauses beschäftigt war, hörte ein Geräusch. Automatisch rief sie seinen Namen, einmal, dann noch einmal. Inzwischen stand sie vor seiner Schlafzimmertür, und ihr Ruf war laut genug, um ihn aufzuwecken.

Doch noch ehe er antworten konnte, hatte sie entdeckt, wo der Lärm herkam. Es war der Wind, der durch ein offenes Fenster blies. Kein Grund zur Panik. Sie sagte: «Ach so, weiter nichts.» Dann entschuldigte sie sich: «Tut mir leid, daß ich dich aufgeweckt habe.»

Manche Männer hätten vielleicht geknurrt: «Kann man in seinem eigenen Haus denn nicht einmal eine Stunde früher ins Bett gehen, ohne daß man gestört wird?» Andere hätten irgend etwas vor sich hingemurmelt und versucht, so schnell wie möglich wieder einzuschlafen. Rücksichtsvolle Männer hätten Verständnis gehabt und weder geknurrt noch vor sich hingemurmelt. Ihre Frauen hätten gespürt, daß sie ernst genommen werden und nicht nur lästig sind.

Als er in die Kissen zurücksank, empfand er zweierlei. Irgendwie war er ermutigt. Er war nett zu seiner Frau gewesen; er hatte sie nicht angeschnauzt und auch nichts Unverständliches gemurmelt. Seine Antwort auf ihre Entschuldigung war ernst gemeint: «Schon gut. Du hast Angst gehabt.» Er war nicht stolz auf sich, nur irgendwie ermutigt. Aber er fühlte sich auch ernüchtert. Es war ihm klargeworden, daß die bekannten Dämonen noch nicht ganz vertrieben waren; sie waren vielleicht gefesselt, aber nicht geknebelt. Er hatte sie gehört, wie sie ihre verführerische Botschaft gekichert hatten: «Du wirst es nie erreichen. Da gehst du seit Monaten zum ersten Mal etwas früher ins Bett. Die anderen sollten doch gemerkt haben, wie müde du bist, und sich um dich sorgen. Das ist doch nicht zuviel verlangt. Das wäre doch nicht mehr als recht und billig – aber wer nimmt hier schon Rücksicht auf dich? Was hast du schon alles für andere getan! Ist es da denn zuviel verlangt, wenn sie auch einmal etwas für dich tun?»

Er lag still da und hätte jedem der kleinen Dämonen am liebsten mit schmutzigen Stofflumpen das Maul gestopft. Aber er war auch dankbar, daß er auf die bessere Stimme gehört hatte, und es wurde ihm wieder ganz neu bewußt, daß der eigentliche Kampf sich in ihm selbst abspielte, gegen einen Feind, der vorgab, ein Freund zu sein.

*

Julian ging es an der Arbeit nicht besonders gut. Der neue Chef, ein überaus arroganter selbsternannter Heilsbringer, machte ihm das Leben schwer, wo es nur ging. Julian war mutlos, fast schon deprimiert. Seine Frau litt mit ihm. Das tat ihm gut.

Manchmal allerdings hatte er das Gefühl, er sei für sie nur eine Last. Was dachte sie wirklich über ihn? Wie würde sie reagieren, wenn er schon wieder so bedrückt nach Hause kam? Vielleicht redete er zuviel über seine Probleme. Aber er konnte doch nicht so tun, als sei alles in Ordnung. Er konnte doch nicht frisch und fröhlich sein, wenn er sich so jämmerlich fühlte. Auf dem ganzen Heimweg überlegte er, wie er seiner Frau entgegentreten sollte.

Mark war da anders. Sicher, an der Arbeit ging es ihm nicht besser als Julian. Aber er wich den Problemen nicht aus. Marks Frau wußte genau, wenn es nicht so gut lief. Dann gab er sich noch selbstsicherer, noch rücksichtsloser. Sie fragte ihn, wie es ginge. «Alles in Ordnung», war Marks Lieblingsantwort. Als nächstes kam eine Runde Kritik: «Der neue Direktor hat überhaupt keine Ahnung, wie er die Firma führen muß. Er ist ein absolutes Weichei. Er mag mich nicht, und ich mag ihn nicht. Aber irgendwie wird es schon werden.»

Und das war's dann jedesmal. Thema beendet. Türe zu. Die Unterhaltung beim Abendessen würde friedlich dahinplätschern, einmal abgesehen von ein paar bissigen Bemerkungen an die Kinder und ein paar Sticheleien in ihre Richtung. Anschließend drei Stunden Fernsehen.

Wir könnten hundert beliebige Männer herausgreifen und sie einmal eine Woche lang beobachten. Mit ein bißchen Menschenkenntnis können wir in der Art ihres Umgangs mit ihren

Mitmenschen bald zwei grundlegende Verhaltensmuster feststellen. Siebzig oder achtzig von ihnen werden von etwas getrieben, was wir Bedürftigkeit nennen könnten. Irgend etwas in ihnen verlangt nach Aufmerksamkeit. Die wenigen Auserwählten, auf die sie sich stützen, sind aufgefordert, an sie zu denken und sie in einer ganz bestimmten Weise zu behandeln. Sie selbst sind durchaus bereit, ihre Rolle zu übernehmen und das Richtige zu tun. Ihr Ziel aber ist immer dasselbe: Andere Menschen sollen ihnen etwas geben. Julian gehört in diese erste Gruppe.

Die anderen zwanzig oder dreißig sind von einer anderen Grundhaltung beherrscht. Ihr Verhalten, vor allem in persönlichen Beziehungen, wird nicht von Bedürftigkeit geprägt. Statt dessen ist es eine gewisse Stärke, ein stolzes «Ich brauche weder dich noch sonst jemanden». Mark gehört zu dieser zweiten Gruppe.

In ihren Beziehungsmustern werden die Männer in der Regel von einer dieser beiden Grundhaltungen geprägt. Entweder vom *Wunsch nach Hilfe*: «Hilf mir doch! Füll mich – ich bin so leer!» oder von dem *Gefühl der Stärke*: «Ich komme auch ohne dich zurecht. Komm mir nicht zu nahe, und mach mir keinen Ärger.»

Ich möchte zunächst darauf eingehen, was die Ursache dieser beiden Muster ist und warum sich die meisten Männer einem von ihnen zuordnen lassen. In Kapitel 10 werden wir dann das erste Muster näher untersuchen, in Kapitel 11 das zweite.

Warum Männer so sind, wie sie sind

Gott will, daß alle Menschen glücklich sind – allerdings nicht nach unseren Bedingungen, die keinen wirklich glücklich machen können, sondern nach seinen. Wie bei der Gebrauchsanweisung für das neue Auto sollten wir uns aber auch hier genau an seine Anweisungen halten.

Kein Mann kann wirklich glücklich sein, solange er nicht seiner Berufung gemäß lebt. Reizvolle, aber oberflächliche Vergnügungen, die nicht viel von uns verlangen, können sich als Glück ausgeben. Macht, Einfluß, Geld, Status, Beziehungen, Leistung, Erfolg, Besitz, Essen, Sex, Freizeit – so vieles, was an sich gar nicht schlecht sein muß, wird als Quelle des Glücks herumgeboten. Und das Tückische daran ist, daß diese Dinge ihr Versprechen für eine gewisse Zeit – manchmal über Jahre hinweg – tatsächlich zu halten scheinen. Sie bestätigen uns; sie tun uns gut.

Aber letztlich genügen sie nicht. Sie können keine Zufriedenheit schaffen, die auch Verluste überdauert; keine Freude, die im Leid noch gestärkt wird; kein demütiges Vertrauen, das auch Versagen und Rückschläge aushält.

Wenn wir diese Quellen des Glücks suchen, dann degradieren wir uns selbst zu Marionetten. Wenn die Bänder, die uns halten, zerschnitten werden, dann fallen wir in uns zusammen.

Kein Mann kann wirklich glücklich sein, wenn er nicht seiner Berufung folgt, nämlich als Ebenbild Gottes zu leben und sichtbar zu machen, was sonst so schwer zu erkennen ist. Doch er wird Glück erleben, wenn er – mit seinem Leben – zeigt, daß Gott immer in Bewegung ist, daß er sich nicht von der Dunkelheit bremsen läßt, sondern immer Gutes im Schilde führt, egal wie schlimm die Dinge von außen auch erscheinen mögen.

Der Mann ist dazu berufen, über dem Dunkel zu schweben, sich auf das Geheimnis von Beziehungen einzulassen, bis er so demütig geworden ist, daß er nur noch Gott vertraut. Dann ist er auch bereit, sich so zu verhalten, daß Gottes Pläne zum Zuge kommen können. Wenn Gott nicht dabei ist, wird alles, was er tut, mit einem lauten Getöse in sich zusammenfallen. Die meisten Männer denken allerdings nicht in diese Richtung; ihre göttliche Berufung ist ihnen selten auch nur einen Gedanken wert. Und selbst dem besten Mann gelingt es nie, sein Mannsein bis zum letzten auszuleben.

Wenn es jedoch stimmt, daß kein Mann wirklich glücklich sein kann, solange er nicht seiner Berufung folgt, als Ebenbild Gottes zu leben, dann folgt daraus, daß kein Mann auf der ganzen Welt wirklich glücklich ist. Jeder hat bis zu einem gewissen Grad mit Traurigkeit, mit innerer Leere, mit Ruhelosigkeit und Unzufriedenheit zu kämpfen, die unser Schöpfer uns eigentlich gar nicht zugedacht hat.

Ganz tief in unseren Herzen aber, in jenen Bereichen unseres

Wesens, die wir nicht verstehen, wächst eine Sehnsucht und drängt ans Licht. Es ist der verzweifelte Wunsch nach einer Antwort. Wir spüren eine Leere, die gefüllt werden möchte. Da ist auch eine zornige Unruhe, die uns kaum stillsitzen läßt. Jeder Mann weiß, zumindest bis zu einem gewissen Grad, daß er nicht völlig glücklich ist. Und wenn seine unerfüllten Wünsche ans Tageslicht drängen, dann steht er vor der Entscheidung, die ganz wesentlich zum Menschsein gehört: Soll er Gott vertrauen oder nicht? Soll er seine eigenen Feuer anzünden, oder soll er sich auf den Namen des Herrn verlassen?

Wenn er Gott vertraut, dann wird die Traurigkeit (die bis zu seinem Tode anhalten wird) von Hoffnung umgeben, von einem Gefühl des Angenommenseins. Trotz aller Unvollkommenheiten ist doch ein Sinn zu erkennen. Und er bekommt die Kraft, sich in die richtige Richtung zu bewegen. Das erfüllt ihn mit Freude.

Wenn er sich weigert, Gott zu vertrauen, dann wird die Traurigkeit zu seinem größten Problem. Er muß nach Lösungen suchen, wie er mit ihr umgehen soll.

Wir müssen hier ein ganz einfaches Prinzip begreifen: Jeder Mann ist in Bewegung. Bewegung ist das Wesen seiner ganzen Existenz.

Aber nicht jede Bewegung ist gut. Wenn ein Mann sich also nicht so bewegt, wie er es sollte, dann bewegt er sich zwangsläufig in die falsche Richtung. *Wo gute Bewegungen aufhören, da fangen schlechte Bewegungen an*. Eine gute Bewegung ist es, wenn er trotz des Gefühls der Traurigkeit auf Gott zugeht. Eine schlechte Bewegung zeigt sich darin, daß er kein höheres Ziel kennt, als dieses Unglücklichsein abzuschütteln.

Weil Männer – wie die Frauen auch – im wesentlichen auf Beziehungen angelegt sind, läßt sich an der Art, wie sie mit anderen Menschen umgehen, am deutlichsten erkennen, in welche Richtung sie sich bewegen. Ein Mann bringt in den Menschen seiner Umgebung entweder Leben und Schönheit hervor, oder er zerstört eben dieses Leben und diese Schönheit. Seine Wirkung auf andere mag kaum erkennbar sein oder ausgesprochen dramatisch, aber sie ist da. Kein Kontakt, der länger als ein paar Sekunden dauert, kein Gespräch, das über ein paar kurze Floskeln hinausgeht, bleibt ohne Wirkung auf das Gegenüber.

Männliche Männer schaffen es, andere aus ihrer Kontrolle zu entlassen und ihnen statt dessen Mut zu machen. Sie können sich einfühlen, und dadurch befreien sie ihre Frauen, Kinder und Freunde dazu, sich mit der *eigenen* Einsamkeit, dem *eigenen* Egoismus und Schmerz auseinanderzusetzen. Männliche Männer schieben ihre Familien und Freunde ganz sanft zu jenem Scheideweg hin, an dem sie selbst erkannten, daß sie zwischen Vertrauen und Unglaube wählen mußten.

Unmännliche Männer dagegen erwarten von ihren Freunden und Familien, daß sie ihre Bedürfnisse stillen. Männer, die herrisch, wütend und von der eigenen Angst getrieben sind, zwingen andere dazu, sich anzupassen, oder bewirken, daß sie sich aus reinem Selbsterhaltungstrieb auflehnen.

Warum-Muster 1

Unechte Männer, die in ihren Beziehungen dem erstgenannten schlechten Verhaltensmuster folgen, die darauf bestehen, daß andere ihre Bedürfnisse stillen, haben begriffen, daß das Glück nie in der Einsamkeit zu finden ist, sondern immer nur in der Gemeinschaft. In ihrer Familie hat es in der Regel jemanden gegeben, der für ihr absolutes Wohlergehen sorgte – vielleicht eine verzärtelnde Mutter, ein allzu großzügiger Vater, ein übereifriger (vielleicht auch aufdringlicher) Jugendleiter, ein bewunderter Sportler, von dem man sogar ein Autogramm erjagen konnte. Als Kinder haben diese Männer eine einfache Lektion gelernt: Der innere Schmerz kann zuverlässig gelindert werden, wenn ein anderer etwas für mich tut.

Und so nimmt im Denken des Mannes, der nach Warum-Muster 1 lebt, eine bestimmte Strategie Gestalt an, eine Strategie, die seine Neigung, nichts zu tun, was seine eigene Unzulänglichkeit offenbaren könnte, gut verpackt: Ich muß andere dazu bringen, auf meine Bedürfnisse einzugehen, ohne daß ich selbst etwas dazu tun muß. Auf diese Weise muß er sich nicht mit seiner

Angst vor dem Dunkeln und der Tatsache, daß er Gott braucht, auseinandersetzen, und er gewinnt Hoffnung.

Seine Bedürftigkeit zeigt sich in allen Entscheidungen, die ein solcher Mann zu treffen hat: ob er heiraten soll oder nicht, ob diese Frau oder jene; welchen Beruf er wählen soll; was er mit seinen Freunden unternehmen möchte; ob er seine Kinder schlagen sollte oder nicht. Selbst in den kleinsten Dingen äußert sich diese Haltung: Soll ich meiner Frau sagen, was ich empfinde? Soll ich zu der Party gehen? Soll ich mich über die Bedienung beschweren?

Wie der Sohn eines reichen Mannes von den monatlichen Schecks aus Vaters Tasche abhängt, so meint auch der Mann, der vor allem von seiner eigenen Bedürftigkeit beherrscht wird, mit der Zeit, es sei durchaus in Ordnung, wenn er selbst von sich aus nichts unternimmt. Zwar ist er bereit, Verantwortung zu übernehmen, aber nur bis zu einem gewissen Punkt. Oft ist er auch bereit, freundlich und rücksichtsvoll zu sein, ja manchmal sogar richtig hilfsbereit, aber immer mit dem Anspruch, daß andere es auch sehen und gebührend anerkennen.

Warum-Muster 2

Der unechte Mann wendet sich den anderen also entweder mit seiner gekonnt zur Schau getragenen Bedürftigkeit zu, oder er stößt die Menschen so weit von sich fort, daß eine vernünftige Beziehung gar nicht erst entstehen kann. In der Geschichte der Männer, die vom Wunsch, hart zu erscheinen, beherrscht werden, lassen sich in der Regel eher Elemente von Vernachlässigung und Wut entdecken als liebevolle Zuwendung. Strenge Disziplin, beschäftigte Väter, gleichgültige Mütter, bedeutungslose Gemeinden, gesetzliche Theologie – wirkliche Beziehungen hat es im Leben dieser Männer nie für längere Zeit gegeben.

Der Mann, der sich heute entsprechend dem Warum-Muster 2 verhält, hat sich nach Beziehung gesehnt, aber irgendwann die Hoffnung aufgegeben. Es war leichter, die Sehnsucht nach Nähe zu unterdrücken und sich irgendwie zu arrangieren, als sich mit den Wünschen auseinanderzusetzen und daran zu leiden. Die Vorstellung, sich selbst eingestehen zu müssen, wie sehr man sich eigentlich echte Kontakte wünschte, machte ihnen mehr angst als die Aussicht, solche Kontakte nie zu finden.

Dabei kamen dann oft Begabungen zum Vorschein, die es einem solchen Mann durchaus ermöglichen, aus einer «Beziehung auf Distanz» Freude zu schöpfen. Sportliches Talent, Wissensdurst, Gewandtheit im Umgang mit anderen oder eine besondere technische Begabung machten es ihm möglich, sich stark zu fühlen und Ziele zu erreichen, die ihm Lob und Anerkennung einbrachten.

Mit der Zeit lernt dieser Mann es so gut, sich ganz auf seine Fähigkeiten zu verlassen, daß sein Verlangen nach menschlicher Nähe völlig erstickt wird. Und so möchte er es auch. Distanz bedeutet für ihn Sicherheit. Warum sollte er sich der überwältigenden Angst davor aussetzen, daß er etwas braucht, was es für ihn womöglich gar nicht gibt?

In gewissem Sinne ist dieser Mann natürlich genauso bedürftig wie der Mann, der nach Muster 1 lebt. Beide unmännlichen Beziehungsstile setzen voraus, daß andere in die Bresche springen. Der Mann, der ganz von seiner Bedürftigkeit geprägt ist, lebt dabei von der ständigen Bestätigung und Unterstützung durch ein paar wenige Vertraute, während der «harte» Mann sich die Achtung eines größeren Publikums wünscht, das aber Distanz hält. Die Beziehungsstile sind also verschieden. Doch sind sie beide egoistisch, und beide richten großen Schaden an.

Es ist allerdings eine der großen Tragödien des Lebens, daß kein Mann den Schaden, den er durch seinen unmännlichen Beziehungsstil bei anderen anrichtet, wirklich in seinem ganzen Ausmaß erkennt. Wer eine Ahnung davon bekommt, der meint, er müsse daran zerbrechen.

Darin aber liegt seine Chance. Erst wenn er ganz unten ist, wird er fähig zu echter Reue. Wenn ein innerlich zerbrochener Mann sein Tun und Verhalten bereut, dann schenkt der Heilige Geist ihm eine neue Perspektive. Es ist, als ob sich ein erfrischender Strom in seine sengende Wüste ergießt. Der Gedanke, anderen wirklich *zum Segen* werden zu können – seine Frau zu unterstützen, einen positiven Einfluß auf die Kinder zu haben,

Freunden Mut zu machen –, wird plötzlich stärker als die Angst, sich ins Dunkel hineinbegeben zu müssen. Und eine gute Bewegung nimmt ihren Anfang.

Gute Bewegungen entstehen nicht von allein. Sie geschehen nicht automatisch. Wir werden immer gegen die mächtigen Triebe zu kämpfen haben, die uns in die andere Richtung drängen wollen. Gute Bewegung beginnt immer damit, daß wir die schlechten Bewegungen bereuen. Und Reue entsteht dann, wenn wir 1. anerkennen, daß wir uns falsch verhalten haben, und uns daran zerbrechen lassen; und wenn wir 2. unsere Schuld in echter Demut bekennen.

In den nächsten beiden Kapiteln werde ich ausführlicher auf diese beiden Verhaltensmuster eingehen. Vielleicht erkennen Sie sich irgendwo wieder, wenn nicht in einer der Geschichten oder Deutungen, dann vielleicht zwischen den Zeilen. Wir sind alle betroffen.

Kapitel 10

Wenn Männer erwarten, daß andere für sie da sind – der bedürftige Mann

Der Beginn ihrer Freundschaft war ziemlich stürmisch gewesen. In ihrem Alter war das vermutlich auch nicht anders zu erwarten – sie war Mitte dreißig, er ging stark auf die Vierzig zu. Nach so langen Jahren des Alleinlebens hatten sie beide ihre festen Gewohnheiten. Die Zeiten unschuldiger Träumereien waren schon lange vorbei, der Gedanke ans Heiraten eigentlich schon abgehakt; auf jeden Fall waren sie entschlossen, jetzt keinen Fehler zu machen.

Es war eine harte Zeit gewesen. Es war immer noch hart, auch jetzt, drei Wochen vor dem großen Tag. Aber irgend etwas hielt sie zusammen. Er meinte, es sei Liebe. Sie wollte es gern glauben, war sich aber nicht so sicher.

Am stärksten wurden die Zweifel, wenn sie das Gefühl hatte, er schiebe alles auf sie ab. «Manchmal komme ich mir vor, als wäre ich deine Mutter. Als müßte ich immer mit einem Glas Milch und einem Stück Kuchen auf dich warten, wenn du von der Schule nach Hause kommst. Aber das stinkt mir! Ich hasse das!»

Diese Vorstellung – sie in der Rolle seiner Mutter – drängte sich ihr immer dann am stärksten auf, wenn er wegen irgend etwas, das sie getan – oder auch nicht getan – hatte, den Gekränkten spielte. Er wirkte dann so lächerlich, wie ein verirrtes Kind.

Dasselbe Bild kam hoch, wenn er über Müdigkeit oder den Streß an der Arbeit oder irgendwelche gesundheitlichen Probleme klagte, dann allerdings nicht ganz so stark. Er nannte es «offen sein», «kommunikativ». Sie hatte das Gefühl, er erwarte, daß sie ihm helfe.

In einem selten ehrlichen Augenblick, nachdem sie wieder einmal endlos über ihre Empfindungen diskutiert hatten, gab er zu: «Ich komme mir immer vor wie ein Kind, wenn ich irgendwo Schwierigkeiten habe. Jedesmal wenn ich dir erzähle, was mich beschäftigt, was mir weh tut, dann fühle ich mich wie ein kleines Kind. Vielleicht will ich tatsächlich, daß du wie eine Mutter zu mir bist.

Ich kann mich noch gut an meine Mutter erinnern. Wirklich zärtlich war sie zu mir immer nur dann, wenn ich mir weh getan hatte.» In seinen Augen glitzerte es feucht, und es entstand eine lange Pause. Ein Ereignis aus der Vergangenheit kam ihm in den Sinn. «Als ich in der fünften Klasse war, habe ich mir die Hand gebrochen. Ich war vom Fahrrad gestürzt. Der Knochen hatte sich durch die Haut gebohrt, und der Arzt mußte ihn zurechtrücken. Ich wäre vor Angst am liebsten gestorben. Ich sehe noch, wie meine Mutter auf der Notfallstation neben meinem Bett stand. Nie habe ich mich so geborgen, so beschützt gefühlt. Ich sah es ihren Augen an.»

Er schluchzte.

Sie spürte den Drang, ihn zu streicheln. Aber dann stand wieder dieses Mutterbild vor ihr auf. Das Bedürfnis, ihn zu berühren, erschien ihr auf einmal irgendwie unsauber.

Sekunden verstrichen. Eine Minute. Er hörte auf zu weinen und sah zu ihr auf. «Hast du es jetzt nicht gefühlt? Wie meine Mutter? Daß ich mir wünsche, daß du mich beschützt?»

Sie zögerte, bevor sie leise erwiderte: «Doch. Aber ich möchte das nicht.»

Sofort versiegten seine Tränen. Ungläubig und wütend starrte er sie an. Dann schrie er es fast: «Ist es denn wirklich zuviel verlangt, wenn ich von meiner Verlobten erwarte, daß sie ein wenig Mitleid mit mir hat? Wirst du denn damit gleich zu meiner Mutter? Kann ein Mann denn nicht erwarten, daß seine Frau für ihn da ist?»

Noch mehr Tränen. Jetzt weinten sie beide. Sie spürten den Frust, die Finsternis.

«Was sollen wir tun?» fragte sie.

«Ich weiß nicht», entgegnete er.

*

Der unmännliche Mann lebt so, daß er bekommt, was er nötig zu haben meint. Wenn das Gefühl seiner Bedürftigkeit seine Hauptantriebskraft ist, dann versucht er es sich bei anderen zu holen.

Eine Frau sagte mir einmal: «Wenn ich am Abend höre, wie mein Mann mit dem Auto in die Einfahrt biegt, dann verläßt mich der Mut. Ich merke plötzlich, wie müde ich bin. Ich bin den ganzen Tag zu Hause und muß mich um drei kleine Kinder kümmern. Und jetzt kommt Nummer vier.»

«Was tut er denn? Warum empfinden Sie so?» fragte ich. Ihr Mann saß neben ihr und versuchte gleichzeitig finster und gekränkt auszusehen.

«Ach, alles mögliche», entgegnete sie. «Mal ist es der Seufzer, mit dem er zur Tür hereinkommt, mal eine Bemerkung über den Verkehr auf der Heimfahrt. Manchmal sagt er, er sei müde. Irgendwas. Aber immer geht es um ihn, um irgend etwas, das ihm zu schaffen macht. Als sollte ich etwas dagegen unternehmen. Und selbst wenn er mich fragt, wie es mir gehe, habe ich das Gefühl, er wolle nur, daß ich mich nach seinem Ergehen erkundige. Wenn er mir beim Abendessen hilft, dann wirft er mir diesen Blick zu, daß ich ihm doch auch ja sagen soll, wie toll er ist.

Und wenn ich wirklich einmal etwas nur für ihn tue, auch wenn es nur eine Kleinigkeit ist, dann bedankt er sich fast zu überschwenglich. Als wolle er mir sagen, daß er so etwas öfter bräuchte, daß ich es öfter tun sollte, sonst sei er gekränkt. Manchmal, wenn er besonders aufmerksam ist, dann habe ich das Gefühl, er wolle damit nur erreichen, daß ich ihm im Bett willfährig bin, aber das ist es oft gar nicht. Ich weiß nicht, wie ich es ausdrücken soll – es ist ganz egal, was er tut, ich habe immer das Gefühl, er will damit etwas von mir erreichen.»

Viele bedürftige Männer verstehen ihre Gefühle besser zu verbergen als dieser Mann. Sie bringen sie weitaus raffinierter und «männlicher» zum Ausdruck. Und jeder von uns gehört im Laufe seines Lebens mal in die eine, mal in die andere Kategorie.

Ein reines Muster 1 oder Muster 2 gibt es nicht. In der Regel gewinnt aber eines der beiden Verhaltensmuster in unserem Umgang mit anderen Menschen die Oberhand.

Ein Mann, der zur ersten Kategorie gehört, meint, alle anderen hätten für ihn dazusein. Das Gefühl, daß er sie braucht, ist für ihn so wirklich, so echt und zwingend, daß es ihm nur logisch erscheint, sie um ihr Verständnis oder ihre Aufmerksamkeit zu bitten. Der Mann nach Muster 1 definiert sich über seine Bedürftigkeit, genauso wie sich manche Männer heutzutage über ihre homosexuellen Neigungen identifizieren. Sich nicht zu «outen», ihre Bedürfnisse nicht zu äußern, das erscheint manchen wie ein Verrat an der eigenen Identität. Ähnlich ist es mit Männern, deren Bedürftigkeit ihre treibende Kraft ist. Sie fühlen sich am wohlsten, wenn ein anderer sich um sie kümmert. Ihnen fehlt etwas, und sie rechnen fest damit, daß sich jemand der Sache annimmt.

Wenn sie Enttäuschungen erleben, wenn jemand nicht so auf sie eingeht, wie sie es erwarten, dann meinen sie, ihnen werde Unrecht getan. Man hat ihnen etwas vorenthalten. Die Gemeinschaft, die eigentlich menschlich sein sollte, ist unmenschlich.

Nun werden sie natürlich wütend. Groll steigt in ihnen auf, und er scheint gerechtfertigt. Und mit dem gerechtfertigten Groll kommt die gerechtfertigte Rache. Denken wir nur einmal daran, wie schnell uns eine sarkastische Bemerkung über die Lippen kommt. Wir wehren uns mit Worten, die weh tun. Vielleicht verursachen wir nur kleine Wunden, wie ein Schnitt an einer Papierkante – aber sie schmerzen. Das ist natürlich auch die Absicht: den Menschen zu verletzen, der uns nicht geholfen hat.

Männer, die von ihrer Bedürftigkeit getrieben werden, müssen es den anderen heimzahlen, wenn nicht mit Sarkasmus und Nadelstichen, dann mit Gereiztheit, mürrischer Laune oder Gleichgültigkeit. Frauen, die ihre bedürftigen Männer im Stich lassen, müssen dafür bezahlen. Genauso die Freunde solcher Männer.

Der bedürftige Mann sieht den Schaden, den er anrichtet, allerdings nicht. In seinen Augen ist er selbst das Opfer, nicht seine Frau oder die Freunde. Wenn man ihm seine Grausamkeit vorhält, dann reagiert er oft wie der hungrige Bettler, der beim Brotstehlen erwischt wird: «Ja, schon, es war wohl falsch, was ich getan habe. Ganz bestimmt sogar. Aber Sie müssen doch verstehen, was ich durchgemacht habe. Wenn Sie bedenken, was für einen Hunger ich habe, dann ist das doch nicht zuviel verlangt.»

Ein Mann hatte es sich angewöhnt, durch den Rotlichtbezirk zu schlendern. Manchmal ging er auch zu einer Prostituierten hinein oder sah sich eine Peepshow an, und die ganze Zeit redete er sich ein, seine Sünde sei noch längst nicht so schlimm wie das, was seine Familie ihm in seiner Kindheit angetan hatte, oder wie seine Frau ihn jetzt behandelte.

Fünfundzwanzig Jahre Seelsorgepraxis lassen mich vermuten, daß neun von zehn Männern sich mehr darüber aufregen, wie sie enttäuscht wurden, als darüber, daß sie anderen weh tun. Und verheiratete Männer regen sich besonders darüber auf, wie ihre Frauen mit ihnen umgehen.

Männer, deren Bedürftigkeit im Mittelpunkt steht, profitieren davon, daß es in unserer Gesellschaft üblich ist, die Schuld nicht bei dem Opfer zu suchen. Wenn Eltern zum Beispiel ihr Kleinkind vernachlässigen, dann machen wir nicht das Kind für die Fehler der Eltern verantwortlich und auch nicht für die Schäden, die diese Fehler langfristig verursachen. Wir helfen dem Kind in seiner Not und tun alles, was in unserer Macht steht, um es vor weiterem Schaden zu bewahren.

Doch wir haben es mit dem Schutz des Opfers ein bißchen zu weit getrieben. Wir geben dem erwachsenen Opfer keine Möglichkeit, in Würde zu leiden und trotzdem Gutes zu tun. Wir lassen uns von dem Unrecht, das andere uns antun, den Blick dafür verstellen, daß Gott uns nach wie vor dazu berufen hat, heilig zu leben. Wenn der kleine Junge, der von seinen Eltern vernachlässigt wurde, heranreift, müssen wir ihm helfen, seine Persönlichkeit an den Möglichkeiten auszurichten, die ihm als Mann zur Verfügung stehen, und nicht an seinem Schmerz und seiner Bedürftigkeit.

Eine solche Persönlichkeit zu entwickeln ist allerdings nur mit der Hilfe des Heiligen Geistes möglich. Niemand sieht sich automatisch als ein Ebenbild Gottes, dessen höchste Berufung es ist, das Wesen dieses unsichtbaren Gottes widerzuspiegeln. Da sind viel wichtigere Dinge, die unsere Aufmerksamkeit auf sich ziehen wollen. Wir müssen uns um unser Überleben kümmern, und wir wollen möglichst angenehm überleben. Ein Mann, der vor dem Konkurs steht, verwendet in aller Regel mehr Mühe darauf, herauszufinden, wie er seine Rechnungen zahlen kann, als darauf, Gottes Nähe zu suchen.

Doch kein noch so großer Schaden, den andere uns angetan haben, noch irgendwelche Lebensumstände können das Bild Gottes in uns zerstören oder den Ruf, als würdiges Ebenbild zu leben, auslöschen – auch wenn wir das oft anders empfinden. Der Schmerz redet oft eine so laute Sprache, daß wir Gottes Stimme kaum mehr hören. Und dann erscheint es uns oft als eine Kleinigkeit, im Geschäft moralisch fragwürdige Entscheidungen zu treffen oder die Frau eines anderen zu verführen. Wir alle wissen um Dinge, die so schlecht gar nicht scheinen, vor allem dann, wenn wir uns selbst betrogen vorkommen.

Nur wenn der Geist Gottes durch sein Wort die Gedanken und Wünsche unseres Herzens ans Licht bringt, können wir klar erkennen, worum es geht. Nur dann können wir unsere Bedürftigkeit als das erkennen, was sie wirklich ist – ein sündhaftes Verhalten im Umgang mit anderen, das eines echten Mannes nicht würdig ist.

Das Beispiel von König Saul

König Saul ist vielleicht das erste biblische Beispiel für einen Mann, der von seinen Bedürfnissen getrieben wurde und dabei – wie es in solchen Fällen immer passiert – seine Würde verlor. Ein Ereignis aus seinem Leben, aus vielen anderen herausgegriffen, soll das verdeutlichen. Sie können die Geschichte, auf die ich hier kurz eingehen will, in 1. Samuel 15 nachlesen.

Eines Tages beging Saul eine besonders schwere Sünde, die dazu führte, daß Gott ihm seine Königswürde entzog. In einem Gespräch mit dem Propheten Samuel, das kurz nach dieser Begebenheit stattfand, leugnete Saul sein Vergehen. Interessant ist, daß Saul an diesem Punkt immer noch meinte, seine Sünde sei von niemandem bemerkt worden, und deshalb behauptet, er sei gar nicht ungehorsam gewesen.

«Ich habe des Herrn Wort erfüllt», verkündete er stolz. Das Wort des Herrn hatte aber befohlen, alle Lebewesen der Amalekiter zu töten, eines Volkes, dessen völlige Auslöschung Gott beschlossen hatte. Saul dagegen hatte Agag, den König der Amalekiter, verschont, und er hatte auch seine Viehherden nicht geschlachtet, sondern beschlossen, die besten Kühe und Schafe am Leben zu lassen (angeblich, um sie später dem Herrn als Opfer zu bringen).

In der beinahe amüsanten Schilderung erwidert Samuel auf Sauls Behauptung, er habe Gottes Wort befolgt: «Und was ist das für ein Blöken von Schafen, das zu meinen Ohren kommt, und ein Brüllen von Rindern, das ich höre?»

Saul war ertappt. Er konnte seinen Ungehorsam nicht länger leugnen. Er hatte nicht alle Lebewesen getötet. Deshalb wechselt er nun vom kompletten Leugnen zu einer Haltung, die auf den ersten Blick wie ein Eingeständnis wirken könnte: «Ich habe gesündigt, daß ich des Herrn Befehl übertreten habe.»

Der Rest der Geschichte macht allerdings deutlich, daß Sauls Sündenbekenntnis nicht aus einem zerbrochenen Herzen entsprang. Er wand sich und suchte nach einem Ausweg, um Gottes Gericht abzuwenden und zumindest die Vorteile seines Jobs als König zu retten. Damit illustriert er überdeutlich, daß es ohne echten Zerbruch über die begangene Sünde weder ein echtes Sündenbekenntnis noch wirkliche Reue geben kann.

Saul zeigt nichts von einem zerbrochenen oder zerknirschten Geist. Statt dessen bittet er Samuel, mit ihm in die Hauptstadt zurückzukehren und gemeinsam mit ihm einen öffentlichen Gottesdienst abzuhalten in der Hoffnung, Samuels Anwesenheit könnte dazu beitragen, daß er, Saul, doch weiterhin als König geachtet würde.

Aber Samuel ließ sich nicht erweichen. «Ich will nicht mit dir umkehren ... Der Herr hat dich auch verworfen, daß du nicht mehr König über Israel seist.»

Und was tut Saul, gänzlich beherrscht von seiner eigenen

Bedürftigkeit, als nächstes? «Und als sich Samuel umwandte, um wegzugehen, ergriff ihn Saul bei einem Zipfel seines Rocks; aber der riß ab. Da sprach Samuel zu ihm: Der Herr hat das Königtum Israels heute von dir gerissen und einem anderen gegeben, der besser ist als du ... Saul aber sprach: Ich habe gesündigt, aber ehre mich doch jetzt vor den Ältesten meines Volks und vor Israel und kehre mit mir um, daß ich den Herrn, deinen Gott, anbete.»*

Das Gefühl der eigenen Bedürftigkeit wird zur treibenden Kraft, wenn es als stärker und drängender empfunden wird als der Wunsch nach Heiligung. «Wenn ich nur ... haben könnte», wird zum alles beherrschenden Motiv im Verhalten des bedürftigen Mannes.

Es ist wichtig, daß wir das Prinzip, das wir im Leben des Saul entdecken, erkennen: Ein übersteigertes Gefühl der Bedürftigkeit rechtfertigt und stärkt den Egoismus, wenn es nicht von einem noch stärkeren Gefühl für die eigene Sünde begleitet wird. Wem seine Bedürftigkeit deutlicher bewußt ist als seine Sündhaftigkeit, der manipuliert und stellt Forderungen. Wem dagegen eher seine Sündhaftigkeit bewußt ist, der bereut, und in ihm wächst das Verlangen nach Heiligung. Nur er kann es lernen, in Gottes Liebe zu ruhen und sich an seiner Güte zu freuen.

Fast dreißig Jahre Eheleben haben mir klargemacht, daß ich selbst mehr zu diesem Beziehungsstil neige als zu dem, den wir im nächsten Kapitel betrachten wollen. Oft empfinde ich mich eher bedürftig als hart. Wenn mir etwas fehlt, dann sehe ich in meinem Wunsch nach Trost eine Gelegenheit für andere, Gutes zu tun. Es ist manchmal nicht leicht, den Ruf, mich über meine

* Es soll nicht unerwähnt bleiben, daß Samuel tatsächlich mit Saul zurückging, doch nicht um ihn wie gewünscht zu ehren. Vielmehr vollzog er an Agag, dem König der Amalekiter, die Todesstrafe, um damit den Befehl Gottes zu erfüllen, den Saul nicht befolgt hatte. Saul blieb auf dem Thron, aber von nun an ging es bergab, und schließlich nahm er sich das Leben. Wer sein eigenes Feuer anzündet, der wird aus der Hand des Herrn die entsprechende Antwort erhalten: er wird irgendwann in Schmerzen liegen (siehe Jesaja 50,11).

Bedürftigkeit zu erheben, mich Gott anzuvertrauen und anderen Gutes zu tun, zu beachten. Je größer mein eigener Schmerz, desto mehr neige ich dazu, diesen Ruf zu überhören.

Wo die eigenen Bedürfnisse alles beherrschen, da reicht der gebotene Trost selten aus. Zwar kann es vorkommen, daß der bedürftige Mann sich bei seiner Frau für ihre Anstrengungen bedankt, doch das klingt dann genauso begeistert wie bei dem, der hundert Mark bräuchte und sich bei seinem Freund für den Groschen bedankt. Und selbst wenn so etwas wie ein Gefühl der Dankbarkeit vorhanden ist, macht es meist recht schnell kleinlichem Nörgeln Platz: «Wieso mußtest du beim Abendessen nebenher noch arbeiten, wo ich mit dir über unsere finanziellen Probleme reden wollte? Kannst du mir nicht mal eine Minute zuhören? Ist das denn zuviel verlangt?»

Wer sich darauf einläßt, die Forderungen eines bedürftigen Mannes zu erfüllen, kann auf Erfolg nicht hoffen. Seine Anstrengungen werden nie genügen. Die Freundlichkeit reicht niemals aus. Wer in einer Beziehung mit einem Muster-1-Mann lebt, fühlt sich normalerweise

1. unter Druck, für den anderen da zu sein,
2. schlecht, weil es ihm/ihr nie wirklich gelingt.

Mit der Zeit werden der Druck und die Schuldgefühle zu viel. Das kann zwanzig oder auch dreißig Jahre dauern. Dann aber gibt man alle weiteren Versuche auf. «Was soll ich mich noch länger bemühen? Er ist ja doch nie zufrieden.» Oft ist der Frust, der in einer solchen Beziehung entsteht, die Ursache, wenn eine langjährige Freundschaft oder Ehe auseinandergeht.

Wer dagegen versucht, die Ansprüche des bedürftigen Mannes auch weiter zu befriedigen, wird allmählich zermürbt, bis es zu einer regelrechten Depression kommt. Die Frau eines bedürftigen Mannes träumt dann von einer besseren Beziehung, einer, in der sie wahrgenommen und anerkannt wird. Sie sieht sich auf einmal die anderen Männer an und beginnt darauf zu achten, wie sie mit ihren Frauen und auch mit ihr umgehen. Sie wird empfänglich für jedes noch so kleine Zeichen der Aufmerksamkeit und registriert etwa sofort: «Anscheinend mag er mich …»

Liebesromane oder Seifenopern im Fernsehen bringen hin und wieder Erleichterung. Manchmal ist es die Arbeit – die Frau engagiert sich noch mehr in der Gemeinde, macht Überstunden im Büro, besucht Vereine, stürzt sich auf die Hausarbeit oder besucht Fortbildungskurse.

Frauen, die mit einem bedürftigen Mann verheiratet sind, sind einsam und verängstigt. Oft empfinden sie Abscheu vor sich selbst. Viele verstecken den Schmerz hinter einem kompetenten Äußeren. Sie werden hart und stark, sind aber unfähig, zu lachen oder zu entspannen oder sich in der Gemeinde zu öffnen.

Hören wir einmal genau hin, was der bedürftige Mann ruft: «Sei für mich da! Weißt du nicht, wie leer ich bin, wie elend ich mich fühle, wie schwer mein Leben ist? Ich wünschte, du würdest

- etwas aufmerksamer sein!
- ein bißchen freundlicher sein!
- etwas mehr lesen!
- mich öfter um meine Meinung fragen!
- dich attraktiver anziehen!
- weniger reden, wenn wir zusammen eingeladen sind!
- mich etwas mehr schätzen!
- einige Pfund abnehmen!
- mich mehr unterstützen!
- etwas einfallsreicher kochen!
- im Bett mehr auf mich eingehen!
- weniger Geld ausgeben!
- etwas mehr so sein wie die andere!
- mich weniger kritisieren!»

Ein Mann schrieb mir als Reaktion auf eines meiner Bücher: «Auf die Frage, auf die ich eine Antwort suche und von der ich dachte, darum gehe es in Ihrem Buch, sind Sie gar nicht eingegangen. Ich möchte gern wissen, warum manche Frauen einfach nicht auf ihr Äußeres achten. Ich bin mehrfacher Millionär. Ich bin Ältester in unserer Gemeinde. Sie darf sich alles kaufen, was sie will. Ich bin kein Workaholic, und ich habe sie nie betrogen.

Was ich wissen will, ist: Warum will meine Frau nicht abnehmen? Ich selbst achte auf meine Figur. Aber sie tut nichts. In den letzten beiden Jahren hat sie vierzig Pfund zugenommen. Ich finde sie so attraktiv wie eine Schüssel Wackelpudding. Ich habe ihr sogar gesagt, ich würde mit ihr in eine Therapie kommen, falls ich selbst irgendwo schuld bin. Ich begreife es einfach nicht. Was stimmt nicht bei solchen Frauen?»

Wie die meisten, die sich von ihrer eigenen Bedürftigkeit beherrschen lassen, sieht dieser Mann

1. bei sich selbst keine Fehler, sondern
2. nur, was der andere anders tun könnte.
3. Er empfindet seinen Zorn als berechtigt und kann
4. nicht über seine Bedürfnisse hinaussehen und auch die des anderen nicht erkennen.

Weil er von seiner eigenen Bedürftigkeit geblendet ist, bringt er selbst nur wenig in die Beziehung ein. Aber das merkt er nicht. Wenn er mit sexuellen Versuchungen zu kämpfen hat, dann meint er, das liege nur daran, wie mit ihm umgegangen wird. Für ihn sind seine Anstrengungen, auf diesem Gebiet rein zu bleiben, sehr edel, und er schafft es, wenn er sich noch mehr Zeit für die Bibel und das Gebet nimmt. Es kommt ihm nie in den Sinn, daß er seine Frau vielleicht nicht so liebt, wie er es sollte; daß er kein rechter Mann ist; daß er es nie gelernt hat, in die angeschlagene, schmerzende Beziehung hinein Worte der Liebe zu sagen.

Wenn wir von unserer Bedürftigkeit beherrscht werden und glauben, wahre Freude könnten wir nur dann erleben, wenn andere ganz für uns da sind, dann zerstören wir damit Leben und Schönheit. Und das ist letztlich kein wirklich männliches Verhalten.

Kapitel 11

Männer, die sich selbst genügen – der harte Mann

Er wirkte überall, als würde er genau dorthin gehören. Egal, was für eine Veranstaltung er besuchte – ob Vorstandssitzung, Dinnerparty oder Gemeindeversammlung –, er fühlte sich wohl. Er kannte die richtigen Leute, war immer richtig angezogen. Und mit seinem Charme und liebenswürdigen Wesen fand er immer schnell Kontakt.

Manchmal konnte er auch ziemlich stur sein. Seine engeren Freunde, jene, die öfter mit ihm zusammen waren, bekamen hin und wieder einen Eindruck davon, wie sein Selbstbewußtsein die Grenze zum Eigensinn überschritt.

Obwohl oberflächliche Bekannte es nicht unbedingt merkten, war er eigentlich ein sehr zurückhaltender Mensch. Nur selten sprach er über persönliche Probleme. Spannungen versuchte er möglichst schnell zu «lösen», wenn er sie schon nicht vermeiden oder ihnen aus dem Weg gehen konnte. Nie stellte er sich selbst oder einen anderen in Frage. Seine Familie bekam seine Oberflächlichkeit am meisten zu spüren.

Selbsterkenntnis gehörte natürlich nicht zu seinen Tugenden. Gefragt, wie er sich selbst beschreiben würde, hätte er wohl ganz spontan Worte wie gesellig, belesen, erfolgreich, mit Familiensinn, gläubiger Christ gebraucht. Vielleicht wäre sogar das Wort «männlich» vorgekommen. Nie jedoch würde es ihm in den Sinn kommen, den anderen zu fragen, warum er sich selbst beschreiben solle, oder gar den Frager um dessen eigene Meinung zu bitten.

Ab und zu konnte er auch Gefühle zeigen – zum Beispiel als er seine Frau nach der Brustoperation zum ersten Mal im Krankenhaus besuchte; bei der Beerdigung seines Vaters; als er bei der Hochzeit seiner Tochter einen Toast auf Braut und Bräutigam ausbrachte.

Weinen allerdings tat er nie. Und nie hatte jemand gesehen, daß er irgendwie die Fassung verlor. Einmal hatte sein ältester Sohn ihn gefragt, wann er das letzte Mal in der Öffentlichkeit geweint habe. «Seit meiner Kindheit nicht mehr», hatte er uninteressiert geantwortet, als habe man ihn gefragt: «Wann haben Sie das letzte Mal ein Aknemittel benutzt?»

Er war ein guter Golfpartner und Geschäftskollege. Ganz sicher einer, den man in einer Auseinandersetzung auf seiner Seite wußte.

Aber er war keiner, bei dem man sein Herz ausschüttete.

Seine Frau war entsetzlich einsam. Aber das merkte er nicht. Sie verbarg ihren Schmerz hinter den Annehmlichkeiten, die ihnen ihr bescheidener Wohlstand gebracht hatte, und hinter den «wichtigen» Verpflichtungen, die ihre gesellschaftliche Situation von ihnen forderte. Sie engagierte sich im Gartenbauverein, besuchte politische Veranstaltungen, den Frauenkreis der Gemeinde und einen Töpferkurs. Die drei reizenden Kinder waren wie die rote Schleife um das Geschenkpaket, das Leben hieß.

Doch wie in den meisten «vollkommenen» Geschichten gab es auch bei ihr einen dunklen Fleck, eine häßliche Schramme auf dem sonst so glatten Gesicht. Panikattacken. Nicht allzu ernst, aber doch beunruhigend.

Sie schlugen immer dann zu, wenn ihr eine Situation aus den Händen zu gleiten schien. Das erste Mal traten sie auf, als ihre Tochter auf dem College war und sich mit einem jungen Mann befreundete, den ihr Mann als gesellschaftlich nicht adäquat betrachtete. Sie besprach die Angelegenheit in aller Ruhe mit ihrer Tochter, in der Hoffnung, daß diese sich ihren vernünftigen Argumenten nicht verschließen würde. Und sie tat es auch nicht. Sie heiratete schließlich einen Arzt.

Ihr Mann hatte auf diese ganze Beziehungsgeschichte nur mit Sarkasmus reagiert – damals war auch der Ausdruck «nicht adäquat» gefallen.

Die Attacken traten regelmäßig, aber nicht allzu häufig auf; manchmal heftig, manchmal weniger schlimm. Die Medikamente halfen. Ein Internist, ein Golffreund ihres Mannes, hatte sie ihr verschrieben. Ihr Mann hatte ihr den Arzttermin besorgt. Das erste Mal holte er sogar selbst die Medikamente aus der Apotheke.

Für ihn war das Problem damit erledigt. Zahnschmerzen? Geh zum Zahnarzt. Panikattacken? Nimm eine Pille. Er redete nie mit ihr über die Angelegenheit, fragte nie, wovor sie denn Angst habe.

Dreimal hatte sie sich ausgesprochen, hatte sie zugegeben, wie fremd sie sich ihrem Mann gegenüber fühle, wie wertlos sie sich neben ihm vorkam, es sei denn als Vorzeigeobjekt oder Sexpartnerin. Das eine Mal hatte sie mit einer guten Freundin geredet, die schnell das Thema gewechselt hatte. Dann mit einem Cousin, der zu Besuch war und den sie eigentlich kaum kannte. Er war nur wenig älter als sie und schien so verständnisvoll. An einem Abend waren sie lange aufgeblieben. Und da war es aus ihr herausgebrochen, all die über Jahre aufgestauten Gefühle. Er hatte ihr zugehört. Wie tat das gut! Aber er kam nie wieder darauf zu sprechen – keine Silbe am nächsten Morgen, kein Anruf, kein Brief, in dem er sich nach ihrem Ergehen erkundigte. Sie wünschte, sie hätte nie etwas gesagt.

Das dritte Mal war zwei Jahre später gewesen, mit einer Therapeutin, die sie bei einer Party kennenlernte. Sie hatte eigentlich gar nicht viel gesagt. Aber die Psychologin schien mehr herauszuhören und wirkte besorgt. Auch das tat wieder sehr gut. Sie überlegte, ob sie vielleicht einmal einen offiziellen Termin ausmachen sollte, kam dann jedoch wieder davon ab, nachdem sie mit ihrem Mann darüber gesprochen hatte. «Was willst du denn beim Seelenklempner?» war alles, was er dazu zu sagen hatte.

Und dann kam noch ein weiteres Mal. Das war am letzten Abend der Bibelfreizeit. In der Botschaft war es um Gottes Liebe zu dem verlorenen Schaf gegangen, jenem einen, das sich so hoffnungslos verirrt hatte. Sie fühlte sich angesprochen.

Während dem Schlußgebet huschte sie schnell hinaus und machte sich auf einen Spaziergang um den See. Draußen war es still und warm. Die Dunkelheit hatte etwas Beruhigendes und wurde nur von der schmalen Mondsichel erleuchtet, die sich im

Wasser spiegelte. Sie empfand einen überwältigenden Frieden, der sie geradezu einlud, ihren Tränen freien Lauf zu lassen. Sie ließ sich ins weiche Gras sinken, vergrub den Kopf in den Händen und schluchzte haltlos. Die Worte strömten nur so über ihre Lippen. Alles, was sie so lange nicht wahrhaben wollte, drängte hervor. «Ich kann nicht mehr. Es ist zu schwer. Niemand mag mich. Meine Ehe ist so leer. Ich ertrage diese Einsamkeit nicht länger.»

Mitternacht war längst vorüber, als sie mit vom Weinen rotgeschwollenen Augen in ihr Zimmer zurückkehrte. Er saß im Bett und las. «Wo warst du?» fragte er. «Ich habe mir schon Sorgen gemacht.»

«Ich bin noch ein bißchen gelaufen. Habe nachgedacht, gebetet, auch ein wenig geweint.»

«Aber du hast nicht vergessen, deine Tabletten zu nehmen?»

«Nein», erwiderte sie. Sie empfand nichts, gar nichts. Dann ging auch sie zu Bett.

Mehr wurde nicht gesagt. Er beugte sich zu ihr herüber, küßte sie auf die Stirn und lächelte ihr beruhigend zu. Dann drehte er sich um und war schon bald eingeschlafen.

Am nächsten Morgen war ihr nichts mehr anzumerken.

*

Es geht in diesen Kapiteln um zwei verschiedene Arten von Männern – jene, die sich von ihren Bedürfnissen beherrschen lassen, und jene, die entschlossen sind, hart zu wirken. Tatsächlich handelt es sich bei den beiden Beziehungsstilen um extreme Positionen am jeweiligen Ende einer langen Linie. In diesem Kapitel komme ich auf den harten Mann zu sprechen.

Es mag jedoch gut sein, zunächst kurz auf die Linie selbst einzugehen. Mir liegt daran, nicht eine weitere «Typologie» einzuführen, mit deren Hilfe die Männer in verschiedene Kategorien eingeordnet werden können. Ich will nicht, daß ein Mann dieses Buch liest und dann sagt: «Ja, genau, so bin ich.» Statt dessen hoffe ich, daß viele ihre Beziehungsmuster erkennen und sagen: «Genauso gehe ich mit meiner Frau (meinen Freunden) um. Das ist ja schrecklich. Ich sollte doch wirklich Manns genug sein, es besser zu machen.» Ich möchte, daß wir männlicher werden, indem wir nicht nur begreifen, wie Gott sich den Mann vorgestellt hat, sondern auch erkennen, wo und wie wir seinem Plan nicht entsprechen.

Der bedürftige Mann ist ein unechter Mann. Ihm ist im Kontakt mit anderen vor allem wichtig, daß er anerkannt und bestätigt wird. Wenn er Beziehungen knüpft, dann oft aus keinem tieferen Grund als dem, daß damit seine eigenen Bedürfnisse gestillt werden. Der harte Mann ist ebenfalls entstellt, wenn auch auf andere Art. Er leugnet jedes Bedürfnis nach Beziehungen und eifert Zielen nach, die auch ohne echte Nähe zu anderen Menschen erreicht werden können.

Die beiden Muster sind zwei extreme Positionen. Sie befinden sich an den gegenüberliegenden Enden einer langen Linie, die folgendermaßen aussieht:

Beziehungsstile

Muster 1 — Muster 2

A	B	C	D	E
von den eigenen Bedürfnissen beherrscht	eher empfindsam als stark	völlig ausgewogen: sowohl empfindsam als auch stark	eher stark als empfindsam	beherrscht von dem Bedürfnis, hart zu erscheinen

Nur ein einziger Mann hat es im Laufe der Geschichte richtig gemacht. Ihm war vollauf bewußt, wonach er sich zutiefst sehnte. Und dieses Bewußtsein verursachte sowohl Schmerz wie Hoffnung, Kummer über das, was war, und Freude über das, was eines Tages sein würde. Er kannte auch Enttäuschungen, aber er empfand sie nicht stärker als die Freuden. Er weinte offen über eine verlorene Beziehung und über den Preis, den es kostete, sie wiederherzustellen. Er war sich alles dessen, was um ihn herum und in ihm vorging, zutiefst bewußt.

Doch das führte nie dazu, daß er sich nur noch um sich selbst drehte oder jammerte und klagte. Statt sich einfach dem Schmerz über eine zerbrochene Beziehung hinzugeben – und er empfand ihn mit Sicherheit weit stärker, als wir uns das überhaupt vorstellen können –, nahm er ihn zum Anlaß, mit noch größerem Nachdruck seinem Ruf nachzuleben. Er war gern bereit, alle Freuden zu opfern – die echten Freuden, die er in der Ewigkeit gekannt hatte, genauso wie die unechten, die sich ihm ebenfalls anboten –, damit die Menschen nur sehen konnten, wie der Vater wirklich ist. Nichts war ihm wichtiger als Gott so zu zeigen, wie er war und ist: jemand, der die Sünde unnachgiebig haßt, den Menschen jedoch bedingungslos liebt.

Weil er sich eher über seine Berufung als über seine Bedürfnisse oder seine Macht definierte, fand er den Mut, zu tun, was sein Ruf verlangte. Er zeigte echte Männlichkeit, indem er sich in Gebiete wagte, die er nie zuvor betreten hatte – vergleichen wir nur seine Existenz bei Gott vor Bethlehem mit der Finsternis über Golgatha. Und er wich dabei trotz der größten Anfechtungen nie vom eingeschlagenen Kurs ab.

Er war der einzige Mann, der je vollkommen nach Muster C lebte: überaus empfindsam und doch unbesiegbar stark; in demütiger Abhängigkeit und doch entschlossen; aller Zwischentöne in allen Beziehungen bewußt und doch fest verankert in der wichtigsten Beziehung. In Jesus vereinigten sich all jene Tugenden, die in uns anderen im Widerstreit liegen. Empfindsamkeit und Stärke vertragen sich nicht unbedingt. Gerade besonders sensible Männer haben oft mit Gefühlen der Unzulänglichkeit zu kämpfen, einem Hang zu Selbstmitleid und Klagen und einem bohrenden Gefühl der Unzufriedenheit. Männer, die sich ihrer Fähigkeiten stärker bewußt sind, wenden oft mehr Energie an ihre Aufgaben als an andere Menschen. Sie werden kalt, zurückhaltend, gefühlsarm, ein Panzer unverbindlicher Freundlichkeit scheint sie zu umgeben.

Männer, die in Beziehungen vor allem ihre Bedürftigkeit ausspielen (Position A), werden von den Frauen schwach genannt. Männer, die sich ihrer Bedürfnisse bewußt und deshalb auch empfänglich dafür sind, was in anderen Menschen vorgeht (Position B), entsprechen oft dem Bild, das sich die feministische Bewegung vom heutigen Mann macht: Sie sind sanft; sie schämen sich nicht zu weinen; und sie sind auch fähig, intensive persönliche Gespräche zu führen. Manchmal kann es Jahre dauern, bis man merkt, daß ihnen echte Stärke fehlt, und der Schaden, den sie damit angerichtet haben, erkannt wird.

Bei den Positionen A und B steht die Bedürftigkeit einer echten Beziehung im Weg. Der bedürfnisgetriebene Mann ist nicht in der Lage, in einem anderen Menschen Leben hervorzurufen und sich an dessen Persönlichkeit und Unabhängigkeit zu freuen. Die Beziehungen, die er eingeht, sind zwar oft recht eng, aber immer auch problematisch. Entweder sterben sie einen langsamen, quälenden Tod, oder sie stottern dahin wie ein altes Auto, das öfter in der Werkstatt als auf der Straße zu finden ist.

Die Beziehungen, die ein harter Mann eingeht, sind dagegen meist oberflächlich, dafür aber beständiger. Doch auch ihr Gleichgewicht ist brüchig. Wie bei einem Haus, das auf Sand gebaut ist, hängen die Beziehungen eines harten Mannes davon ab, daß alle das Spiel mitmachen und so tun, als sei oberflächlich gesehen alles in Ordnung, als seien die Spannung und die Annehmlichkeiten, die er bietet, Ersatz genug für die verlorene Freude an echter Gemeinschaft. Wenn ein Ehepartner oder Freund jedoch das Stillschweigen bricht und den «harten Mann» um mehr bittet, dann explodiert die Beziehung wie ein Vulkan.

Hier nun läge auch eine große Chance, aber sie wird nur selten wahrgenommen. Entweder «bedauert» der explodierende Partner sein Verhalten und kehrt zur so bequemen oberflächlichen Stabilität zurück, oder die Beziehung nimmt nach heftigem Streit ein jähes Ende.

Die Mehrheit der Führungspersönlichkeiten, im weltlichen wie im christlichen Bereich, wird von Männern gestellt, die eher stark als einfühlsam sind (Position D). Jeder, der irgendwann Verantwortung übernehmen mußte, weiß um die Angriffe, denen man in führender Position ausgesetzt ist. Manchmal bekommt man den Eindruck, als müßten persönliche Empfindungen rücksichtslos betäubt werden, damit man überhaupt bestehen kann. Die Devise lautet: «Augen zu und durch.» Die netten Jungs, die empfindsamen Männer, die anderen nicht gern weh tun wollen und auch selbst nicht gern verletzt werden, bleiben auf der Strecke. Die Abgebrühten dagegen, deren «zarte Muskeln» wegen fortgesetzten Nichtgebrauchs verkümmert sind, schaffen es bis an die Spitze, und dort bleiben sie auch.

Natürlich muß jeder, der auf der Bühne steht, mit Kritik rechnen. Wenn ich meine Ansichten in der Öffentlichkeit ausbreite und damit andere beeinflussen will, dann müssen sie von diesen anderen auch untersucht und kritisiert werden können.

Leider scheint es aber häufig so, als sei die Kritik an den Leitern nur von Wut und Arroganz diktiert. Kritiker, die wegen ihrer Kritik an anderen selbst zu einflußreichen Persönlichkeiten werden, sind oftmals «härter» als die Leiter, die sie kritisieren. Es ist ihnen gar nicht bewußt, welche Wirkung sie auf andere haben. Sie walzen jeden nieder, der ihnen nicht zustimmt, und das mit einem Selbstvertrauen, das gerade auf den bedürftigen Mann, der sich wünscht, auch hart zu sein, sehr attraktiv wirken kann. Sie machen dem Leiter das ohnehin schwierige Leben noch schwerer.

Die meisten Leiter, vor allem Pastoren und Leiter christlicher Werke, haben das Gefühl, nicht anerkannt und nicht genügend geschätzt zu werden. Das kommt ihnen oft selbst kleinkariert und unreif vor, aber davon verschwindet das Gefühl nicht. Ein Pastor erzählte mir einmal mit Tränen in den Augen, wie sein Ältestenrat ihn gefragt hatte, ob er denn wirklich drei Wochen Urlaub brauche.

Oft scheint es keine andere Lösung zu geben, als eine Mauer um das eigene Herz zu errichten. Doch wem das gelingt, der verliert darüber die Fähigkeit, tiefe, reiche Gefühle zu erleben. Und gleichzeitig wächst das Bestreben, alles, was machbar ist, auch erfolgreich in den Griff zu bekommen.

Wo Zielstrebigkeit das Mitgefühl verdrängt und ersetzt, da wird ein Mann hart. Er opfert damit seine Fähigkeit, in das Leben eines anderen Menschen hineinzuwirken. Sein einziger Berührungspunkt mit der Welt der Leidenschaften ist dann oft der Sex. Etwas anderes kann er sich nicht vorstellen. Er lebt ständig am Rand des moralischen Abgrunds. Um von der sexuellen Sucht wegzukommen, ist aber mehr nötig als nur der Wille zur Selbstbeherrschung. Es braucht die erneute Bereitschaft, sich auch gegenüber Kritik zu öffnen, und das kann einem manchmal vorkommen, als sollte man seinen Kopf auf den Schlachtblock legen.

Wenn ein solcher Mann jedoch verhärtet bleibt und sich weiter vor jeder möglichen Verletzung schützt, dann wird er mit der Zeit mehr von dem Wunsch beherrscht werden, immer nur hart zu sein, als davon, seinem Ruf treu zu bleiben und Gottes Wesen widerzuspiegeln.

Und wenn die Menschen, die ihm am nächsten stehen, nicht ehrlich mit ihm darüber reden, wie sehr die zunehmende Distanz sie eigentlich verletzt, dann ist die Gefahr groß, daß er sich noch weiter vom Zentrum entfernt und zu einem Mann entwickelt, der nur noch von dem großen Bedürfnis beherrscht wird, hart zu wirken (Position E).

Dabei erscheint ihm das so nötig und durchaus gerechtfertigt. Ich habe schon manchen Pastor so leiden sehen, daß ich mir beinahe gewünscht hätte, er könnte abstumpfen und hart werden, damit er überhaupt eine Chance hat. Aber auch wenn das kurzfristig Erleichterung bringen würde, so wäre es auf lange Sicht gesehen doch ein Fehler. Harte Männer zerstören Beziehungen; sie zerstören andere Menschen, weil sie von ihnen verlangen, zu funktionieren, ohne daß sie ihrer Seele Nahrung bieten können.

Frauen, die in einer Beziehung zu einem harten Mann stehen, haben typische Nöte. Sie

- kommen sich oft unerwünscht vor. Sie haben das unbestimmte Gefühl, sie seien häßlich. Anders können sie es sich nicht erklären, warum der harte Mann sie nie zu brauchen scheint.
- sehnen sich nach etwas oder jemandem, der oder das sie so berührt, daß das tiefe Gefühl der Einsamkeit gelindert wird.

Zwar sind die Opfer harter Männer selbst dafür verantwortlich, wie sie sich verhalten. Daß sie an der Situation leiden, dafür können sie jedoch nichts. Sie sind darum anfällig für

1. Depressionen: «Was habe ich denn schon vom Leben? Warum soll ich mich überhaupt um eine gute Beziehung oder um eine Besserung bemühen?»
2. Ängste: «Ich muß mich zusammenreißen und mich selbst beherrschen, dann ist alles gut. O nein! Was passiert bloß, wenn ich nicht mehr kann?»
3. Süchte: «Auf die Dinge, die mir helfen, mit meiner Einsamkeit fertig zu werden, kann ich nicht verzichten, auch wenn ich weiß, daß sie nur für kurze Zeit Erleichterung bringen.»

Harte Männer ändern sich kaum, solange sie nicht erkennen, was für eine negative Wirkung sie auf andere haben. Deshalb ist es für Menschen, die mit harten Männern zu tun haben, so überaus wichtig, ihren ganzen Mut zusammenzunehmen und ihre Partner immer wieder darauf hinzuweisen, welche Auswirkungen ihr hartes Verhalten auf andere hat.

Der im guten Sinne starke Mann unterscheidet sich vom harten so, wie der wirklich empfindsame sich vom schwachen unterscheidet. Drei Dinge haben alle harten Männer gemeinsam, auf denen ihre Härte sich gründet.

Erstens: ihre *Unsicherheit*. Harte Männer müssen sich selbst beweisen, weil sie nicht sicher sind, was es bedeutet, Mann zu sein. Sie müssen ihre Macht demonstrieren, um etwas zu zeigen, wovon sie sich gar nicht sicher sind, ob sie es überhaupt besitzen. Starke Männer dagegen empfinden kaum das Bedürfnis, ihre Stärke vorzuführen. Sie wissen um ihre Macht und setzen sie nur dann frei, wenn sie damit einem guten Zweck dienen können.

Zweitens: ihre *Oberflächlichkeit*. Wenn man ihr Kompetenzgehabe und ihren Charme erst einmal durchschaut hat, dann sind die harten Männer gar nicht mehr sonderlich interessant. Sie haben kein besonderes Gespür dafür, was in ihnen selbst oder in anderen vorgeht. Das einzige Gefühl, das sie wirklich kennen, ist ihr Vergnügen an der Macht. Starke Männer hingegen haben keine Angst davor, der Wirklichkeit ins Auge zu sehen, auch wenn sie dabei unangenehme Dinge über sich selbst oder andere erfahren. Starke Männer erinnern sich an Gott, und ihr Wort bringt Hoffnung selbst in die dunkelste Nacht.

Drittens: *Mißverständnisse*. Der harte Mann hat nicht begriffen, was wahres Mannsein wirklich ist. Mitgefühl und Empfindsamkeit hält er für Schwäche. Macht und Stärke sind für ihn dasselbe. Starke Männer dagegen wissen, daß Offenheit und Feingefühl die Tür zu geheimnisvollen Räumen öffnen, die zu betreten Mut erfordert. Doch der Wunsch, mutig zu sein, ist größer als die Angst vor dem Dunkel. Stärke, das ist für sie kontrollierte, nicht zur Schau getragene Macht.

Harte Männer haben Angst vor fremden Räumen. Sie wissen, daß ihre Macht den unsichtbaren Mächten, die in der Dunkelheit hausen, nicht gewachsen ist. Deshalb halten sie sich von der Dunkelheit fern, indem sie nie so etwas wie Feingefühl entwikkeln. Und mit dem Bestreben, allem Geheimnisvollen aus dem Weg zu gehen, wächst auch der Wille, alle Probleme, die sich ihnen stellen, erfolgreich zu lösen. Ihre Macht degeneriert zu noch egoistischeren, noch zerstörerischen, noch böswilligeren Formen der Härte.

Wir alle befinden uns irgendwo zwischen Position A und Position E, entweder rechts oder links von der Mitte. Gewissenlose Vergewaltiger sind ein extremes Beispiel für Macht minus Mitgefühl. Der Pornofan, der Familie und Achtung für eine weitere Peepshow opfert, steht am anderen Ende. Er lebt für die sofortige Linderung des Schmerzes, den Gefühl ohne Stärke hervorbringt. Die meisten Leser dieses Buches sind wohl irgendwo zwischen diesen beiden Extremen einzuordnen. Aber keiner liegt genau in der Mitte.

Warum? Warum finden wir kein Beispiel für Position C – außer einem? Warum kommen so wenige diesem Idealbild auch nur nahe? Warum schafft die moderne Kultur lediglich erreichbare Männerbilder, die uns vormachen, eigentlich stünden wir doch gar nicht so schlecht da, so daß wir dann andere ermuntern, sich mit ebensowenig zufriedenzugeben?

Männer mit ausgeprägtem Gefühlsleben bitten andere, für sie

da zu sein. Und wenn niemand darauf eingeht, zumindest nicht vollkommen, dann werden sie empfänglich für «passive» Perversionen: Pornographie, den Zwang zu masturbieren, Phantasien von Frauen, die ihnen alle Wünsche erfüllen, Träume von einem Lottogewinn. Männer, die tapfer drauflosgehen, aber ohne Rücksicht auf sich selbst oder andere, spüren eine andere Art von Leere, die sie zu «aggressiven» Perversionen hinzieht: Verführung, Sadismus, Mißbrauch, Wohlstand und Ruhm.

Wir sind wirklich ein ziemlich kaputter Haufen. Niemand schafft es richtig. Warum?

Die Antwort führt uns natürlich zurück zu 1. Mose 3, als Adam sich weigerte, den Mund aufzutun. Seitdem ist das Bild seines Mannseins in jedem Mann, der auf natürliche Weise empfangen wurde, entstellt. Die Tatsache, daß das Problem vererbt ist, sollte uns aber nicht dazu verleiten, uns aus der Verantwortung zu stehlen.

Wir müssen der Wahrheit ins Auge sehen, daß wir selbst dafür verantwortlich sind, wenn wir nicht voll Mitgefühl und Stärke reden. Und die Erkenntnis, daß wir dem Drang zu schweigen aus eigener Kraft nicht widerstehen können, sollte uns zur Verzweiflung treiben. Wenn wir das erkannt und eingesehen haben, dann werden wir daran zerbrechen, wir werden unsere Schuld bekennen und bereuen und dann wieder neu Vertrauen fassen. Wenn wir uns diesen Wahrheiten nicht stellen, dann heißt das, wir halten an der liebgewonnenen Illusion fest, daß die Dinge zwar nicht zum Besten stehen, aber doch auch nicht so schlecht sind, daß wir Gottes Hilfe in Anspruch nehmen müßten.

Den Männern fehlt etwas. Uns fehlt der Mut und der Glaube, mit lebenspendender Kraft in die Dunkelheit hineinzusprechen. Und dieser Mangel muß als Sünde erkannt werden.

Die Sünde ist der Kern all unserer Probleme. Das ist die einfache, schreckliche Wahrheit. Nichts kann «erklären», warum wir sündigen. Aber die Tatsache, daß wir sündigen, muß der Ausgangspunkt sein, wenn wir über unsere Probleme nachdenken wollen. Es gibt jedoch noch eine zweite Stufe zum Verständnis. Sie basiert auf der Erkenntnis, daß alle unsere Probleme letztlich auf den Sündenfall zurückzuführen sind. Und auf dieser zweiten Stufe kommen auch die Beziehungen eines Mannes zu anderen Männern ins Spiel.

Seit dem Sündenfall gibt es nichts, was einen größeren Einfluß auf das Leben des Mannes haben könnte, als der Kontakt zu anderen Männern, zu älteren ebenso wie zu gleichaltrigen. Zu älteren Männern, deren Leben wir beobachten konnten und die einen Einfluß auf uns hatten, vor allem in den entscheidenden Jahren des Heranwachsens. Und zu Gleichaltrigen, zu Freunden und Bekannten, mit denen wir unsere Freizeit verbringen, Erfahrungen austauschen und denen wir Dinge erzählen, die wir niemandem sonst sagen würden.

Uns kann geholfen werden. In Teil 3 werde ich ausführlich darauf eingehen, wie die Beziehung zu Vätern und Brüdern uns helfen kann, den verlorenen Traum vom Mannsein wiederherzustellen.

Teil 2:

Ein Schlußwort

Nicht viele Männer erleben, was Mannsein in seiner ganzen Bedeutung ausmacht. Nur zwei der Männer, die aus Ägypten entkommen konnten, überquerten den Jordan und erreichten das Gelobte Land. Die anderen wanderten ziellos durch die Wüste, bis sie starben.

Der Weg zu echter Reife beginnt mit einem ehrlichen Blick auf unsere Beziehungen. Welche Wirkung haben wir auf andere Menschen? Wie würden unsere Frauen, Kinder oder Freunde die Beziehung zu uns beschreiben, wenn sie den Mut hätten, darüber zu reden? Wirken wir bedürftig und verlangen, daß andere für uns da sind? Haben die anderen immer das Gefühl, sie müßten uns richtig behandeln? Oder erleben sie uns als hart? Als so stark, daß wir andere gar nicht brauchen? Als so distanziert, daß wir Nähe weder geben noch von anderen erwarten?

Weil uns der Mut fehlt, uns mit diesen Geheimnissen auseinanderzusetzen, werden wir entweder von dem Gefühl unserer eigenen Bedürftigkeit oder dem Wunsch, stark zu sein, beherrscht. Aber weder der bedürftige noch der harte Mann ist im eigentlichen Sinne ein echter Mann.

Teil 3

Männern kann geholfen werden

Eine Generation von Mentoren

Wir kommen auf dem Weg weiter vorwärts, wenn wir uns eingestehen, wie sehr wir uns nach einem Vater sehnen, einem Mann, der vor uns hergeht, von dem wir erfahren können, wie das Leben sein kann, und der uns auffordert, ihm zu folgen. Genauso sollten wir unsere Bedürftigkeit nach einem Bruder wahrhaben, einem Gleichaltrigen, dessen Kämpfe und Mitgefühl uns Mut machen, uns ihm gegenüber zu öffnen und an seiner Seite zu gehen. Wenn uns die ernüchternde Erkenntnis trifft, und das ist bei den meisten Männern der Fall, daß wir in diesem Sinne weder einen Vater noch einen Bruder haben, dann werden wir entweder verbittert, oder die Enttäuschung bewirkt, daß wir beginnen, von ganzem Herzen Gott zu suchen und selbst für andere Vater und Bruder zu werden. Die wenigen, welche die Freude hatten, sowohl eine gute Vater- wie auch eine gute Bruderbeziehung zu erleben, sind dazu aufgerufen, für diesen Segen nicht nur dankbar zu sein, sondern ihn auch anderen zukommen zu lassen.

Wenn der Mann von heute bereit ist, in die Dunkelheit hineinzublicken, sich an Gott zu erinnern und dann so zu reden, daß andere dadurch zum Leben ermutigt werden; wenn er bereit ist, den steilen, schmalen, langen Weg zum echten Mannsein zu gehen, dann wird vielleicht folgendes möglich: Vielleicht werden unsere Kinder, wenn sie erwachsen sind, es erleben, daß eine Generation von Älteren, von Mentoren, für sie da ist, von Männern, die ihnen und ihren Brüdern auf dem eigenen Weg Vater und Vorbild sein können.

Kapitel 12

Väter: Männer, die an uns glauben

Am schlimmsten war es kurz nach Mitternacht, wenn es mit dem Einschlafen wieder einmal nicht geklappt hatte. Dann lag er da, und die Gedanken machten sich selbständig. Zunächst ganz ruhig, aber dann kam der lange, quälende Aufstieg zu den gefürchteten Höhen, und plötzlich der Absturz, wilde Hektik und ein unkontrolliertes Durcheinander, bis ihm vor Angst fast das Herz stehenblieb.

Eines hatten die Gedanken immer gemeinsam: sie beunruhigten ihn. Da war der Anruf eines besorgten Lehrers wegen der schlechten Noten seines Sohnes. Was gab es da für Probleme? War sein Sohn faul? Schlecht erzogen? Rebellisch? Oder einfach nur langsam? Wie würde seine Zukunft aussehen?

Dann seine Tochter. Sie war nicht besonders hübsch. Und sie hatte zugenommen. Mit dreizehn aber war das Aussehen wichtig. Papas Kosenamen riefen nicht mehr dasselbe Lächeln hervor wie früher, als sie zehn war.

Und dann war da noch seine Frau. Kaum einen halben Meter von ihm entfernt und in tiefem Schlaf. Der Abstand, der ihre Herzen trennte, war jedoch weitaus größer. Wo war der Rausch der Liebe geblieben? Nach neunzehn Jahren Ehe schienen sie nur noch Äußerlichkeiten zu verbinden. Manchmal kam der Funke zurück. Aber nicht für lange. Wie würde die Ehe wohl in zehn Jahren aussehen, wenn die Kinder aus dem Haus waren? Würden sie sich wieder näherkommen? Würde er es schaffen, die Phantasien und die gelegentlichen Videos, zur Zeit die einzigen sexuellen Reize, aufzugeben?

Er sah auf den Wecker. Dreiundzwanzig nach zwölf. Seine Gedanken eilten weiter, obwohl er auf die Fragen, die ihn gerade gequält hatten, keine Antwort gefunden hatte. Geld. Das College für die Kinder. Sein Sohn würde es vielleicht gar nicht schaffen. Die Tochter *mußte* es schaffen – ihre Aussichten, einen

Mann zu finden, schienen nicht sehr rosig. Er hatte es so satt, das Geld immer einteilen zu müssen, jede Woche die zwanzig Dollar für die Ferienkasse zurückzulegen und sie dann doch für irgendwelche unerwarteten Ausgaben zu verbrauchen. Letztes Mal war es der Klempner gewesen. Eigentlich müßte er so etwas selbst können, eine Dichtung auswechseln.

Wieder machten die Gedanken einen Sprung. Die Arbeit war unbefriedigend. Mit seinem kaufmännischen Abschluß kam er nur bis auf die mittlere Führungsebene; weiter würde es nicht gehen. Aber würde er es durchhalten, noch zwanzig Jahre am selben Schreibtisch zu sitzen?

Wenn er soweit war, dann wußte er, was nun als nächstes kam. Es war bereits Routine. Er griff nach seinem Morgenmantel und der Bibel. Dann eilte er nach unten, bevor die Tränen kamen und er seine Frau aufweckte. Manchmal wünschte er sich zwar, sie würde es merken. Es wäre schön, getröstet zu werden, die Sorge in den Augen seiner Frau zu sehen, ihre Hand auf seiner Schulter zu spüren. Er hatte es früher schon erlebt, und es hatte ihm gutgetan. Aber es war nicht genug.

Aber nein, nicht heute. Er würde schon damit zurechtkommen. Er würde seine Sorgen vor den Herrn bringen; er würde sich Gottes Verheißungen ins Gedächtnis rufen und ihn bitten, ihn seine Nähe spüren zu lassen. Er würde den Mut aufbringen, sich dem Chaos und den Sorgen seiner Welt wieder neu zu stellen.

Er schaltete das Licht an und setzte sich. In den Sessel, in den er sich immer setzte. Und wie so oft kamen jetzt doch die Tränen. Er schluchzte. Er fiel auf die Knie und weinte, bis er nicht mehr konnte. Ob seine Frau ihn wohl hörte? Auf jeden Fall kam sie nicht nach unten.

Dann setzte er sich wieder in seinen Sessel und schlug die Bibel auf. Er las ein paar Minuten und merkte, wie seine Gedanken zu seinem Vater wanderten. Er hob die Augen von der Buchseite und ließ den Gedanken freien Lauf.

Plötzlich schossen ihm Worte durch den Kopf, als sei auf einmal eine Leuchtreklame angeknipst worden: «Wie bei Vater!»

Geschichten und Bilder fielen ihm ein: Vaters Krankheit, die ihn damals für zwei Jahre berufsunfähig machte, dabei hatte er drei kleine Kinder unter zehn Jahren zu versorgen; Mutter, die nun arbeiten mußte und sich nie beschwerte, obwohl sie immer unsäglich müde aussah; Vater, wie er sich bemühte zu lächeln, aber manchmal stundenlang allein spazierenging; die Familie, wie sie im Schlafzimmer gemeinsam zum Gebet niederkniete.

Er konnte die Stimme seines Vaters hören: «Bald kann ich wieder arbeiten, Schatz. Gott sorgt für uns. Dann kannst du wieder zu Hause bleiben.»

Dann kam die Arbeit, und Vater verdiente gut. Alles wurde besser, leichter, glücklicher. Aber sein Vater wirkte immer noch bedrückt. Er konnte die gelegentliche Spannung zwischen seinen Eltern spüren. Er fand nie den Grund heraus. Aber die Zärtlichkeiten wirkten manchmal gezwungen.

Da waren andere Erinnerungen an seinen Vater: ein paar Krankenhausaufenthalte; das übliche Auf und Ab; der volle Terminkalender; die Kinder. Fünf Jahre lang Anrufe von der Schule, die Polizei an der Haustür, Vorladungen zum Gericht. Dann das Ausscheiden aus dem Ältestenrat der Gemeinde. Es war so peinlich gewesen und hatte weh getan. Er konnte gar nicht zählen, wie oft sein älterer Bruder den Eltern wohl das Herz gebrochen hatte. Er sah noch die Tränen seines Vaters und hörte seine Gebete.

Das Bild, wie Vater bei Tisch gebetet hatte, erschien vor seinem Auge, den Kopf gesenkt, in der ruhigen Stimme manchmal ein leises Zittern: «Himmlischer Vater, laß uns weiter auf deine Güte trauen. Danke für deine Treue in Christus. Hilf uns, daß wir alle dir treu nachfolgen.»

Die Worte leuchteten wieder auf: «Wie bei Vater!» Und sein Vater hatte es geschafft. Er war nicht immer glücklich – nein, manchmal war es bedrückend, in seiner Nähe zu sein –, aber er machte weiter; nie wäre es ihm in den Sinn gekommen, sich seiner Verantwortung zu entziehen. Und nie gab er die Hoffnung für den verlorenen Sohn auf.

Jetzt war er vierundsiebzig. Erst kürzlich war seine Frau nach monatelangem Leiden gestorben, und er trauerte um sie. Er war noch immer nicht besonders redselig, aber ihn umgab eine Ruhe, die nicht nur aus der Resignation kam. Er schien voller Hoffnung zu sein – nicht immer, aber wenn, dann spürte man es. «Das Beste kommt noch», sagte er gern. Vater war echt. Seine Liebe zu Jesus schien stärker als je zuvor.

Wenn er betete, dann gebrauchte er noch immer dieselben Worte, aber sie schienen jetzt ernster. Der gesenkte Kopf, die leise Stimme mit dem gelegentlichen Zittern: «Himmlischer Vater, laß uns weiter auf deine Güte trauen. Danke für deine Treue in Christus. Hilf uns, daß wir alle dir treu nachfolgen.»

Er hatte schließlich miterleben dürfen, wie sein älterer Sohn zu Gott zurückfand – nach zwei Scheidungen, die beide auf Ehebruch seinerseits zurückzuführen waren. Und das jüngste Kind seiner Tochter, seine einzige Enkelin, hatte in ihrem dreijährigen Leben schon vier Operationen über sich ergehen lassen müssen. Es gab keine Garantie für die Zukunft.

Aber Vater war den Weg gegangen und ging ihn immer noch – nach siebzig Jahren. Vater hatte es geschafft.

Um zwei Uhr morgens schlug er die Bibel wieder zu. Er zögerte, dann senkte er verschämt den Kopf und betete, und in seiner Stimme schwang ein leises Zittern: «Himmlischer Vater, laß uns weiter auf deine Güte trauen. Danke für deine Treue in Christus. Hilf uns, daß wir alle dir treu nachfolgen.»

Er ging zurück ins Bett und war bald eingeschlafen. Seine Frau war nicht aufgewacht.

*

Ein von Gott geprägter Vater vermittelt seinem Sohn drei Botschaften:

1. «Du kannst es schaffen.»
2. «Du bist nicht allein.»
3. «Ich glaube an dich.»

Die meisten Männer meiner Generation haben von ihren Vätern keine dieser Botschaften empfangen. Und ihren Herzen fehlt etwas.

Wenn Schwierigkeiten kommen, dann braucht es Mut. Das Dunkel erscheint so dicht und undurchdringlich. Die Zukunft ist finster. Doch zu viele Männer finden in ihren Vätern kein Beispiel, wie man mit diesen Dingen umgeht. Sie haben kein Vorbild, das in ihnen den Wunsch wecken könnte, ein guter, starker, rechtschaffener, liebender Mann zu werden.

Vielleicht geht das gar nicht, denken sie. Niemand hat ihnen den Weg gezeigt. Niemand hat ihnen vorgelebt, daß man es schaffen kann.

Aufgeben, Kompromisse schließen, sich ein paar Augenblicke einem billigen Vergnügen hingeben, um den Schmerz zu lindern, das wäre doch gar nicht so übel. Vielleicht ist es ja wirklich besser, einen breiteren, bequemeren Weg zu suchen als den schmalen, auf dem wir uns bisher abgequält haben. Und sowieso, wen interessiert das denn? Was haben wir zu verlieren? Nehmen wir einmal an, wir tun wirklich etwas Ungewöhnliches. Viele werden ihren Kopf schütteln und sagen: «Hast du schon gehört, was mit Thomas los ist? Ehrlich gesagt war er mir schon immer ein Rätsel. Ich frage mich, ob er je richtig bekehrt war. Aber jetzt – wer hätte das gedacht! Ich habe gehört, daß seine Frau nicht damit fertig wird. Wahrscheinlich lassen sie sich scheiden.»

Aber im Grunde wird sich niemand darum kümmern. Niemand wird das Gespräch mit uns suchen und uns mit Augen ansehen, aus denen Hoffnung spricht. Das tut weh. Und es bedeutet auch, daß die Freundschaften, die wir jetzt noch pflegen, weniger wert sind.

Wenn ein Vater seinem Sohn gegenüber versagt, dann bedeutet das, daß dieser Sohn in seinem Leben mit Dingen zu kämpfen haben wird, die eigentlich gar nicht sein sollten. Mancher Mann sieht nie am Leben eines anderen, daß es möglich ist, zu größerer Reife zu streben, ganz egal, was das Leben bringt, daß er wichtig ist und immer wichtig sein wird, daß ihn ein anderer von ganzem Herzen liebt und daran glaubt, daß er es schaffen kann. Im Herzen eines Mannes, der diese Bestätigungen nie erhält, entsteht eine tiefe, schmerzhafte Leere. Ihm fehlt etwas, das eigentlich da sein sollte – und das da wäre, wenn sein Vater ihm wirklich Vater gewesen wäre.

Dieses Kapitel ist ein Aufruf an die Männer. Zweierlei ist zu tun. Zunächst sollten wir einmal ehrlich das Verhältnis zu unserem eigenen Vater betrachten. Wenn es für uns enttäuschend war oder immer noch ist, dann sollten wir das zugeben. Stellen Sie sich dem Kummer. Weinen Sie darüber. Übertünchen Sie ihn nicht mit fromm klingenden Floskeln: «Nun, er hat getan, was er konnte.» «Ich bin ja froh, daß es nicht schlimmer war.» «Wenn Gott es zugelassen hat, dann wird es sicher einen Sinn haben.» Sehen Sie den Dingen ins Auge. Wenn Sie ehrlich sind, dann müssen Sie zugeben, daß es Ihnen anders lieber gewesen wäre. Sie wünschten jetzt noch, es wäre anders, aber Sie wissen nicht, was Sie tun könnten, damit es besser wird. Das tut weh.

Wenn Sie sich den Dingen stellen, so wie sie sind, dann wächst in Ihrem Herzen vielleicht der Wunsch, den *himmlischen* Vater kennenzulernen. Das kann allerdings nur geschehen, wenn aus dem Schmerz nicht unversehens eine Bitterkeit wird, die man dann nicht weiter beachtet. Die Erkenntnis, daß Sie sich nach einem echten Vater sehnen, könnte Ihnen den Blick öffnen für die Männer, die Ihnen in Ihrem Leben auf die eine oder andere Art Vater gewesen sind, sicher nicht perfekt und vollkommen, aber doch auf die eine oder andere Weise spürbar. Vielleicht war das ein Großvater, ein Onkel, der Jugendleiter, ein Lehrer, ein Fußballtrainer. Vielleicht erkennen Sie auch in Jeremia oder Elia, in Hiob oder Petrus einen geistlichen Vater. Sie waren Männer, die kämpften, die versagten, die sich verloren und verlassen vorkamen und die in Anfechtungen und Prüfungen Gottes Treue erfuhren – Männer, die mit ihrem Leben bezeugen, daß es zu schaffen ist. Aber prüfen Sie zunächst einmal ganz ehrlich die Beziehung zu Ihrem Vater. Das ist der erste Schritt.

Dann aber versuchen Sie einen Blick dafür zu entwickeln, was Sie selbst anderen Männern bedeuten können, vor allem jüngeren, die Ihnen auf dem Weg folgen. Die Leere, das Fehlen eines von Gott geprägten Vaters wird damit nicht gutgemacht. Es kann sogar sein, daß der Schmerz dadurch noch intensiver empfunden wird. Aber er wird mit einem Sinn umgeben. Und das schenkt Freude, jene einzigartige Freude des Christen, die auch im Leiden trägt; eine seltsame Freude, die nicht so sehr dem ähnelt, was ein Kind an Weihnachten empfindet, sondern Mut macht für die Zukunft.

Studenten zum Beispiel könnten für Gymnasiasten zum Mentor werden. Sie könnten sich für sie Zeit nehmen, mit ihnen Pizza essen gehen, über Mädchen, die Noten und anderes sprechen, mit ihnen Fußball spielen, Autos reparieren oder am Computer sitzen. Männer, die selbst Kinder haben, haben die Gelegenheit und auch die Verantwortung, jene dreifache Botschaft an die eigenen Nachkommen weiterzugeben. Männer ohne Kinder (ob verheiratet oder Single) und ältere Männer, die ihre Kinder vielleicht nur einmal im Jahr sehen, können anderen Männern in ihrer Gemeinde zum geistlichen Vater werden. Dieses Kapitel will Ihnen die Augen dafür öffnen, was Sie für die Männer, die Ihnen zusehen, sein könnten.

Drei Kennzeichen eines von Gott geprägten Vaters

Ein von Gott geprägter Vater ist ein Mann, der weiß, was er seinen Kindern bedeutet. Die überwältigende Freude über das, was er für Gott wirken kann, läßt ihn demütig werden; beim Gedanken an den Schaden, den er anrichten kann, erschrickt er. Er ist begeistert, aber er hat auch Angst. Doch weil er auf Gott vertraut, überwiegt die Freude.

Es ist ihm ein Anliegen, seinen Sohn durch sein Beispiel und hin und wieder sein Wort zum echten Mannsein zu führen. So wie eine Frau in den Wehen liegt, wenn sie ein Kind bekommt, so kämpft er, um seinen Sohn auf den richtigen Weg zu bringen. Es geht ihm dabei wie Gott selbst, der erklärt: «[Ich will] schreien wie eine Gebärende, ich will laut schreien und rufen» (Jesaja 42,14), wenn er kommt, um Recht zu schaffen und sein Volk für sich zu gewinnen.

Ein frommer Vater wird vor allem von dem Wunsch getrieben, seinem himmlischen Vater zu gefallen. Er will dem Sohn Gottes ähnlicher werden und sich dem Heiligen Geist zur Verfügung stellen. Aber der Auftrag, sein Wissen von Gott an die nächste Generation weiterzugeben, ist fast ebenso stark. Dabei zeichnen ihn vor allem drei Dinge aus.

Kennzeichen 1: Er geht vor den Augen seines Sohnes einen guten Weg, damit dieser sieht: «Man kann es schaffen.»

Dabei zieht er keine Schau ab. Er versucht nicht, seinem Sohn zu imponieren. Er geht einfach den Weg, den Gott ihm zeigt, weil er Gott vertraut. Selbst wenn es keine Beweise gibt, um seinen Glauben zu erhärten, hält er an dem fest, was er von Gott als wahr erkannt hat. Er hat Gott durch sein Wort reden hören, und er glaubt, was Gott sagt.

Ein gottgefälliger Vater ist ein Mann des Glaubens, dessen Sorgen, so groß und unüberwindlich sie auch sein mögen, die Freude nicht auslöschen können (zumindest nicht für längere Zeit); der seine Fehler nie benutzt, um damit seine Strenge zu rechtfertigen; der trotz mancher Kämpfe und obwohl er manchmal am liebsten aufgeben würde, nie unterliegt. Ohne es zu wissen, hat er eine ganz besondere Ausstrahlung. Nicht viele bemerken sie, aber einige sind geblendet vom Glanz seiner Hingabe an Christus, einer Hingabe, die sie mit Ehrfurcht erfüllt.

Wenn er erfährt, daß sein Leben seinem Sohn Mut macht, denselben Weg zu gehen, dann ist er überrascht – und dankbar. Es verblüfft ihn, wenn andere wohlwollend von seinem guten Einfluß reden. Es geht ihm so sehr um die Herrlichkeit Jesu, daß er gar nicht spürt, daß ein wenig davon auf ihn abgefärbt hat.

Ein gottgefälliger Vater muß niemandem etwas vormachen. Das Leben ist nicht leicht, und er weiß es. Dornen und Disteln stechen auch ihn, manchmal fließt ein wenig Blut, und das Unkraut ist nicht einzudämmen. Das Leben außerhalb des Gartens Eden ist oft schwierig und manchmal wirklich schrecklich. Wer ihn beobachtet, sieht, daß er zu kämpfen hat.

Manchmal scheint ihm sein Versagen größer als das Wachstum. Frag einen reifen Mann, ob er reif sei, und er wird schnell das Thema wechseln. Wenn er über sich selbst nachdenkt, dann staunt er jedesmal neu darüber, daß Gott noch Freude an ihm hat, und er ist betrübt, daß Gott dafür seinen Sohn opfern mußte.

Ein gottgefälliger Vater ist ein Geschichtenerzähler. Er bringt anderen etwas bei, aber eher durch seine Geschichten als durch lange Vorträge. Er weiß, daß Lektionen, die in Geschichten eingepackt sind, besser eingehen und länger haften bleiben. Er erzählt Geschichten von Kinderträumen, die der harten Realität des Erwachsenenlebens weichen mußten.

So schrieb mein Vater mir kürzlich in einem Brief:

> Eine Erinnerung ist noch sehr lebendig. Es war an meinem zwölften Geburtstag. Es machte mir großen Eindruck, daß ich nun bald ein Teenager sein würde. Dreizehn schien so erwachsen; die nächste Etappe war schließlich zwanzig. Und ich hatte gehört, daß manche Männer schon mit zwanzig heirateten.
>
> Ich saß mit Mutter auf der hinteren Veranda eines großen Herrschaftshauses in Chestnut Hill. Tante Lily war dort Gouvernante, und man hatte ihr erlaubt, Mutter für den Sommer einzuladen, während die «Herrschaft» auf Europareise war. Ich versuchte Mutter zu erzählen, wie ich für sie sorgen würde, wenn ich erst einmal erwachsen war. Wir wohnten damals in dem Haus in der Baynton Street, und ich stellte mir Mutter in dem Herrschaftshaus vor, in dem wir den Sommer verbrachten, und mich als den Ernährer. Kinderträume!
>
> So ist es im Leben: Vor der harten Wirklichkeit müssen die Träume weichen.

Diese Geschichte meines Vaters zeigt mir, daß auch er Träume hatte, genau wie ich. Einige seiner liebsten Träume wurden zerschlagen, aber bis heute folgt er Gott und lebt im Glauben.

Gottgefällige Väter erzählen andere Geschichten: von hehren Träumen, die Wirklichkeit wurden, von Siegen wie von Niederlagen, von Gottes Hand in ihrem Leben, von jenen seltenen Augenblicken, in denen ein Blick auf Christus sie für alles andere blind machte, und von jenen häufigen Momenten, in denen das Leben viel zu schwer erschien.

Wenn ein jüngerer Mann diese Geschichten hört, wenn er den älteren seinen Weg gehen sieht, dann erkennt er vielleicht, daß all seine eigenen Kämpfe schon von anderen gekämpft wurden. Ein Funke Hoffnung erfüllt auf einmal seine müde Seele und schenkt ihm neue Freude und neuen Mut.

«Man kann es schaffen!» ruft der jüngere. «Er hat es geschafft. Sieh doch nur. Er hat alles, was ich erlebe, auch schon durchgemacht, er hatte mit denselben Ängsten, denselben Nöten und Fehlern zu kämpfen wie ich, er hatte dieselben Fragen und hat dasselbe Schweigen erlebt, das mich so rasend macht. Und trotzdem vertraut er noch immer auf Gott. Er hat es geschafft. Es ist also möglich.»*

Kennzeichen 2: Er dreht sich hin und wieder um und sieht nach seinem Sohn, damit dieser weiß: «Du bist nicht allein.»

Ein gottgefälliger Vater geht einen guten Weg, und er weiß, daß sein Sohn ihm im Abstand von rund dreißig Jahren folgt. Der Sohn beobachtet den Vater von hinten und hört, ohne daß sie miteinander reden müßten, die Botschaft: Es ist zu schaffen.

Hin und wieder jedoch, ganz unverhofft und so unberechenbar, daß es schon beinah ärgerlich ist, bleibt ein guter Vater stehen, dreht sich um und sieht seinen Sohn an. Vorher spürt der Sohn den Abstand zwischen sich selbst und seinem Vater: zwar nicht kalt und leer, aber auf jeden Fall ist er da. Er möchte mehr von seinem Vater hören als nur die Botschaft, die sein Beispiel übermittelt, die Botschaft, daß es tatsächlich möglich ist, der Berufung als Mann treu zu bleiben. Er möchte ernst genommen, gehört, beachtet werden. Er möchte wissen, daß der Mann, der ihm beim Fußballspiel zugejubelt und stolz das Abschlußzeugnis in der Hand gehalten hat, an seinem Leben noch immer Anteil nimmt, sich für ihn interessiert, ihn noch immer im Herzen hat. Es gibt für einen erwachsenen Sohn nichts Größeres als das

* Hier ist auf eine große Gefahr hinzuweisen. Oft meint ein Sohn, er könne nicht besser werden als sein Vater. Aber auch jeder Vater, der es «geschafft» hat, ist in Gottes Augen mit manchem Mangel behaftet. Nur der eine, vollkommene Mensch – Jesus – hat es je «geschafft». Wir aber sind dazu aufgerufen, ihm ähnlich zu werden und nicht unseren irdischen Vätern. Gott selbst gibt uns die Kraft, Christus ähnlich zu werden, manchmal in einer Art, von der unsere leiblichen Väter nicht einmal etwas ahnten. Bleiben Sie darum, wo es um Ihre eigene Entwicklung geht, nie beim Bild Ihres irdischen Vaters stehen.

Wissen, daß sein Vater für ihn betet, vor Gott seinen Namen nennt und über die Kämpfe und Schmerzen im Leben seines Sohnes – und auch die Freude über den Sieg – Bescheid weiß.

Wenn der Vater sich nach dem Sohn umdreht, dann löscht sein Blick jeden Zweifel aus: «Vater kümmert sich noch immer um mich. Ich bin nicht allein!»

Ein gottgefälliger Vater wendet sich seinem Sohn zu – vielleicht mit einem Brief, einem Anruf, einem Besuch, doch nicht um ihn zu belehren oder zu ermahnen. Auch das kann nötig sein, wichtig ist dem Vater jedoch das Zuhören. Wenn er sich umdreht, dann redet er nicht, er lädt ein. Selbst die Briefe, in denen er sich einen guten Rat nicht verkneifen kann, sind eher Vorschläge als Anweisungen. Er achtet das Recht und die Pflicht seines Sohnes, eigene Entscheidungen zu treffen.

Wenn ihre Blicke sich begegnen, dann hat der Sohn, noch ehe sie ein Wort wechseln, das Gefühl, gehört zu werden. Vielleicht hat sich der Vater gerade jetzt – und nicht früher – umgedreht, weil er gespürt hat, daß sein Sohn reden will. Gottes Geist läßt einen liebevollen Vater oft an seinen Sohn denken, und dann greift er zum Telefon. Ich kann mich noch gut an den Abend erinnern, als mein Vater anrief und sagte: «Ich mußte gestern abend ständig an dich denken. Ich nehme an, daß Gott mich an dich erinnern wollte. Gibt es irgend etwas, wofür ich beten sollte?»

Ein gottgefälliger Vater denkt oft an seinen Sohn. Manchmal kommen die Gedanken mit solcher Macht, daß er stehenbleibt und sich umdreht. Und wenn er sich umdreht, dann beugt er sich zu seinem Sohn hinüber, als wollte er sagen: «Ich will nicht eines deiner Worte verpassen.»

Genauso tut Gott es mit seinen Kindern, die an ihn denken. «Der Herr merkt und hört es» (Maleachi 3,16). Er merkt auf die Stimme, die zu ihm dringt, und beugt sich herab, um ihr zuzuhören.

Seine Botschaft dabei ist klar: «Du bist niemals weit weg aus meinen Gedanken, und du bist immer in meinem Herzen. Ich bin bei dir. Du bist nicht allein!» Ein gottgefälliger Vater vermittelt einen Vorgeschmack auf den himmlischen Vater, der uns immer hört, auf den Gott, der alle Tränen in einem Krug sammelt und sie für den Tag aufbewahrt, an dem er uns den Sinn all der Anfechtungen offenbaren will, die er uns hätte ersparen können.

Der Sohn hört die Botschaft, die ein gottgefälliger Vater ihm vermitteln will: «Du bist nicht allein. Ich höre zu. Ich höre dein Schreien. Ich habe dir nie in allen Einzelheiten von meinem Kampf gegen Lust, Geiz und Stolz erzählt, und du hast mir nie etwas von deinem gesagt. Aber ich weiß, daß es ihn gibt. Mich kann nichts schockieren. Ich bin doch auch ein Mann. Und nichts kann dich von Gottes Liebe trennen. Seine Gnade ist soviel größer als unsere Sünde, wie die Erde größer ist als ein Sandkorn. Wir sind beide gefallene Männer, die noch immer unter der Macht der Sünde leben. Ich weiß, das Leben ist hart, manchmal schrecklich und allzuoft schmerzhafter, als Worte beschreiben können. Ich leide mit dir in deinen Geldsorgen, den beruflichen Enttäuschungen und familiären Problemen. Ich spüre die Last deiner unbeantworteten Fragen und Gebete; ich weiß um die Finsternis, die dich oft umgibt. Aber ich kenne auch die Verheißungen Gottes. Deshalb kann ich von deinen Problemen hören, ohne gleich den Kopf zu verlieren oder dir zu Hilfe zu eilen. Aber in deinen Freuden und Sorgen bin ich bei dir!»

Das ist die Botschaft im Blick des Vaters. Und im Gegenzug ist der Sohn bereit zu reden. Er berichtet nicht jede Einzelheit – manche Dinge bespricht man besser mit einem Bruder –, aber was er sagt, wird gehört.

Nichts hilft einem angefochtenen Mann mehr als das Wissen, daß jemand bei ihm ist, dem an ihm liegt, der weder Anerkennung noch Wertschätzung sucht, sondern einfach da ist und aufmerksam und voller Anteilnahme zuhört. Und während der Sohn so mit dem Vater redet, findet er den Mut, auf dem finsteren Pfad weiterzugehen. Denn er weiß, sein Vater ist diesen Weg schon gegangen und ist jetzt in Gedanken voll und ganz bei ihm.

Kennzeichen 3: Er geht weiter vorwärts, im Vertrauen, daß Gott auch seinen Sohn führen wird. Damit sagt er: «Ich glaube an dich!»

Ein gottgefälliger Vater hört nicht immer nur zu. Unser großer Hoherpriester kann das tun, ein menschlicher Vater jedoch nicht – und er sollte es auch nicht. Wenn er zu lange zuhört und sich zu sehr von den Sorgen seines Sohnes gefangennehmen läßt, dann gibt er entweder zu viele Ratschläge, oder er wird selbst mutlos, zynisch oder zornig. Vielleicht schickt er Geld und raubt seinem Sohn damit eine wichtige Gelegenheit zu wachsen, oder er erteilt Ratschläge, die einen Machtkampf herbeiführen: «Tu lieber, was ich sage, sonst geht die Sache bestimmt schief!»

Gottgefällige Väter haben Wichtigeres zu tun, als ihren Söhnen zuzuhören. Für kurze Zeit mag das Hören wichtig sein. Vor allem aber muß im Leben des Vaters deutlich werden, daß er fest entschlossen ist, auf dem schmalen Weg weiterzugehen, ob sein Sohn ihm nun folgt oder nicht.

Ich weiß noch, wie ich in einer schwierigen Situation einmal zu einem meiner Söhne sagte: «Du kannst mir das Herz brechen, aber mein Leben kannst du nicht zerstören. Ich folge Christus, egal was du tust. Mein Leben ist in Christus verborgen. Du bist wichtig, aber du hast keine Macht über mich.»

Wenn ein gottgefälliger Vater sich anschickt weiterzugehen und wenn ihm dabei klar ist, daß er sich nicht von seinem Weg abbringen läßt, weist er damit auch seinem Sohn den angemessenen Platz zu. Er enthebt den Sohn der Aufgabe, der Mittelpunkt im Leben des Vaters zu sein. Von dieser Last befreit, die er doch nicht tragen kann und gegen die er irgendwann aufbegehren wird, kann der Sohn seinem Vater nun freudig geben, was ihm möglich ist.

Wenn der Vater sich von seinem Sohn abwendet und den Blickkontakt abreißen läßt, um seinen Blick wieder ganz auf Jesus zu richten, dann weiß der Sohn, daß das nicht aus Ablehnung oder Gleichgültigkeit geschieht. Allein die Aussicht, Gott noch besser kennenzulernen, kann seinen Vater dazu bewegen, sich abzuwenden. Ein gottgefälliger Vater weiß seinen Sohn in guten Händen – Händen, die stärker sind als seine eigenen. Und darum kann er entspannen.

Ein entspannter Vater ist für einen Sohn ungemein wichtig. Besorgte Väter vermitteln ihren Söhnen das Gefühl, sie würden es doch irgendwie fertigbringen, ihr Leben zu ruinieren. Entspannte Väter bringen zum Ausdruck, daß ihre Söhne für ihre Entscheidungen vor Gott selbst verantwortlich sind, einem Gott, der Himmel und Erde in Bewegung setzt, um sie zum Gehorsam zu gewinnen.

Das *Leben* eines gottgefälligen Vaters übermittelt die erste Botschaft: Es ist möglich, Jesus nachzufolgen, egal was das Leben bringt. Seine *Nähe* versichert dem Sohn, daß er nicht allein ist. Da ist jemand, dem an ihm liegt. Das ist die zweite Botschaft. Und seine *Weigerung*, an seinem Sohn festzukleben, alles ganz genau wissen zu wollen und gar noch den Sohn zu tragen, wenn dieser eigentlich die Kraft finden sollte, alleine zu marschieren – diese Weigerung enthält die dritte Botschaft: daß er an seinen Sohn glaubt. Er nimmt seinen Sohn als eigenständige Person ernst und traut ihm zu, eigenverantwortliche und, mit Gottes Hilfe, auch gute Entscheidungen zu treffen und nach dem Fallen wieder aufzustehen.

«Es ist zu schaffen.»

«Du bist nicht allein.»

«Ich glaube an dich.»

Kein Mann hat diese Botschaften je so klar und konsequent gehört, wie er es sich wünschte. Auch fromme Väter machen Fehler. Sie mischen sich manchmal ein. Sie verlassen sich zu sehr auf ihre Söhne oder sind so sehr mit sich selbst beschäftigt, daß sie nicht mehr zuhören können. Oft machen sie sich Sorgen. Ihre Fragen zeigen, daß sie ihren Söhnen nicht wirklich trauen.

Wir dürfen von unseren Vätern keine Vollkommenheit erwarten. Statt dessen sollten wir nach gewissen Verhaltensmustern Ausschau halten. Wir müssen es lernen, auch unvollkommene Väter zu lieben, die es schaffen, auf den guten Weg zurückzukehren, die ihre Anteilnahme zum Ausdruck bringen können (wenn auch nicht so oft, wie wir es uns wünschen) und die etwas davon wissen, was es heißt, bei einem liebenden Gott zur Ruhe zu kommen.

Die Wirklichkeit sieht leider anders aus. Die meisten Männer haben keinen frommen Vater. Nur wenige Männer können in ihrem Leben auf einen älteren Mann zeigen, der ihnen die genannten drei Botschaften glaubwürdig übermittelt hat. Die meisten haben statt dessen etwas ganz anderes gehört:

- «Es ist völlig unmöglich, so zu leben, wie es Gott gefällt. Ich brauche noch etwas anderes – einen kleinen Kompromiß, eine Flucht aus dem Alltag, irgend etwas, das mir hilft, mich momentan besser zu fühlen. Leben, wie es Gott gefällt? Nein, das geht doch gar nicht.»
- «Natürlich liegt mir an dir. Was sagst du? Ich höre dir nie richtig zu? Na hör mal, schließlich habe ich auch noch meine eigenen Probleme. Aber wie wär's, wenn du mal ein bißchen Dankbarkeit zeigen würdest für alles, was ich für dich getan habe, als du noch klein warst? Jetzt bin *ich* mal an der Reihe. Letztlich bist du mir eigentlich egal.»
- «Das Leben wird schließlich nicht leichter. Hast du eine Ahnung, wie es ist, wenn man älter wird? Naja, dahin wirst du auch noch kommen. Ich versuche, das Beste daraus zu machen. Sicher, ich mache auch meine Fehler. Aber ich glaube nicht, daß du es einmal besser machen wirst.»

Der vierunddreißigjährige Sohn eines reichen Geschäftsmanns kam ans Sterbebett seines Vaters. Die letzten Worte, die er aus dem Munde des Älteren hörte, lauteten: «Ich habe dir in meinem Testament das Geschäft vermacht. Wenn ich noch einen Sohn hätte, dann hätte ich es auf ihn überschrieben. Jetzt trägst du die Verantwortung. Wahrscheinlich brauchst du nicht länger als ein Jahr, um zugrunde zu richten, wofür ich mich ein Leben lang abgerackert habe.»

Es kostete den Sohn große Überwindung, weiterzumachen. Er bekam Depressionen, er gab unnütz Geld aus, und er trank zuviel. In seinem Herzen fehlte etwas, etwas ganz Entscheidendes, das sein Vater ihm hätte geben können.

War also der Vater schuld am Versagen des Sohnes? Nein, das nicht. Der himmlische Vater hatte alles bereitgestellt, was nötig war, um ein treues, verantwortungsbewußtes Leben zu führen.

Aber dieser junge Mann schlug sich mit Problemen herum, die nie hätten sein müssen. Am jüngsten Tag wird er für den lebenslangen Kampf gegen seine Alkoholsucht vielleicht mehr belohnt als ich für all mein Lehren und Beraten und Schreiben.

Wie sieht die Beziehung zu Ihrem Vater aus? Seien Sie ehrlich. Geben Sie zu, was Ihnen fehlt. Wenn Sie sich vernachlässigt fühlen oder Ihnen weh getan wurde, dann dürfen Sie den Ärger darüber zulassen. Aber freuen Sie sich auch über alles Gute. Hören Sie auf die Botschaften, die Ihnen das Leben Ihres Vaters vermittelt.

Und dann klammern Sie sich an Ihren himmlischen Vater. Schauen Sie auf seinen Sohn, der den schmalen Weg ging, ohne zu straucheln, und der jetzt in Ihnen wohnt und Sie fähig macht, im Gehorsam zu wachsen und nicht aufzugeben. Stellen Sie sich den großen Hohenpriester vor. Er hört es, wenn wir seinen Namen rufen, er beugt sich zu uns hinab, damit er jedes Wort, jeden Seufzer, jeden Schrei vernehmen kann. Sehen Sie ihm zu, wie er in den Himmel auffährt, voll Vertrauen, daß seine Jünger ihm folgen werden, weil er alles tun wird, was nötig ist, um uns weiterzuziehen, bis wir ganz bei ihm sein werden. Und halten Sie nach anderen Ausschau – vielleicht einem stillen alten Mann in Ihrer Gemeinde, den Sie bislang kaum beachtet haben –, deren Leben Ihnen sagt, daß man es schaffen kann, daß Sie nicht allein sind und daß jemand an Sie glaubt.

Und dann entschließen Sie sich, selbst ein Mann zu werden, der den jüngeren, die ihm auf dem Weg folgen, eine gute Botschaft vermittelt. Überlegen Sie, was es kostet, ein solcher Mann zu werden – ungeheuer viel! Aber bedenken Sie auch, was für ein Vorrecht es ist und welche Freude es bringt. Es gibt keine höhere Berufung als die, einem anderen durch das eigene Leben zu zeigen, wer Gott ist, einem anderen Menschen ein geistlicher Vater zu werden. Probieren Sie es aus!

Kapitel 13

Brüder: Männer, denen man sich anvertrauen kann

Es war schon lange her. Warum tauchte die Erinnerung immer wieder an den Rändern seines Bewußtseins auf wie Ungeziefer, das sich nicht aus dem ansonsten sauberen Haus vertreiben lassen will?

Die Versuchung war noch da. Nicht immer natürlich; manchmal schien sie völlig überwunden. Dennoch hatte er das ungute Gefühl, sie könne jederzeit wieder auftauchen, wie ein Seeungeheuer, und ihn bei der Gurgel packen und überwältigen.

Elf Jahre war er gewesen, als es alles angefangen hatte, und zum ersten Mal von zu Hause fort. Vielleicht war es das Heimweh gewesen, die Leere, die ihn so anfällig gemacht hatte.

Sein Freund – dreizehn, voller Muskeln, ein toller Sportler vom Typ «Athlet der Woche» – hatte es als erster entdeckt: ein kleines Astloch in der Wand der Unterkunft der Mädchen. Ein kurzer Marsch durch den Wald und ein leicht zu überwindender Zaun waren alles, was das Mädchen- vom Jungenlager trennte.

So etwas hatte er noch nie erlebt. Wenn die Lichter gelöscht waren, kletterten sie aus dem Fenster, schlichen wie ein Geheimkommando durch den Wald und pirschten sich lautlos an das Astloch heran. Und dann das Zuschauen: ein Auge zugekniffen, das andere offen – weit offen. Die Mädchen durften das Licht auch nach der Sperrstunde noch anlassen.

Hatte es tatsächlich mit diesen paar Nächten angefangen? Warum war der Drang so stark, der Wunsch so unwiderstehlich und so befriedigend, daß er noch jetzt, Jahre später, kaum abzuschütteln, sondern beinah ein Teil seiner selbst geworden war?

Auf derselben Freizeit hatte er damals Jesus sein Leben übergeben. Die Entscheidung war echt gewesen. Seine Eltern waren hocherfreut, hatten sie doch immer für ihn gebetet. Niemand wußte, was in jenen Tagen auch noch seinen Anfang genommen hatte.

Seit damals wurde er das Problem nicht los. Als Teenager hatte er ein paar Filme angeschaut, die er besser nie gesehen hätte, die er noch heute nicht vergessen konnte. Später, er war inzwischen über zwanzig, hatte er noch andere gesehen. Und dann war da noch jener Besuch in einem Nachtclub.

Gut, zu den Filmen konnte er stehen. Auch die Sache mit dem Astloch war im Grunde eher ein dummer Jungenstreich und nichts wirklich Ernstes. Aber die zwei Stunden in dem Club! Die netten, gediegenen Leute, eine Stimmung, als sei das alles etwas Alltägliches, hatten sein Gewissen beschwichtigt, bis er kurz vor Mitternacht das Etablissement verließ.

Das war vor acht Jahren gewesen. Neunundzwanzig war er damals, verheiratet, zwei kleine Kinder, und zusammen mit seiner Frau half er in der Jugendgruppe. Jetzt war er siebenunddreißig, und beide Söhne besuchten inzwischen den Jugendkreis, den er noch immer leitete. Das Überraschungsgeschenk – ein kleines Mädchen – war jetzt sechs. Als Vorsitzender des Missionsausschusses der Gemeinde hatte er kürzlich zwei Reisen nach Osteuropa durchgeführt; bei der zweiten war die ganze Familie mitgekommen. Sein Leben kam ihm vor wie ein weißes Hemd mit einem Essensflecken, den er sorgsam unter der Krawatte zu verbergen suchte.

Es gab Zeiten, in denen die Vorstellung, sich jenen alten, verbotenen Vergnügungen hinzugeben, so verlockend schien wie sonst nichts in seinem Leben, auch nicht sein Glaube – ja, gerade nicht der Glaube. Schon allein der Gedanke, die Phantasien ausleben zu können, verschaffte Erleichterung. Es war, als könne er damit einen Deckel auf das bodenlose Loch schieben, das immer da war und nur darauf zu warten schien, ihn eines Tages mit seiner finsteren Macht in die Tiefe zu reißen. Manchmal war die Sünde so verlockend, als sei sie das einzige, wofür es sich überhaupt zu leben lohnte, die einzige Hoffnung, die einzige Freude.

Der Heimweg von der Arbeit führte ihn nur drei Straßen an jenem Club vorbei. Aber in all den Jahren war er nur ganz selten den kleinen Umweg gefahren. Einmal hatte er die Fahrt verlangsamt. Aber nie hatte er angehalten, und natürlich war er auch nie ausgestiegen und hineingegangen.

In Gedanken allerdings hatte er sich tausendmal ausgemalt, was ihn dort drinnen erwarten würde. Er schämte sich deswegen, ja haßte sich regelrecht. Jedesmal wenn die Erinnerung ihm das Ganze in bunten Bildern vors innere Auge malte, kam er sich so billig, so schmutzig, so schwach vor – aber irgendwie auch wach und lebendig. Und auch wenn die Erinnerung verblaßte, war sie dennoch da und wartete nur darauf, ihn wieder gefangenzunehmen.

Niemand wußte davon. Vor ein paar Jahren hatte er im Männerkreis einmal davon gesprochen, daß er Probleme mit seinem Trieb habe. Alle hatten sie verständnisvoll zugehört, aber das Interesse war nicht größer gewesen, als wenn er gestanden hätte, daß er hin und wieder masturbiere.

Gern hätte er einmal ausführlicher mit jemandem darüber gesprochen, damit klar wurde, wie groß seine Sünde war und daß sie ihm trotzdem wie die Pforte zum Paradies vorkam. Aber mit wem sollte er reden? Seiner Frau? Nie im Leben! Er wußte zwar nicht, wieso nicht, aber das ging auf keinen Fall. Seinem Vater? Wieder nein. Das wäre irgendwie unpassend.

Zwei der Ältesten in der Gemeinde erweckten den Eindruck, als würden sie nicht nur ihre Arbeit sehen. Beide waren zuverlässige, vertrauenswürdige Männer. Und im Glauben gefestigt – aber irgendwie sehr konventionell. Eher dem Bestehenden verhaftet als wirklich lebensnah. Er konnte sich ihre Antwort schon vorstellen: echte Besorgnis, das Versprechen, für ihn zu beten, aber keine weiteren Nachfragen außer vielleicht einmal: «Na, wie geht's? Ich bete für dich.»

Seine drei engsten Freunde machten zu viele anzügliche Witzchen. Das gefiel ihm nicht. Er wollte nicht zur Zielscheibe ihres Spottes werden.

Erik! Erik war ihm noch nie als mögliche Vertrauensperson in den Sinn gekommen. Dabei kannte er ihn recht gut. Sie hatten ein paarmal zusammen zu Mittag gegessen, gingen schon seit Jahren in dieselbe Bibelgruppe und hatten einmal einen ganzen

Abend lang zusammengesessen und geredet. Erik. Sehr ernsthaft, engagiert, angefochten, entschlossen und nie oberflächlich – lustig ja, aber nie oberflächlich! Etwa genauso alt wie er, vielleicht ein Jahr jünger.

Er brauchte acht Monate, bis er es wagte. Er weihte Erik in sein Geheimnis ein. Keine schmutzigen Details, aber ein klares Bekenntnis seiner Schuld und Ängste.

Erik hörte zu. Ein paar Fragen, aber keine unangebrachte Neugier. Und kein Wort, kein Mienenspiel, das Verachtung angedeutet hätte. Das Gespräch schien sauber, wertvoll, wichtig. Erik erteilte keine Ratschläge, unternahm keinen Versuch, die Kämpfe zu deuten oder zu erklären, kam nicht mit irgendwelchen platten Wahrheiten. Er sprach mehr von der Zukunft: wie ihrer beider Leben in einem – oder in zehn Jahren – aussehen könnte, wenn sie Gottes Geist sein Werk tun ließen. Aber nicht im Sinne von: «He, Junge, keine Panik! Es wird schon alles gut werden!», sondern mehr mit dem Gefühl: «Stell dir doch einmal vor, wie es sein könnte. Verlier nicht den Mut. Es lohnt sich.» Und er war bereit, weiter zuzuhören.

Das war vor einem Jahr gewesen. Der Kampf war weitergegangen. Das Ungeheuer lauerte noch immer in den Tiefen. Aber er kam sich nicht mehr so schmutzig vor. Er hatte mehr Hoffnung. Eine größere Macht schien ihn ergriffen zu haben, die ihn zu Höherem bewegen wollte.

Einmal war er seitdem noch an dem bewußten Nachtclub vorbeigefahren. Am liebsten wäre er hineingegangen. Einen Augenblick lang war es ihm als die einzige Hoffnung erschienen. Aber der Gedanke, dem Drang zu widerstehen, nicht hineinzugehen und die Vorstellung an das, was dort drinnen vor sich ging, zu verbannen, schien jetzt eine ganz andere Bedeutung gewonnen zu haben. Er hatte das Gefühl, in einem größeren Spiel mitzuspielen, wenn er sich jetzt von dem Vergnügen abwandte. Wenn er früher nein zur Sünde sagte, dann war das mehr so gewesen, als würde er einem Gebot gehorchen, wie man es tut, wenn man einer Strafe entgehen will, sich zum Beispiel an die Geschwindigkeitsbeschränkung hält, wenn im Rückspiegel ein Streifenwagen auftaucht.

In dem Jahr seit ihrem Gespräch hatte Erik dreimal angerufen. Er selbst hatte sich zweimal bei ihm gemeldet. Nur einmal hatten sie sich privat getroffen, an einem Samstagmorgen zu einem ausgedehnten Frühstück. Sie hatten über Jesus gesprochen, über die Zukunft, über seine Macht – nur wenig über den Kampf gegen die Sünde. Noch immer besuchten sie dieselbe Bibelgruppe. An den Abenden, an denen sie sich dort trafen, lachten sie miteinander, erzählten von der Arbeit, neckten sich, manchmal sprachen sie auch über den Text, den sie gerade in der Gruppe betrachtet hatten. Ganz unverkrampft suchten sie den Kontakt zu den anderen. Sie hatten beide nicht das Gefühl, sie müßten nun ständig zusammenhocken.

Er stellte fest, daß ihm das Wort «Sieg» nicht mehr so unangenehm war. Es hatte jetzt nicht mehr diesen Beigeschmack der Selbstgefälligkeit, und es hatte auch nichts mit der Vorstellung zu tun, dieser entsetzlichen Abhängigkeit ganz und gar entwachsen zu sein. Statt dessen bedeutete «Sieg» jetzt Hoffnung, Sinn und das Ausgerichtetsein auf eine interessante Zukunft.

Er hatte das Gefühl, seiner Frau auch in Krisenzeiten irgendwie näher zu sein. Es ging ihm auf, daß er eine Aufgabe an seinen Kindern hatte, und ihm lag daran, sie zu erfüllen. Sein Hunger nach Gott war größer geworden, und er lebte gern. Die sexuellen Versuchungen, obwohl noch immer da, schienen nicht mehr so bedrohlich wie das schwarze Loch, das ihn immer noch in seine Tiefe ziehen konnte. Und die Angst vor dem schwarzen Loch war manchmal kleiner als das Verlangen danach, Jesus noch besser kennenzulernen.

Immer, wenn jemand das Wort *Bruder* sagte, dann kam ihm jetzt Erik in den Sinn.

*

Väter sind Mutmacher, weil sie den Weg bahnen, weil sie uns vorangehen. Brüder machen Mut, weil sie unsere Kämpfe kennen, weil sie neben uns hergehen.

Bei einer inoffiziellen Befragung von viertausend Männern sagte jeder zehnte, daß es in seinem Leben eine Vaterfigur gebe.

Nur eine Handvoll Männer weiß, wie mutmachend es sein kann, wenn ein anderer sagt: «Es ist zu schaffen. Du bist nicht allein. Ich glaube an dich.»

Dieselbe Untersuchung ergab, daß nur jeder vierte einen Bruder hatte – nicht nur einen Sohn derselben Eltern, sondern einen gleichaltrigen Mann, dem er sich anvertrauen konnte.

Wenn diese Umfrage zuverlässig ist, dann haben neunzig von hundert Männern keinen Vater, kein Vorbild, keinen Mentor. Fünfunfsiebzig von ihnen haben keinen Bruder. Sie müssen mit ihren Geheimnissen alleine fertig werden.

Es gibt verschiedene Arten von Geheimnissen. Manche betreffen *bestimmte Ereignisse*, Erinnerungen an Dinge, die man uns angetan hat oder die wir selbst getan haben. Dann gibt es geheime *innere Wirklichkeiten*: Triebe, Vorlieben, Kämpfe, Motive, Gedanken, Meinungen oder Gefühle, die wir für unmöglich halten, von denen wir meinen, sie müßten jede Beziehung zerstören, wenn sie bekannt würden. Manchmal sind die Dinge, die wir verbergen, auch nur *vage, aber doch einflußreiche Eindrücke*. Bei ihnen geht es meist um ein zwar nicht benennbares, aber beängstigendes Gefühl der eigenen Jämmerlichkeit, ein Gefühl, das andere – so fürchten wir – nur noch bestätigen würden, wenn sie die Gelegenheit dazu bekämen.

Geheimnisse haben vor allem drei Auswirkungen:

1. Sie nehmen uns den Mut.
2. Sie schließen den Geheimnisträger aus der Gemeinschaft aus.
3. Sie zerstören jedes gesunde Selbstvertrauen.

Um besser zu begreifen, welchen tödlichen Schaden diese drei Auswirkungen ausüben, wollen wir uns noch einmal kurz in Erinnerung rufen, wie wir weiter vorn das Mannsein definiert haben. Männer sind dazu berufen,

1. in das Dunkel hineinzublicken, sich dem undurchdringlichen Durcheinander des Lebens ehrlich zu stellen.

2. sich an das Wesen und Handeln Gottes zu erinnern, zu erkennen, wie Gott sich in der Bibel und in den Ereignissen unseres Lebens offenbart.
3. in das Chaos des Lebens hinauszugehen mit der Bereitschaft, die Ordnung wiederherzustellen und das Schöne sichtbar zu machen.

Dem stehen die oben genannten Auswirkungen entgegen. Ich will das erklären.

Wirkung 1: Geheimnisse nehmen den Mut. Sie verringern die Chance, daß ein Mann bereit ist, in das Dunkel hineinzublicken.

Jeder Mann hat seine Zweifel, ob er es wirklich aushalten würde, sich dem Leben ehrlich zu stellen. Männer mit Geheimnissen sind überzeugt, es könne ihnen nicht gelingen.

In ihren Selbstgesprächen – die sie manchmal gar nicht bewußt wahrnehmen – fragen sie sich: «Wie kann ein Mann wie ich denn mit dem Leben zurechtkommen? Wie kann ich mich denn auf etwas so Unkontrollierbares wie Beziehungen einlassen und auch noch hoffen, daß es gutgeht, wo ich doch genau weiß, wie ich wirklich bin? Ich kann nur hoffen, daß ich es schaffe, mich von allem, womit ich nicht zurechtkomme, so weit fernzuhalten, daß niemand merkt, was für ein Versager ich eigentlich bin. Am besten suche ich mir irgend etwas, das ich kann, und versuche mich darauf zu konzentrieren.»

Männer mit Geheimnissen haben Angst davor, entdeckt zu werden. Aber etwas anderes fürchten sie noch mehr. Allerdings bewahrt sie die kleinere Angst – daß jemand etwas entdeckten könnte, wovon bislang nur sie selbst wußten – manchmal davor, sich der größeren zu stellen. Wie der Mann, der sich so sehr um seinen gebrochenen Fuß kümmert, daß er den Schmerz in der Brust gar nicht wahrnimmt, können sie sich so sehr auf ihr Versteckspiel konzentrieren, daß sie für dieses viel schlimmere Problem gar keine Zeit finden.

Wenn ein Mann über seine Geheimnisse spricht, dann ist die

erste Reaktion oft ein Gefühl der Erleichterung. Doch dann entdeckt er bald etwas Tiefersitzenderes. Der Mann, der seine Geheimnisse ablegt, bekommt einen viel klareren Blick für die wirklich bedrohlichen Seiten des Lebens, das zutiefst Unkontrollierbare unseres Daseins und seine Macht, jeden Traum zunichte zu machen. Wenn wir unsere wohlgehüteten Geheimnisse einmal hinter uns lassen, dann erkennen wir auf einmal, wie klein sie im Licht dessen, was uns nun erwartet, doch sind.

Ganz allmählich (manchmal dauert es Jahre) entdecken wir das gähnende schwarze Loch, das uns zu verschlingen droht. Die Probleme des Alltags – unbezahlte Rechnungen, rebellische Kinder, Beziehungskonflikte – sind nur die Spitze des Eisbergs. Hinter ihnen lauert mehr, eine dunkle Macht, der daran liegt, alles Leben um uns herum zum Einsturz zu bringen, so daß wir allein und elend und ohne Hoffnung zurückbleiben.

Wer seine Geheimnisse hütet, ist feige. Er weicht der viel größeren Herausforderung aus, die jedem Mann gestellt ist – nämlich in die sinnlose Dunkelheit hineinzublicken und dann mutig und freudig in sie hineinzugehen. Männer, die ihre Geheimnisse hüten, finden nie den Mut, sich den wahren Rätseln des Lebens zu stellen. Sie scheitern bereits am ersten Punkt ihrer Berufung.

Wirkung 2: Geheimnisse treiben in die Isolation. Das Handeln Gottes in der Gemeinschaft wird nicht mehr gesehen, und damit gibt es auch weniger Erinnerungen.

Isolation ist vielleicht die deutlichste Konsequenz. Wir fühlen uns allein, beziehungslos, ausgeschlossen, wie Fremde in einer Menge, zu der wir eigentlich gehören wollen. Geheimnisse schaffen Distanz.

Als Teenager litt ich lange Zeit unter einer schweren Akne auf der Brust. Über ein Jahr trug ich einen etwa zehn auf fünfzehn Zentimeter großen Verband über einer offenen Wunde. Außer meiner Familie (und dem Arzt, der mich behandelte) wußte niemand von dem Geheimnis, das ich unter meinem Hemd verbarg. Vor und nach dem Turnunterricht zog ich mich so schnell wie möglich um, das Gesicht immer gegen die Wand gerichtet. Nie duschte ich in der Schule.

Ich tat alles, was nötig war, um mein Geheimnis zu wahren. Und das war für mich viel wichtiger, als mich an irgendwelchen gemeinsamen Aktivitäten zu beteiligen. Egal, wo ich mich befand, immer war mir bewußt, daß ich etwas zu verbergen hatte, was mich – wenn es entdeckt würde – als anders, als entstellt, als unangenehm qualifizieren würde. Nie konnte ich mich soweit entspannen, daß ich mich so unbefangen und natürlich an Gesprächen beteiligte, wie ich es mir eigentlich wünschte.

Etwas Ähnliches geschieht mit Männern, die Geheimnisse haben, die sich ganz darauf konzentrieren, daß nur nicht entdeckt wird, was sie – ihrer Meinung nach – zum Außenseiter abstempeln würde. Sie erleben genau das, was sie befürchten. Sie bleiben allein, sie isolieren sich selbst von der Gemeinschaft, zu der sie doch gehören sollten.

Und das betrifft nicht nur die Gemeinschaft mit anderen Menschen, sondern auch die Gemeinschaft mit Gott.

Die Gnade macht es uns möglich, ohne Scham vor Gott zu stehen. Sie stellt den Traum wieder her, und wir dürfen wieder dorthin gehören, wo wir uns hinsehnen. Männer mit Geheimnissen nützen diese Gelegenheit jedoch nie. Egal, wie sie sich nach außen geben, der «innere Mann» hat immer den Kopf gesenkt und vermeidet jeden Blickkontakt, vor allem mit Gott.

Die Folgen sind gravierend. Nicht nur, daß wir selbst in ganz normalen Unterhaltungen irgendwie unbeteiligt sind, wir kommen uns auch dann, wenn sich das Gespräch um geistliche Dinge dreht, eher wie heimliche Lauscher vor und nicht wie Beteiligte, wie das Kind, das seine Nase am Schaufenster plattdrückt. Der Gedanke an Gott verschafft nur schwachen Trost. Auch Gebet oder Bibellesen scheinen mit dem Hunger unserer Seele nichts zu tun zu haben.

So vergessen wir Gott, und das wird zur Gewohnheit, so natürlich und notwendig wie das Atmen. Sich an Gott zu erinnern, an ihn zu denken, mit anderen über ihn zu reden ist steif und gezwungen. Sexuelle Phantasien oder Diskussionen über das letzte Fußballspiel scheinen viel interessanter. Und wenn wir

Gott aus unseren Gedanken ausklammern, dann fällt es uns auch leichter, unsere geheimen Sünden zu genießen.

Männer mit Geheimnissen denken nicht so an Gott, wie er es will. Sie erhalten die Erinnerung nicht wach, geben sie auch nicht weiter. So scheitern sie am zweiten Punkt ihrer Berufung.

Wirkung 3: Geheimnisse zerstören das Selbstvertrauen. Sie rauben die Freude am mutigen Vorwärtsgehen.

Dieser dritte Aspekt erschwert es dem Mann, sich überhaupt vorzustellen, daß er im Leben eines anderen Menschen etwas Positives bewirken könnte.

Neben seinen vielen anderen Vorzügen will das Evangelium «unser Gewissen reinigen von den toten Werken» (Hebräer 9,14). Es hat die Macht, unsere Ankläger zum Schweigen zu bringen, dem den Mund zu stopfen, der uns so gern an die Fehler erinnert, die wir vergessen wollen. Ein gequältes Gewissen verkündet eine negative Botschaft, die uns daran hindert, das Flüstern des Heiligen Geistes zu hören, der uns sagen will: «Du gehörst zu Christus. Deine Sünden sind so vollständig vergeben, daß der Vater sich nicht einmal mehr daran erinnert. Ich habe in dir Wohnung genommen, damit du seinem Sohn ähnlich werden und die Ziele des Vaters verfolgen kannst. Freu dich. Du hast allen Grund zu jubeln.»

Wer Geheimnisse mit sich herumträgt, hört eine andere Botschaft, und manchmal meint er, sie käme auch vom Heiligen Geist: «Du schaffst es doch nie. Du solltest schon viel weiter sein. Es fehlt nicht viel, und ich gebe dich auf. Das einzig Kreative in deinem Leben ist die Fähigkeit, neue Arten des Versagens zu erproben.» Wer eine solche Botschaft hört, der weigert sich, überhaupt irgend etwas ohne detaillierte Anweisung zu tun, ohne einen Plan, der Erfolg verspricht. Er zieht sich hartnäckig in den Bereich des Machbaren zurück, entschlossen, sich von allem Dunklen, Geheimnisvollen fernzuhalten, weil er überzeugt ist, daß es ihm an Weisheit fehlt, mit den vielfältigen Anforderungen des Lebens fertig zu werden.

Männer mit Geheimnissen wagen sich nicht in das Dunkel der

Beziehungen hinein. Sie würden ja doch versagen. Damit scheitern sie am dritten Punkt ihrer Berufung.

Geheimnisse teilen – mit einem Bruder

Männer mit Geheimnissen können nicht ihrer Berufung gemäß leben. Aber keiner sollte in der Isolation bleiben. Die Bibel sagt es ganz deutlich: Wir sollen einander unsere Sünden bekennen. Der Mahnung folgt die Erinnerung: «Denn das Gebet eines Menschen, der unbeirrt glaubt, hat große Kraft» (Jakobus 5,16; Hoffnung für alle).

Achten wir einmal darauf, daß Jakobus hier sagt: *eines* Menschen, nicht *der* Menschen. Vielleicht will er uns damit Mut machen, unsere Fehler nicht unbedingt vor einer Gruppe, sondern vor einem einzelnen Menschen zu bekennen. Wie dem auch sei, sicher wird man mir zustimmen, daß rücksichtslose Offenheit nicht unbedingt ratsam ist. Zu empfehlen ist aber, sich einen einzelnen Menschen zu suchen, dem gegenüber man vorbehaltlos offen sein kann, an dessen Seite man gehen kann und vor dem man keine Geheimnisse haben muß.

Vor Gott gibt es natürlich ohnehin keine Geheimnisse. «Gottes Augen bleibt nichts verborgen; vor ihm ist alles sichtbar und offenkundig. Jeder – ohne Ausnahme – muß Gott Rechenschaft geben» (Hebräer 4,13; Hoffnung für alle). Und wir sind eingeladen, obwohl all unsere Geheimnisse vor ihm offenliegen, «mit Zuversicht hinzu[zu]treten zu dem Thron der Gnade, damit wir Barmherzigkeit empfangen und Gnade finden zu der Zeit, wenn wir Hilfe nötig haben» (Hebräer 4,16).

Die Tatsache, daß Gottes Gnade Gott dazu befreit, uns anzunehmen, obwohl wir aus uns selbst heraus völlig unannehmbar sind, sollte dann auch die Art, wie wir uns in der christlichen Gemeinde bewegen, beeinflussen. Der Leib Christi soll das Wesen Christi zum Ausdruck bringen.

Wenn ein Mann mit einem anderen über die Dinge in seinem Leben spricht, die so gar nicht anziehend sind, dann geschieht etwas mit ihm. Wenn wir unsere Geheimnisse mit einem Bruder teilen, dann passiert etwas, das anders nicht geschehen kann.

Am wichtigsten ist, daß wir unsere Herzen vor Gott ausschütten. Doch wenn wir uns einem anderen Menschen so zeigen, wie wir wirklich sind, wenn wir vor einem anderen all unsere Geheimnisse offenlegen, dann erfahren wir etwas von der befreienden Macht der Gnade Gottes, die ein Mann, der seine Geheimnisse für sich behält, nie in diesem Maße erleben kann.

Wenn ein Mann einen anderen ins Vertrauen zieht, wenn zwei Männer sich gemeinsam auf den Weg machen und sich einig sind, daß nur Sünde, die nicht bekannt wird, und festgehaltene Geheimnisse uns dem Zugriff der reinigenden Gnade entziehen können, dann hört er drei lebenswichtige Botschaften:

1. «Egal, was du bist oder getan hast, du bist damit nicht zum Versager gestempelt. Gottes Arm ist lang genug, um in das tiefste schwarze Loch hineinzureichen, und stark genug, um dich herauszuziehen. Wir wollen den Weg gemeinsam gehen, wir wollen uns dem Leben stellen und uns von niemandem den Mut rauben lassen. *Gemeinsam wollen wir in das Dunkel hineingehen.*»

2. «Du hast etwas zu geben. Deine Geheimnisse sind nicht alles. Verborgen unter deinen schlimmsten Fehlern und tiefsten Wunden ist ein Mann, der Gottes Ebenbild trägt, der Gott nur in der Gemeinschaft erfahren und widerspiegeln kann. Du darfst Gott ins Angesicht sehen und dich freuen und Hoffnung haben. Du darfst dich an ihn erinnern und diese Erinnerung weitergeben, bis aus der Erinnerung die beglückende Erfahrung seiner Gegenwart wird. Du hast etwas zu sagen. Und ich auch. *Gemeinsam wollen wir uns danach ausstrecken, Gott tiefer kennenzulernen, und seinen Plan für unser Leben ausleben.*»

3. «Die Berufung in deinem Leben kann von keinem Geheimnis ausgelöscht werden. Aus unerklärlichen Gründen will Gott gerade mit erlösten Versagern sein Werk tun. Dabei werden wir immer wieder scheitern. Aber wir hungern nach Gott, und dieser Hunger treibt uns an, weiter in die Dunkelheit hineinzugehen, wo er sich uns am deutlichsten

offenbart und wir ihn am besten kennenlernen können. Wir sind Männer, von Gott dazu berufen, seine ursprüngliche Ordnung wiederherzustellen und die Schönheit seines Wesens zu offenbaren, bis zu dem Tag, an dem er uns alle mit der Ordnung seiner neuen Welt und der Schönheit Christi, wie sie sich in seinen Kindern offenbart, in Staunen versetzen wird. *Bis dahin wollen wir gemeinsam in seinem Namen in das Dunkel dieser Welt hineinsprechen.*»

Wir müssen dafür beten, daß wir einen anderen Mann finden, der uns Bruder sein kann. Aber mehr noch, wir müssen dafür beten, daß wir selbst einem anderen Bruder sein können.

In der Gemeinde der Christen liegen noch viele unerschöpfte Möglichkeiten verborgen. Einige werden nur dann freigesetzt, wenn Männer zu Brüdern werden.

Kapitel 14

Der wiederhergestellte Traum: eine Generation von Mentoren

In einer gefallenen Welt besteht im allgemeinen keine Ursache für übertriebenen Optimismus. Und auch wenn Trübsinn nicht unbedingt das geeignete Gegenmittel ist, so muß doch gesagt werden, daß die Menschen, die ihre Fröhlichkeit noch nicht verloren haben, oft naiv sind. Ihre Naivität kann außerdem manchmal so penetrant wirken, daß man das Gefühl hat, es handele sich eher um eine bewußt gewählte Haltung als um eine Temperamentssache.

In christlichen Kreisen gründet sich der Optimismus normalerweise auf die Vorstellung, es sei Gottes Hauptanliegen, uns mit der Lebensqualität zu beschenken, die wir uns wünschen, oder unsere Umgebung so zu verändern, daß wir als Christen ein angenehmes Leben führen können. In Seelsorge und Beratung geht es darum, Probleme zu lösen und Schmerzen zu lindern. Prominente Christen sagen uns, mit unseren Gebeten, Aktivitäten und gesammelten Kräften werde es uns gelingen, unser Land zur Umkehr zu bewegen und eine Gott wohlgefällige Gesellschaft herbeizuführen. Beiden Richtungen ist vorzuwerfen, daß sie uns von der wirklichen Berufung ablenken.

Es ist das Leben des einzelnen und unserer christlichen Gemeinden, in dem es zur Umkehr kommen muß. Wir müssen es lernen, Christus auch dann noch zu dienen, wenn die Probleme kommen, und gerade inmitten von anhaltendem Leid Gottes Nähe zu suchen. Jeder Einfluß, den wir auf unsere Gesellschaft ausüben wollen, muß aus der tiefen Liebe zu Gott herrühren, einer Liebe, die uns zu wohltuend anderen Menschen macht und uns die Gemeinschaft Gleichgesinnter suchen läßt, die zwar auch unvollkommen, aber dafür echt sind.

Soziales Engagement ist so viel leichter zu bewerkstelligen als die Suche nach Gott. Dabei nimmt der Kampf für unsere christlichen Prinzipien manchmal Formen an, die mit Demut nichts mehr zu tun haben, oder tritt mit einer Aggressivität auf, die wir nur allzugern als Mut bezeichnen. Andererseits verlangt die Arbeit an der Überwindung unserer persönlichen Probleme weit weniger Anstrengung, als wenn wir Gott von ganzem Herzen suchen würden. Weder sozialer Einsatz noch unsere Problemlösungen jedoch bewirken eine Selbsterkenntnis, die uns bewußtmacht, daß das wahre Problem in uns selbst liegt.

Solange wir meinen, es genüge, offensichtliche Sünde zu meiden (und auch andere dazu anzuhalten) oder eine Lösung für unsere Probleme zu finden, so daß wir wieder ein ruhiges Leben führen können (was wir dann Sieg nennen), solange ist es nicht leicht, ein Leben zu führen, das Gott gefällt.

Wenn wir aber erst einmal begriffen haben, daß es dabei um unsere Liebe zu Gott geht, die uns und unsere Beziehung zu anderen Menschen verändert, dann sind wir gern bereit, unser persönliches Wohlergehen auf später zu vertagen. Dann wird der Wunsch, Christus immer besser kennenzulernen, alles andere überlagern, und wir erkennen überdies, daß unser größter Feind wir selbst sind. Christus ähnlicher zu werden, das wird dann unser höchstes Ziel.

Was wir heute brauchen, das erhalten wir nicht, wenn wir einfach noch mehr Seelsorger ausbilden. Auch die Leiter, die uns dazu aufrufen, sie im Kampf gegen die moralische Verschmutzung unserer Gesellschaft zu unterstützen, können es uns nicht geben.

Was wir heute brauchen, das ist ganz einfach dies: gottgefällige Männer und Frauen, in deren Leben etwas vom Wesen Gottes zum Ausdruck kommt und die damit andere neugierig machen und in ihnen den Wunsch wecken, Gott ebenfalls kennenzulernen.

Wenn wir den Weg zu geistlicher Reife erkennen, wenn wir den Hunger nach Christus, den Gottes Geist in uns hineingelegt hat, wahrnehmen und darauf reagieren, dann wird mein Traum von einer Generation von Mentoren in dreißig Jahren vielleicht in Erfüllung gehen. Stellen Sie sich das nur einmal vor! Geistliche Väter und Mütter, geistliche Brüder und Schwestern, in Gemeinschaften, die sich um Außenstehende kümmern und jene, die noch draußen stehen, in etwas hineinziehen, das sie noch nie erlebt, sich aber schon immer gewünscht haben. Gemeinschaften von Menschen, deren Liebe zu Christus stärker ist als ihre Vorbehalte, ihr Streben nach Anerkennung und ihre Eifersucht. Christen, die selbst lange Zeit geistliche Väter und Mütter als Vorbilder hatten und denen es – als Folge davon – so sehr am Herzen liegt, Christus noch besser kennenzulernen, daß sie ihrer Gemeinde auch in schwierigen Zeiten treu bleiben und weder sich selbst noch einen anderen aufgeben, weil sie wissen, daß auch Christus sie nicht aufgegeben hat und nie aufgeben wird. Sie haben ihn in ihren Mentoren sehen können.

Wie könnte die Kirche aussehen, wenn die Männer endlich den Mund aufmachen würden? Wenn wir endlich an der Sünde unseres unmännlichen Beziehungsverhaltens zerbrechen, wenn wir bereit würden, unseren Ruf als Experten aufzugeben und den Preis zu zahlen, den es kostet, ein Ältester zu werden? Was würde in unseren Gemeinden geschehen, wenn die verantwortlichen Männer ihre natürliche Stärke – nämlich ihre Fähigkeit, das Amt zu verwalten – hinter sich lassen und die Gemeinde in der Abhängigkeit von Gott zu neuen Visionen führen könnten? Wie könnte der Geist wohl wirken, wenn in jeder Gemeinde ein paar Männer mit einer besonderen Liebe zu Gott andere dazu anreizen könnten, Gott mit aller Kraft zu suchen? Was würde geschehen, wenn diese Männer sich offen begegnen und die Gemeinschaft miteinander suchen würden?

Welche Auswirkungen würde es auf die Familien haben, wenn die Männer sich dem Durcheinander dieser Welt mutig stellen und sich gleichzeitig in einer Weise an Gott erinnern, die sie dazu führen würde, sich voller Kraft und Weisheit auf ihre Beziehungen einzulassen?

Was würde im Herzen der Frauen vor sich gehen, wenn Männer eine Vision für ihre Frauen, Töchter, Schwestern, Mütter und weiblichen Bekannten hätten, eine Vision, der sie mit zarter Kraft nachleben würden und einer poetischen Liebe, die von keiner Frau aufgehalten werden kann?

Unserer Gesellschaft ist alles andere wichtiger als Gott. Es bringt uns mehr, Christus zu benutzen, als ihn kennenzulernen. Wir benutzen ihn, damit wir uns besser fühlen, damit unser Leben funktioniert, damit wir weiter hoffen können, daß wir alles bekommen, was wir für unser Glück zu brauchen meinen. Nur anbeten tun wir ihn selten.

Ein vierundachtzigjähriger Mann wollte einmal nach einer meiner Predigten an einer Bibelkonferenz mit mir reden. Ich war noch im Gespräch mit einer anderen Gruppe und sah ihn warten. Als die anderen gegangen waren, trat ich schnell auf den kleinen alten Mann zu. Er legte mir beide Hände auf die Schultern und erzählte mir eine Geschichte: «Dr. Crabb, ich bin vierundachtzig. Vor fünf Jahren starb meine Frau nach einundfünfzig Jahren glücklicher Ehe. Ich kann ihnen nicht sagen, wie schwer es mir ist, jeden Morgen allein am Küchentisch zu sitzen und meinen Kaffee zu trinken. Ich habe Gott angefleht, das fürchterliche Gefühl der Einsamkeit von mir wegzunehmen. Er hat mein Gebet nicht erhört. Der Schmerz in meinem Herzen geht nicht fort. Aber ...», und hier machte er eine kleine Pause, und sein Blick verlor sich: «Gott hat mir etwas geschenkt, was viel besser ist, als diesen Schmerz loszuwerden. Dr. Crabb, er hat mir einen Blick auf Christus geschenkt. Und darum weiß ich, es lohnt sich. Wenn Sie predigen, dann predigen Sie Christus!» Damit wandte er sich um und ging davon.

Wie schade, daß wir unsere Energie darauf verwenden, Probleme zu lösen, unser Selbstwertgefühl aufzubauen, Minderwertigkeitskomplexe abzulegen, Wut zu überwinden und uns aus geistlichen Bindungen zu befreien. In sich selbst ist das alles zwar nicht verkehrt. Aber noch wichtiger sollte es uns sein, Christus nachzuleben. Wo er uns das Wichtigste wird, da verändert sich auch unser Verhalten in allen anderen Bereichen.

Dann brauchen wir keine Patentrezepte mehr, wenn wir nicht mehr weiterwissen, keine «übernatürlichen Ablenkungen», wenn uns langweilig wird. Wir brauchen keine Garantien mehr, wenn uns die Ungewißheit des Lebens zu große Angst macht, und wir müssen uns nicht ständig beschäftigt halten, damit wir nicht mit uns selbst allein sein müssen. Wir brauchen vom Leben nichts mehr zu fordern, was es uns gar nicht geben kann.

Enttäuschung über die Kirche, unser eigenes Leben oder andere Menschen hat ihre Ursache in der Hauptkrankheit unserer westlichen Welt: Wir erwarten Befriedigung, wir wollen, daß es uns gutgeht. Leid muß gelindert werden. Probleme brauchen eine Lösung. Quälende Gefühle müssen durch angenehme ersetzt werden.

Menschen, die uns glauben machen, sie wüßten, wie das Leid zu lindern, die Probleme zu lösen, unerwünschte Gefühle zu verändern sind, werden unsere Führer, Fachleute, denen wir unsere Aufmerksamkeit schenken, weil sie uns sagen, daß unsere Wünsche nach einem besseren Leben erfüllt werden können (siehe Jeremia 29,8). In diesen letzten Tagen voller Egoisten, die den Selbsthaß für die größte Sünde halten, haben wir eine große Zahl Lehrer um uns versammelt, die uns sagen, was unsere juckenden Ohren hören wollen (2. Timotheus 4,3).

Unsere Gesellschaft bewegt sich in die verkehrte Richtung. Entschlossen fliehen wir vor Gott. Pascal hat einmal geschrieben:

> Wenn sich alles gleichmäßig bewegt, bewegt sich dem Anschein nach nichts, etwa, wenn man auf einem Schiff fährt. Wenn sich alle der Zügellosigkeit hingeben, scheint es keiner zu tun; der, der anhält, macht das Treiben der andern, genau wie ein ruhender Punkt, erkennbar.*

Der falschen Bewegung unserer Kultur zu widerstehen, indem wir anhalten, das ist der Anfang einer guten Bewegung. Es ist die Aufgabe eines Älteren, eines Mentors, eines geistlichen Vaters, die Bewegungen, die von Gott wegführen, aufzudecken, indem er sie nicht länger mitmacht, sondern so still stehenbleibt, daß er Gottes Stimme hören kann und dann auf Gott und andere zugeht.

Vielleicht wird eine zweite Reformation auf der ersten auf-

---

* Blaise Pascal, *Pensées – Über die Religion und über einige andere Gegenstände*, Gerlingen 1994, S.177.

bauen und uns dazu aufrufen, endlich den Einen wirklich kennenzulernen, der unsere Gerechtigkeit ist. Vielleicht ist dazu eine Abkehr von den Experten nötig, die uns die Grundlagen für ein erfolgreiches Leben erklären können, hin zu der Weisheit von echten Ältesten, die Christus kennen. Es ist meine Hoffnung, daß Gott in unseren Kirchen und Gemeinden – leise, aber tiefgreifend – einen neuen Aufbruch wirkt, der uns Männer so nah zu Gott treibt, daß wir denen, die nach uns kommen, auf dem Weg zu echter Reife ein guter Vater und jenen, die an unserer Seite gehen, ein wahrer Bruder sein können.

Der Ruf zum echten Mannsein wird nie besonders attraktiv sein. Denn er ruft auch in die Einsamkeit, zum Geben, ohne auf Dank oder Anerkennung zu hoffen, zum Leiden als unabdingbarer Voraussetzung für echte Weisheit. Es ist die Berufung dazu, ohne Klage oder Furcht zu akzeptieren, daß die wichtigsten Bereiche des Lebens verwirrend sind. Es ist der Ruf, das künstliche Licht, das die Experten uns bieten, auszuschalten und uns in die «Finsternis von Gottes Licht» hineinzubegeben.* Und es ist der Ruf zu einer so großen Müdigkeit und Erschöpfung, daß uns die Aufforderung, weiterhin Gutes zu tun, geradezu grausam vorkommt.

Männer, die diesem Ruf Folge leisten, die sich vornehmen, Väter und Brüder zu werden, müssen dafür einen Preis zahlen, der so hoch ist, daß nur der Blick auf Christus sie zum Weitermachen bewegen kann. Was gehört zu diesem Preis? Zunächst einmal die Bereitschaft, ein Leben lang zu kämpfen – gegen die Lust, wo der Sieg schon darin bestehen kann, den mächtigen Trieben zu widerstehen, anstatt sie niederzukämpfen; gegen Spannungen in den Beziehungen, die man nicht immer versteht und die hin und wieder auch in einer Trennung enden können mit all dem damit verbundenen Leid; gegen die Mutlosigkeit, die oft so groß ist, daß sie alle guten Bewegungen fast zum Stillstand bringt.

---

* «Die Finsternis von Gottes Licht» ist eine interessante Formulierung, die Oswald Chambers zugeschrieben wird. Unter Umständen basiert sie auf Jesaja 50, 10–11.

Zweitens erfordert der Ruf, ein echter Mann zu werden, die Bereitschaft, an dem festzuhalten, was Gott gesagt hat, auch wenn oft über lange Zeit hinweg keine sichtbaren Beweise dafür da sind, daß sein Wort wirklich die Wahrheit ist.

Und drittens gehört zum Preis, diesem Ruf zu folgen, auch die Bereitschaft, demütig zu werden, und zwar bis zu einem solchen Grad, daß wir gar nicht mehr fähig sind, auf andere zuzugehen, und uns nichts übrigbleibt, als andere zu bitten, daß sie für uns beten.

Der Weg zum echten Mannsein ist schwer – aber jeder Schritt lohnt sich. Er gibt unserem Leben einen Sinn, den wir nirgends sonst finden können. Wir werden Zeiten der Zufriedenheit und Augenblicke der Freude erleben, die uns höher hinauftragen, als der gefallene Mensch es sich je vorstellen kann. Hin und wieder, ohne daß wir es vorhersagen oder selbst etwas dazutun könnten, zieht der Geist Gottes den Vorhang ein Stück weit zurück und schenkt uns einen Blick auf Christus, so daß wir mit Paulus sagen können: «Denn unsre Trübsal, die zeitlich und leicht ist, schafft eine ewige und über alle Maßen gewichtige Herrlichkeit» (2. Korinther 4,17).

Die Gedanken, die wir in diesem Buch dargelegt haben, mögen recht abstrakt erscheinen. Für Männer, die eine genaue Anleitung brauchen, sind sie wohl auch frustrierend. Wir hoffen aber, daß sie all jenen, die sich danach sehnen, ihr Mannsein auf einer tieferen Ebene zu erfahren, eine Hilfe sein können, damit aus diesem Sehnen Wirklichkeit wird.

Um dem Ganzen noch etwas mehr Substanz zu geben, wollen wir zum Schluß die persönliche Geschichte, mit der jeder von uns das Buch eingeleitet hat, ein wenig weitererzählen. Wir schildern in kurzen Worten, wie der Weg zum Mannsein, wie wir ihn auf den vorhergehenden Seiten beschrieben haben, für uns aussieht. Wir wünschen Ihnen, daß beim Lesen unserer Berichte in Ihnen der Wunsch erwacht, Jesus noch besser kennenzulernen, und dieser Wunsch immer stärker wird, bis daneben alles verblassen muß. Und wir wünschen Ihnen, daß Sie beginnen, ein Vater und Bruder zu werden, ein von Gottes Geist erfüllter und geprägter Mann, der anderen zum Mentor wird.

Die Geschichte geht weiter

Al Andrews

Ich hatte schon sieben Jahre Klavierunterricht, bevor ich bei Herrn Bülow mit den Stunden begann. Die anderen Lehrer hatten sehr viel Wert auf die Technik gelegt, und obwohl Herr Bülow sie nicht vernachlässigte, erwartete er mehr. Eines Tages gab er mir am Ende einer Stunde als Hausaufgabe auf, bis zum nächsten Mal die sieben oder acht Stücke eines kleinen Albums auswendig zu lernen. Als ich – ein paar Wochen später – wieder zu ihm kam, spielte ich ihm die Stücke vor.

Als ich fertig war, meinte er, technisch gesehen sei alles richtig gewesen. Ich hätte genau das vorgetragen, was in den Noten stand. Trotzdem, so meinte er, fehlte etwas.

«Du hast nicht mit genug Gefühl gespielt», sagte er. «Spiel die Stücke einmal so, wie du denkst, daß der Komponist es gemeint hat.» Ein Dreizehnjähriger hätte das leicht als seltsame Forderung eines Erwachsenen oder Spinnerei eines Musiklehrers abtun können; doch in seiner Stimme schwang etwas mit, das mich veranlaßte, es noch einmal zu versuchen.

Ich hatte kaum ein paar Takte gespielt, als er mich unterbrach. «Nein, nein, nicht so! Versuch es nochmal.» Ein neuer Anfang. Wieder der Befehl, aufzuhören – diesmal mit noch mehr Nachdruck. «Spiel das Stück mit dem Herzen. Spiel mit mehr Leidenschaft!» Frustriert, aber um so entschlossener blieb ich einen Moment sitzen, den Blick auf die Tasten geheftet, als könnten sie mir sagen, wie ich spielen sollte. Ich überlegte einen Augenblick, dann legte ich die Finger auf die Tasten, beugte mich vor und begann.

So lange ich lebe werde ich diesen Augenblick nicht vergessen. Es war eine ganz andere Musik, die da plötzlich aus dem Flügel kam. Irgend etwas war in mir freigesetzt worden. «Ja, das ist es!» sagte er. «So muß es klingen! Jetzt hast du es begriffen!» Ja, ich hatte ihn verstanden. Jetzt wußte ich, was er meinte. Ich spielte weiter, voller Begeisterung und angesteckt von seiner Freude – aber trotz allem aus mir selbst heraus.

Es war ein phantastischer Tag. Ein Tag, an dem irgend etwas, das bislang tief drinnen in mir verborgen war, endlich freigesetzt wurde – und heraus kam Musik, warme, tief empfundene Musik des Herzens.

Ein paar Wochen später hörte ich mit dem Unterricht auf.

Der Tag, an dem ich aufgab, hat mich noch jahrelang verfolgt. Wenn ich andere Klavier spielen sah, dann wünschte ich, ich selbst säße dort am Instrument. Ich habe die Entscheidung zutiefst bereut. Aber damals schien sie mir der einzige Ausweg.

Woraus? Warum wollte ich aufhören, nachdem ich etwas so Gewaltiges erlebt hatte? Warum lag mir soviel daran, daß ein solcher Augenblick sich nicht wiederholte? Warum zog ich mich zurück, als ein guter und begabter Lehrer mich dazu brachte, die eigenen Grenzen zu überwinden und nach Höherem zu streben? Ich habe lange nach Antworten auf diese Fragen gesucht und festgestellt, daß drei Aspekte einen ganz besonderen Einfluß auf mein Leben haben.

Der erste liegt auf der Hand: Ich hatte Angst. Angst vor dem Versagen? Zum Teil. Aber größere Angst hatte ich vermutlich davor, daß mir da etwas aus der Hand gleiten könnte. Schon in jungen Jahren lag mir daran, mein Leben so ordentlich und vorhersagbar wie möglich zu gestalten. Ich ließ mich auf keine Streitereien ein, ich widmete mich überhaupt keiner Sache mit übermäßiger Begeisterung. Ich wollte möglichst wenige Höhen und Tiefen erleben und immer wissen, was auf mich zukam. Auch wenn ich damit keine großen Erfolge würde erringen können, so würde ich auch nicht allzu viele Fehler machen.

Melodien zu spielen, die nicht in den Noten standen, das hätte mich ja in unbekannte Bereiche führen können, in gefährliche Gebiete. Ich wollte mein Leben auf den Notenlinien führen, da, wo die Noten sind und die Anweisungen stehen, wo Anfang und Ende bekannt sind. Wenn ich den Bereich des Bekannten verließ und mich auf Unwägbares einließ, dann bestand die Gefahr, daß mein Unvermögen ans Licht kam. Es bestand die Möglichkeit, daß ich mich lächerlich machte; überhaupt war die Wahrscheinlichkeit, es nicht zu schaffen, größer. Wie die meisten Männer habe ich es nicht gern, bloßgestellt zu werden. Es ist besser, sich an die Noten zu halten, die Regeln zu befolgen und unversehrt durchzukommen. Vermeide jedes Risiko. Halte dich von allem Chaos fern.

Der zweite Grund, warum ich aufgab, ist etwas heikler. Wenn ich meine Sache gut machte, dann würde man mehr von mir verlangen. Vor meinem inneren Auge sah ich schwierigere Stücke, ich sah mich öfter vortragen, ich würde also auch mehr üben müssen, und man würde mehr von mir erwarten. Ich spürte die Last und den Druck, aber ich wollte und brauchte beides nicht. Wenn ich purer Durchschnitt blieb, dann mußte ich mir um all diese Dinge keine Sorgen machen. Ich würde nicht auffallen.

Der dritte Grund war ganz und gar nicht offensichtlich, aber darum nicht weniger real. Ich haßte meine Begabung. Ich spürte genau, daß sie mir auch Unangenehmes bringen würde. Und was für den Klavierspieler gilt, gilt genauso für den Christen, den Liebhaber, den Sportler, den Künstler, den Schriftsteller. Wenn er gut ist, wird er leiden. Dieses Leiden wird sowohl in Anfeindungen bestehen wie auch in der Einsamkeit. Wenn ein Mann sich wegen irgend etwas hervortut, dann werden ihn zwar einige mögen, aber viele werden ihn hassen. Neid und Eifersucht kennen angesichts wahrer Leistung keine Zurückhaltung. Dazu kommt, daß der Mensch, der sich seinen Leidenschaften hingibt, ein Stück Himmel kostet. Er bekommt einen Vorgeschmack davon, wie es einmal sein wird. Mit diesem Vorgeschmack kommt aber auch das Bewußtsein, allein unterwegs zu sein, ein Pilger zu sein, der sich nach der Heimat sehnt, aber noch nicht dort ist. Die Sehnsucht weckt einen Hunger in ihm, der in diesem Leben nicht gestillt werden kann.

Es tut weh, mit diesem Hunger zu leben. Es tut weh, Heimweh zu haben. Wenn ich leidenschaftslos lebe, wenn ich meine Arbeit gerade so erledige, daß sie den Anforderungen genügt, dann spüre ich den Schmerz jedoch nicht, und ich muß nicht leiden.

War mir all das bewußt, als ich mit dem Klavierunterricht aufhörte? Natürlich nicht. Damals hatte ich als Ausrede, ich wolle lieber im Schulorchester Trompete spielen. Erst im Rückblick habe ich erkannt, daß es letztlich nicht um die Hinwendung zu einem anderen Instrument ging, sondern um die Flucht vor etwas anderem. Was ich an jenem Nachmittag empfand, war mir zu gefährlich. Das Unbehagen war stärker als die Freude. Es war zu groß, und die Angst hinterließ ein hohles Gefühl.

Wie oft habe ich in meinem Leben diese Leere empfunden. Irgend etwas fehlte. Es kam mir vor, als sei ich an irgendeinem himmlischen Fließband zusammengesetzt worden, aber irgendein wichtiges Teil hatte man vergessen. Ich habe überall danach gesucht. In Seminaren habe ich aufmerksam auf jedes Wort, jeden Satz geachtet, der mich ganz machen könnte. Ich habe Buch um Buch gelesen in der Hoffnung, irgendeine kostbare Weisheit würde mir aus den Seiten entgegenspringen. Ich habe mich mit engagierten, begabten Freunden umgeben im Versuch, durch sie zu bekommen, was mir vermeintlich fehlte, und habe alles in mich aufgesaugt, was sie mir geben konnten. Aber alles Suchen war umsonst. Das fehlende Teil blieb verschwunden.

Ich habe mit anderen Männern über meine Suche gesprochen, und die meisten erkannten sich selbst darin wieder. «Ich weiß, wovon Sie reden», sagen sie, und in ihrer Stimme klingt so etwas wie Erleichterung. «Ich dachte, es ginge nur mir so.» Obwohl jeder seine eigene Geschichte hat, weiß jeder beredt davon zu erzählen, was ihm selbst fehlt. Auch die Suche nach dem fehlenden Teil sieht bei jedem anders aus, und was sie finden, um die Leere zu füllen, hilft nur kurze Zeit.

Meine Geschichte steht beispielhaft für eine Wirklichkeit, die jedem Mann eigen ist. In jedem von uns lebt eine Sehnsucht, die zum Ausdruck kommen will. Sie ist voller Leidenschaft, und sie ist kreativ. Sie muß nicht gelernt, sie muß nicht erst hervorgerufen werden, sie ist bereits da. Von Geburt an ist sie uns eingepflanzt und wartet darauf, freigesetzt zu werden. Aber wenn der Moment kommt, dann haben wir Angst. Das ist mir jetzt bewußt, aber viele Jahre lang erkannte ich es nicht.

Hin und wieder hatte ich das Gefühl, da sei etwas in mir, was nur selten zum Vorschein komme. Es war zu spüren, wenn ich mich für etwas begeisterte, wenn ich einmal für meine Meinung eintrat, wenn ich eine schwierige Aufgabe erledigen konnte, wenn ich in einer schwierigen Situation die rechte Lösung fand. Aber weil das nur so selten vorkam, war es oft eher enttäuschend als mutmachend. Es zeigte nur, wie vergeblich letztlich alles war. Ich war bereits Mitte dreißig, als ich etwas Tieferes erlebte.

Im Sommer 1989 trat ich in Nashville aus dem Flugzeug, um mich mit Nita Baugh zu treffen. Es war erst das zweite Blind Date meines Lebens. Das erste, noch zu Collegezeiten, war eine Katastrophe gewesen. Obwohl ich mir damals geschworen hatte, mich nie wieder auf so etwas einzulassen, hatte ein guter Freund es mit seinen Überredungskünsten geschafft, es mich noch einmal versuchen zu lassen.

Schon bei der ersten Begegnung auf dem Flughafen spürten wir beide, daß irgend etwas anders war. Es war keine Liebe auf den ersten Blick, aber wir spürten sofort, daß uns etwas verband. Während des ersten gemeinsamen Wochenendes segelten wir auf einem nahegelegenen See, wir unterhielten uns bei einer Tasse Kaffee, aßen in einem romantischen italienischen Restaurant und freuten uns an der Gesellschaft des andern. Diese Frau faszinierte mich. So sehr ich es auch versuchte, ich konnte nichts Unrechtes an ihr finden, irgend etwas, das mir eine Entschuldigung für einen Rückzieher hätte geben können.

Einmal während jenes ersten Besuches wachte ich mitten in der Nacht auf. Mein Herz raste, und ich war schweißgebadet. Mit der Panik kam das bekannte Gefühl der Angst. «Ich mache da einen Riesenfehler», dachte ich. «Was, wenn sie nicht die Richtige ist? Ich muß weg von hier.» Ich hatte schon früher solche Gedanken gehabt, und diese Panik hatte mich noch in jeder Beziehung zu einer Frau irgendwann überfallen. Jedesmal hatte sie dazu geführt, daß ich mich schließlich zurückzog. Ich hatte angenommen, sie sei ein Hinweis darauf, daß mit der Beziehung etwas nicht stimmte. Ein Warnzeichen, das man besser beachtete. Aber noch nie waren diese Gefühle bereits nach zwei Tagen aufgetaucht. Das war zu früh! Wenn ich in jener Nacht ein Auto zur Verfügung gehabt hätte, dann hätte ich vielleicht versucht, zum Flughafen zu entkommen. Da ich keines hatte, beschloß ich statt dessen zu beten.

Ich bat Gott, mir die Angst zu nehmen. Er tat es nicht. Ich bat ihn, mir ein Zeichen zu geben. Er schwieg. Die Panik hielt noch eine ganze Zeit an. Sie machte mir angst. Aber nachdem ich eine Zeitlang gewartet und mit ihr gerungen hatte, gewann etwas Neues die Oberhand. «Diese Gefühle sind verkehrt!» schrie ich. «Ich bin jetzt vierunddreißig und bin es leid, immer vor den Frauen davonzurennen. Ich bin allein, weil die Angst immer gewinnt. Aber ich mag Nita, und diesmal bleibe ich hier!» Der Kampf hatte begonnen, das spürte ich, und es ging um mehr als nur um diese Beziehung. Es ging um meine Dickköpfigkeit, um meine Angst, den ersten Schritt zu tun, um meine Scheu vor dem Risiko, meinen Hang, allem, was mir nahegehen konnte, zu entfliehen.

Das Gefühl der Panik, auch wenn es stark und nicht zu leugnen war, war nicht mein eigentliches Ich. Die Ängste waren eine bequeme Entschuldigung, nicht selbst die Initiative ergreifen zu müssen. Nita gefiel mir, und das Wochenende war schön gewesen. Sie zog mich an, und ich wollte die Beziehung zu ihr fortsetzen. Ich wollte nicht davonlaufen wegen einer unerklärlichen Angst, die eher nützlich als echt war. In jener Nacht lernte ich es, anders zu beten. Ich bekannte meine Feigheit und den Schaden, den ich anderen damit zugefügt hatte. Ich betete darum, daß ich meinen Wunsch zu fliehen bekämpfen und es lernen würde, zu lieben. Dann schlief ich ein. Am nächsten Morgen war ich neu entschlossen. Sechs Monate später verlobten wir uns, und ein Jahr darauf war die Hochzeit. Die Panik kam nie wieder. Das erstaunte mich.

Ich will mit dieser Geschichte keinen Leitfaden anbieten, dem ängstliche Männer nur zu folgen brauchen. Ich sage nicht, daß ein ernsthaftes Gebet alle Ängste beendet. Viele haben schon ähnlich gebetet und ernstgemeinte Versprechen abgegeben, aber die Angst wurde nur noch größer.

Ich weiß selbst nicht genau, warum sie bei mir nie wieder auftauchte. Aber ich weiß, daß ich selbst eine Entscheidung getroffen habe, die anders war als meine früheren Entschlüsse.

Ich entschied mich dafür, trotz meiner Angst etwas zu unternehmen, den Schritt in das chaotische, aufregende, riskante Dunkel einer Beziehung zu tun. Dazu brauchte ich den Glauben, daß in mir noch etwas steckte, das nur darauf wartete, freigesetzt zu werden. Das Ergebnis ist nicht immer nur positiv gewesen. Es gibt auch heute noch Zeiten, in denen ich auf den alten Weg zurückkehre, in denen ich nicht vorwärts gehe, sondern statt dessen in die alten, vorhersehbaren Muster zurückfalle. Aber dennoch hat sich etwas verändert.

Zwei Bilder haben mein Leben begleitet: Der kleine Baseballspieler, der Angst hat zu schlagen, und der Klavierspieler, der aufgibt, als seine Gefühle gefragt sind. Beide Bilder zeigen sowohl die Nützlichkeit der Angst wie auch das Gefühl der Sicherheit, das einen erfüllt, wenn man kein Risiko eingeht. Aber ich habe auch mit den Folgen dieser Entscheidung leben müssen: mit Gefühlen des Versagens, der Einsamkeit und Unsicherheit. Hätte es keine Veränderung gegeben, dann wäre ich mein ganzes Leben in der Rolle des Versagers geblieben. Aber etwas hat sich geändert, und damit wuchs auch der Wunsch nach mehr.

Was war die Ursache? Was hat mich dazu bewogen, mich endlich in Bewegung zu setzen? Es war keine Reaktion auf irgendeine geistliche Herausforderung, auch nicht auf eine scharfsinnige Erkenntnis, was Mannsein bedeutet. Statt dessen war es die Einsicht, daß ich mich als Mann auf einem Irrweg befand.

Ich bin ein verlorener Sohn. Aber ich war nicht in ein fernes Land gereist, um dort mein Erbe mit Wein und schönen Frauen zu verprassen. Nein, mein Leben war nicht anstoßerregend. Meine Reisen führten mich in ein Land der Sicherheit, wo ich den Göttern von Vorhersehbarkeit und Leidenschaftslosigkeit diente. Eine Zeitlang machte mir dieses Leben Spaß. Aber dann machte sich durch die vermeintliche Sicherheit hindurch der Hunger bemerkbar. Wie beim verlorenen Sohn aus der Bibel war es der Hunger, der mich nach Hause brachte: der Hunger eines Mannes. Ich wollte etwas von dem Bild des Vaters widerspiegeln, ich wollte mich einbringen, ich wollte Leidenschaften zeigen und unberechenbar sein. Zu meiner Umkehr gehörte das

Bekenntnis, daß ich einen anderen Weg gewählt hatte, daß mir der Schaden, den ich auf diesem Wege angerichtet hatte, leid tat, und daß ich mich danach sehnte, zu Hause beim Vater zu sein. Um ein echter Mann zu sein, muß ich mich immer wieder auf den Heimweg begeben.

Vor einigen Monaten überraschte mich meine Frau zu meinem vierzigsten Geburtstag mit einem Klavier. Und sie gab mir die Noten genau des Stückes, das ich damals spielte, bevor ich den Unterricht abbrach. Als das Klavier gebracht wurde, da setzte ich mich auf den Hocker und blickte lange auf die neuen, weißen, glänzenden Tasten. Nita und unser sieben Monate alter Sohn Hunter saßen neben mir, als ich zu spielen begann. Ich probierte es. Es machte mir Spaß, und ich wußte, diesmal würde ich nicht davonrennen. Auch Nita genoß die Musik. Ihr standen die Tränen in den Augen, weil sie wußte, was das Spielen für mich bedeutete. Hunter staunte nur über diese seltsamen neuen Klänge und lachte sein breites, zahnloses Grinsen.

Ich liebe meine Familie. Ich liebe andere Menschen. Und ich liebe Christus. Deshalb will ich nicht mehr davonrennen. Ich möchte lieber mutig vorwärts gehen und – mit meinem Leben – die Geschichte von der Versöhnung erzählen. Ich weiß, daß ich stolpern werde, und von Zeit zu Zeit werde ich mich auch wieder auf den Weg in das fremde Land begeben. Aber ich weiß jetzt, daß die Musik und das Festmahl, die im Haus des Vaters auf mich warten, mich jedesmal zurückrufen werden, bis ich für immer dort bleiben darf.

Don Hudson

Wenn Menschen so viel Mut in diese Welt bringen, dann muß die Welt sie töten, um sie zu brechen, und natürlich bringt sie sie um. Die Welt bricht jeden, und hinterher sind viele gerade an den zerbrochenen Stellen stark.
Ernest Hemingway, *A Farewell to Arms*

Er war der kleine Sohn, den ich nie gewollt hatte.

Ich will das erklären. Es ist nicht so, daß ich Kinder nicht gern hätte. Sie sind mir auch nicht lästig. Ganz im Gegenteil. Ich habe mein ganzes Leben davon geträumt, zu heiraten und Kinder zu haben. Das Problem war nur, daß ich es mir überhaupt nicht zutraute. Wie sollte ich ein Vater sein können, wo ich selbst ohne Vater aufgewachsen war?

Ich hatte mich immer als unzulänglich und mangelhaft empfunden – als kaputt. Ein Kind zu haben, das würde mich nun jede Minute an meine Unzulänglichkeiten erinnern. Wie sollte ich einem Kind etwas geben können, wo ich gar nichts zu geben hatte?

Trotz meiner Selbstzweifel wurde uns ein Sohn geschenkt. Wir waren viereinhalb Jahre verheiratet, als er zur Welt kam, und wir nannten ihn Donald Michael Martin Hudson. Er erhielt die Namen seines Vaters und seiner Großväter. Vielleicht erinnern Sie sich an meine Geschichte. Ich änderte meinen eigenen Namen, als ich sechs war. Namen sind für mich wichtig. Ich gab mir selbst einen anderen Namen, weil ich in einer leeren und verwirrenden Phase meines Lebens eine Identität brauchte. Und nun nannte ich meinen Sohn nach seinen Vätern, damit er weiß, daß er nicht allein ist, daß da Männer sind, die ihn tragen, die ihn lieben. Ich möchte, daß er sich an diese Männer erinnert.

Es gibt im Leben Augenblicke, die uns für immer verändern, die uns auf einen Weg schicken, den wir nie für möglich gehalten hätten. Die Geburt meines Sohnes war für mich ein solcher Augenblick. Ich war von Anfang an völlig hingerissen und außer mir angesichts dieses kleinen, verschrumpelten, zappeligen Wesens. Es war, als sei am Tag seiner Geburt in meinem Herzen ein Damm gebrochen, und eine Flut von Liebe für diesen meinen Sohn erfüllte mich.

Sie brachte aber auch noch etwas anderes. Sie brachte eine neue Art von Sorgen, die ich bislang nicht gekannt hatte: Was wäre, wenn ich diesen kleinen Jungen verlieren würde? Plötzlich tobten zwei starke Gefühle in mir – eine überwältigende Liebe und eine lähmende Angst. Ich wollte zu meinem Sohn eilen und gleichzeitig vor ihm davonlaufen.

In jenem Augenblick begriff ich, daß ich einen gewaltigen Fehler begangen hatte. Die Liebe zu dem kleinen Jungen hatte mich in eine Falle gelockt. Bislang hatte ich immer zu allen Menschen Distanz gewahrt. Wenn mich jemand ablehnte, dann tat das nicht weiter weh, weil ich sowieso niemandem besonders nahestand. Aber an jenem Tag im Kreißsaal blieb ich hilflos stehen, als ein kleiner Junge mein Herz stahl. Er kam in meine Welt wie ein Wirbelwind und zerriß die dünnen Fäden meines selbstgewebten Kokons.

Einen Monat später wurde unser schlimmster Alptraum Wirklichkeit. Am Wochenende des 4. Juli wollte ich mit meiner Frau für ein paar Stunden fort. Wir wollten mit ein paar guten Freunden ein Konzert besuchen. Aber als der Freitag abend näherrückte, wurde Suzanne unruhig. «Mir ist einfach nicht wohl bei dem Gedanken, fortzugehen.» Eine andere Erklärung hatte sie nicht. Aber ich hatte inzwischen gelernt, ihrer Intuition zu trauen. Wir beschlossen, daß ich allein zum Konzert gehen würde, weil ich mich ohnehin mehr für die Musik interessierte als sie.

Als ich spät am Abend zurückkam, spürte ich sofort ganz instinktiv, daß etwas nicht stimmte. Als ich mich dem Schlafzimmer näherte, hörte ich Michael jämmerlich schreien. Meine Frau sah mich ängstlich an.

«Was ist los?» fragte ich. Ich nahm Michael auf den Arm und versuchte ihn zu beruhigen. «Er fühlt sich heiß an. Hast du die

Temperatur gemessen?» In ihrer Angst und Verzweiflung hatte sie es vergessen.

Michael hatte tatsächlich sehr hohes Fieber. Wir wußten genug über Kinder, um zu erkennen, daß er sofort ins Krankenhaus mußte. Als wir ankamen, maß ihm auch die Schwester als erstes die Temperatur. Und dann wurde es plötzlich hektisch. Man rief den Kinderarzt. Minuten später war er da und erklärte uns, die Situation sei sehr ernst. Es könne sein, daß Michael Meningitis habe. Er ordnete sofort eine ganze Reihe von Untersuchungen an.

Ich war wie benommen. Zwar wußte ich nicht, daß Meningitis eine Hirnhautentzündung ist, aber in meinem Kopf jagten sich Vorstellungen von Gehirnschäden oder Tod. Der Arzt bat uns, während der Untersuchungen im Wartezimmer zu bleiben, aber ich weigerte mich. Ich konnte es nicht ertragen, Michael allein zu lassen. In meinem Innern begann etwas zu bröckeln. Ich war schon oft genug im Krankenhaus gewesen, aber nie hatte ich dabei solche Angst empfunden. Und diesmal war es ja auch tatsächlich anders. Es ging nicht um mich, sondern um meinen Sohn. Da blieb nicht viel Zeit zum Nachdenken.

Während der laufenden Untersuchungen kam ein Röntgenassistent hereingestürmt und schob mich mit Michael in einen anderen Raum, wo seine Lungen geröntgt werden sollten. Was dann folgte, wird mir für immer im Gedächtnis bleiben. Der Röntgenassistent hatte für einen Moment den Raum verlassen und mich mit Michael allein gelassen. Ich wandte mich an Gott. Ich war fast verrückt vor Angst – aber gleichzeitig war ich furchtbar wütend! Wie konnte Gott so mit meinem Sohn spielen! Michael fest an meine Brust gedrückt, rannte ich im Zimmer auf und ab und rang mit Gott. Doch es dauerte nur einen Moment, bis mein Zorn verflog und ich ein seltsames Gebet begann: «Vater, bitte, nimm ihn nicht fort – nimm lieber mich. Wenn es etwas Ernstes ist und du ihn zu dir nehmen willst, nimm lieber mich, aber laß ihn leben.»

So absurd das Gebet auch klingen mag, ich meinte es ernst. Ich will auch nicht behaupten, daß jeder so beten sollte, wenn er in Not ist, aber ich konnte mich damals nicht dagegen wehren.

Zum Glück hatte unser Sohn statt gefährlicher Meningitis nur eine recht ernste Virusinfektion. Innerhalb von drei Tagen war sie abgeklungen. Doch in jenen Augenblicken der Krise war in mir etwas geschehen, etwas Heiliges hatte mich ergriffen. Ich hatte erkannt, daß ich bereit war, für meinen Sohn mein Leben hinzugeben. Ich hatte einen flüchtigen Schimmer davon erhascht, was es bedeutet, für einen anderen dazusein. Ein paar Tage später konnte ich nur staunen: «Ich glaube, so langsam fange ich an zu begreifen. Mein Leben gehört nicht mir selbst. Ich bin dazu berufen, für andere zu leben. Und ich will es auch. Vielleicht ist es das, was wirklich Mannsein bedeutet.»

In jener Nacht hätte ich nicht einen Moment gezögert, mein Leben aufzugeben, wenn ich damit das Leben meines Sohnes hätte retten können. Mächtige Vatergefühle waren in mir aufgestiegen und hatten von mir verlangt, etwas für Michael zu tun. Ich hatte keinen Einfluß darauf, und ich konnte nichts dagegen vorbringen.

Der Gedanke, daß ich meinen Sohn verlieren könnte, zeigte mir ein paar überraschende Dinge über das Wesen des Mannseins. Ich begriff, daß ich das, was ich zum Mannsein brauchte, schon lange besaß – daß die Gefühle in mir waren. Niemand mußte mich dazu überreden, für meinen Sohn zu beten. Im Gegenteil, ich war selbst völlig verblüfft über die heftigen Empfindungen für meinen Sohn. Trotz meiner Angst hatte ich das Gefühl, irgendwie stark zu sein. Nie hatte ich mich machtloser gefühlt – aber darauf kam es gar nicht an. Aus meinem Inneren stieg etwas empor, das viel größer war als die Angst.

Ich begriff, daß Mannsein keine Spielregel ist, die man nur herausfinden, kein Geheimnis, das man entdecken muß. Da fehlt kein Stück in meiner Seele, das wieder angenäht werden müßte wie ein abgetrennter Körperteil. Das Problem war gar nicht, daß mir etwas fehlte. Das Tragische war vielmehr, daß ich mich bislang geweigert hatte, das auszuleben, was an Wahrem in mir bereits vorhanden war.

Ich begriff, daß der Mann darauf angelegt ist, für jemand anderen zu leben. Mein ganzes Leben lang hatte mich mein Gefühl der Unzulänglichkeit dazu überredet, nur für mich selbst dazusein. Ich glaube sogar, ich wäre mit der Krise um meinen Sohn anders umgegangen, wenn sie ein paar Jahre früher eingetreten wäre. Wahrscheinlich hätte ich ihn dem Arzt übergeben und mich selbst in irgendeiner dunklen Ecke des Krankenhauses verkrochen, bis das Problem vorüber war. Doch einen kurzen Augenblick lang war ich – ohne es vorher zu üben – der Mann geworden, der ich immer hatte sein wollen. Das Gefühl der eigenen Unzulänglichkeit war plötzlich keine Entschuldigung mehr, um mich zurückzuziehen und nicht für Frau und Kind dazusein.

In den vergangenen fünf Jahren habe ich es gelernt, mit der Hoffnung zu leben. Mein Leben und mein Reden sind nicht vollkommen; nein, selbst beim Schreiben dieses Kapitels sind mir meine Unsicherheit und meine Fehler nur zu deutlich bewußt. Aber etwas hat sich geändert. Ich habe eine Hoffnung gefunden, die ich gern weitergeben möchte. Es ist kein Patentrezept, keine Regel, die man sorgfältig befolgen muß, sondern ein Geheimnis, das man nur erleben kann.

Meine Hoffnung basiert auf zwei Erkenntnissen:

Ich bin unvollkommen

Jahrelang habe ich so getan, als hätte ich alles im Griff. Aber das war nur Fassade. Es gab in meiner Vergangenheit genug erschütternde Ereignisse, die mir zeigten, wie mangelhaft ich war. Das zuzugeben wäre für mich aber schlimmer gewesen als der Tod. Obwohl ich mich bei allem als Versager fühlte, mußte ich so tun als ob. Ich war ein kleiner Junge im Männeranzug.

Ich schreckte davor zurück, zu heiraten, Kinder zu haben oder tiefere Freundschaften zu beginnen, weil ich keine Ahnung hatte, was es überhaupt heißt, ein Mann zu sein. All meine Mängel ließen mich überzeugt sein, daß ich der Aufgabe nicht gewachsen war. Ein Mann, das war für mich jemand, der niemals Angst hat, der immer weiß, was zu tun ist. Also setzte ich alles daran, meine Schwächen zu übertünchen. Ich sammelte Studienabschlüsse. Ich schloß als Bester meines Jahrgangs ab. Ich bemühte mich, der beste Lehrer an der ganzen Uni zu werden. Aber alles reichte nicht aus. Ich hatte noch immer das Gefühl, als würde etwas fehlen. Ich glaubte, ich würde erst dann ein Mann sein, wenn alle meine Unvollkommenheiten aufhörten und ich die Dinge im Griff hätte. Ja, meine Hauptbeschäftigung bestand letztlich darin, gegen meine Unzulänglichkeiten anzugehen. Dann würde ich endlich so sein, wie ich es mir erträumte.

Aber ist das auch Gottes Vorstellung vom Mann?

Denken wir nur an Adam. Er lebte in einer vollkommenen Welt. Die Schlange war für ihn etwas völlig Neues. Wir haben keinen Hinweis darauf, daß Gott Adam vor der Schlange warnte. Und Adam hatte vermutlich keine Ahnung, wie er reagieren sollte. Kurz, er war der Aufgabe nicht gewachsen. Aber Adam hätte reagieren, er hätte eingreifen, er hätte sich an das erinnern können, was Gott befohlen hatte.

Wenn das Chaos in meine Welt einbricht, dann will ich wissen, was ich antworten soll. Ich muß zuerst wissen, was ich zu tun habe, bevor ich mich richtig verhalten kann. Ich will es richtig machen.

Vielleicht fragen wir uns, warum Gott während der Versuchung nicht eingegriffen und nichts gesagt hat. Tatsächlich sind es zwei, die schweigen: Adam und Gott. Im Bericht von der Versuchung sagt Gott gar nichts. Er hat die verwirrende Situation in Adams Leben nicht beendet und auch nicht das Chaos aus seiner Welt genommen. Und damit zeigt er, daß er Adam respektiert. Er erwartet von ihm, daß er sich verhält wie ein Mann.

Auch in meinem Leben nimmt Gott die verwirrenden Situationen nicht einfach fort. Mein ganzes Leben lang habe ich mir gewünscht – ja, ich habe Gott angefleht –, daß er das Chaos aus meinem Leben entfernt, damit ich ein Mann werden kann. Irgendwie sollte er in meinem Herzen einen Schalter anknipsen, damit ich mich ändern konnte. Ich wollte in meiner Welt keine entscheidenden Schritte unternehmen, solange ich mich der Sache nicht gewachsen fühlte.

In Gottes Augen jedoch war mein Zögern keine Lappalie. Vielmehr war es eine Auflehnung gegen den Plan, den er für mich hat. Das Chaos des Lebens ist Gottes Geschenk an uns Männer. Ohne Durcheinander und Tragödien würden wir nie so werden, wie er uns gewollt hat. In dem allem erwartet er von uns, daß wir ihm vertrauen – und nicht uns selbst. Mit meinem zornigen Verlangen, die Dinge in den Griff zu bekommen, zeigte ich jedoch nur, daß ich mich lieber auf mich selbst verlasse als auf Gott. Jahrelang hat mich das Gefühl der Unzulänglichkeit davon abgehalten, am Leben anderer Anteil zu nehmen, weil ich nicht darauf vertraute, daß Gott mir helfen würde, mich im Chaos meiner Welt sicher zu bewegen.

In seinem Buch «Cannery Row» erzählt John Steinbeck eine sehr aufschlußreiche Geschichte. Zwei Männer unterhalten sich über einen dritten, über Henri, den Maler. Henri ist ein seltsamer Mensch und vor allem ein Träumer. Aber eines kann er besonders gut: Er kann Boote bauen. Henri ist ein begabter Handwerker, und er verbringt die meiste Zeit seines Lebens damit, auf einem freien Grundstück ein Boot zu bauen. Jahrelang hat er das Material zusammengesammelt – Holz, Farbe, Kupfer, Schrauben, Nägel. Und Steinbeck sagt über Henri: «Als Bootsbauer war er hervorragend. Henri war beinahe ein Künstler. Das Boot war eher eine Skulptur als ein einfaches Bauwerk.»

Aber da ist ein Problem. Henri baut seine Boote nie fertig. Er baut sie wunderschön und vollkommen, aber er weigert sich, sie zu Ende zu bauen. Jedesmal, wenn ein Boot beinahe fertig wäre, überlegt er es sich anders und fängt an, ein neues zu bauen.

Was erzählen sich nun die beiden Männer über Henri?

Doc kicherte: «Baut er immer noch an seinem Boot?»

«Klar», sagte Hazel. «Er hat nochmal ganz von vorn angefangen. Ein ganz neues Boot. Ich nehme an, er nimmt es nochmal auseinander und ändert es. Doc, ist er eigentlich verrückt?»

Doc ließ den schweren Sack mit Starfisch auf den Boden sinken und atmete schwer. «Verrückt?» fragte er. «O ja, ich glaube schon. Genauso verrückt wie wir alle, nur ein bißchen anders.»

Daran hatte Hazel noch nie gedacht. Er hielt sich selbst für so ehrlich und durchschaubar wie kristallklares Wasser und sein Leben für ein getrübtes Glas mißverstandener Tugend. Docs letzte Bemerkung hatte ihn etwas verärgert.

«Aber das Boot ...», rief er. «Seit sieben Jahren baut er schon an dem Boot. Die Holzböcke, auf denen er es aufgebockt hat, sind

> morsch geworden, und er hat Zementblöcke gegossen. Jedesmal, wenn es fast fertig ist, ändert er es und fängt nochmal von vorne an. Ich glaube, er ist verrückt. Sieben Jahre an einem Boot.»
>
> Doc hatte sich auf den Boden gesetzt und zog sich die Stiefel aus. «Du verstehst das nicht», sagte er leise. «Henri liebt seine Boote, aber er hat Angst vor dem Meer.»

Auch ich habe in meinem Leben viele Boote gebaut. Und manche waren echte Meisterstücke. Wie ich bereits in der Eingangsgeschichte erzählt habe, habe ich bis zu meinem achtundzwanzigsten Lebensjahr einige meiner liebsten Träume in die Tat umgesetzt. Aber ich habe die Erfolge in Bereichen errungen, die nicht lebenswichtig sind. Statt dessen baute ich dort, wo es mir sicher vorkam – Unterricht, Predigen, Erziehung. Aber wenn es um die Dinge ging, auf die es ankommt – Ehe, Kinder, Freunde –, dann war ich von Angst erfüllt. O ja, es sah aus, als sei ich am Bauen. Eifrig sägte ich die Bretter, hobelte die Kanten und setzte das Gerippe zusammen. Und wahrscheinlich sah ich dabei wie ein echter Mann aus. Aber ich kam mir vor wie ein kleiner Junge. Ich hatte Angst vor dem Meer, deshalb mußte ich alles daransetzen, um mich vom Gegenteil zu überzeugen. Ich strengte mich ungeheuer an, um meine Unzulänglichkeiten zu überwinden, weil ich mich nicht aufs Meer wagte, solange ich nicht selbst glaubte, daß ich es schaffen würde.

Wie jeder Mann hatte ich mit meiner Unvollkommenheit zu kämpfen. Was aber sollen wir damit tun?

Meine Unvollkommenheit ist meine Stärke

Männer, die Gott gefallen, sind zerbrochene Männer. Sie haben nichts zu verlieren und müssen nichts beweisen. Sie können etwas riskieren. Sie haben einen großen Glauben. Sie sind leidenschaftliche Liebhaber.

In dieser Welt ist es wichtig, dort stark aufzutreten, wo man auch stark sein kann. Das aber ist ein heidnisches, gottloses Prinzip. Bei der gottlosen Leiterschaft herrschen die starken Männer über die schwachen. Männer an der Macht gebrauchen die anderen zu ihrem eigenen Nutzen.

Aber Gott ruft uns dazu auf, an unseren Schwachstellen stark zu sein. Wenn wir uns mehr aus unserer Schwäche als aus der Stärke heraus definieren, dann folgen wir dem Beispiel des einzigen Mannes, der je vollkommen war. Er hat seine Berufung so beschrieben: «Wir gehen jetzt nach Jerusalem. Dort wird der Menschensohn den Hohenpriestern und Schriftgelehrten ausgeliefert werden. Man wird ihn zum Tode verurteilen und den Römern übergeben. Die werden ihn verspotten, auspeitschen und ans Kreuz schlagen» (Matthäus 20,18-19; Hoffnung für alle).

Der Menschensohn – der vollkommene Mensch – kam in diese Welt, um den Händen seiner Feinde ausgeliefert zu werden. Er wurde von denen verraten, die er liebte. Er kam, um durch seinen Tod sein Reich aufzurichten und nicht durch seine offenbare Stärke. Freiwillig lieferte er sich denen aus, von denen er wußte, daß sie ihn kreuzigen würden.

Ich dagegen lebe so, daß immer dafür gesorgt wird, daß mich keiner verrät. Wenn meine Frau mich auf einen Fehler hinweist, dann argumentiere ich sie in die Ecke. Wie ein Pflichtverteidiger bin ich bereit, jeden Angriff zu parieren. So leicht gebe ich mein Herz nicht her, ich könnte ja betrogen werden. Ich weiß um den Ernst des Lebens in einer brutalen Welt und daß ein Mann, der offen ist, am Ende dabei draufgehen wird. Solange wir auf dieser Erde leben, wird das Chaos immer die Oberhand behalten.

Aber die Berufung für uns Männer sieht nicht anders aus als die unseres Herrn. Das Leben hat mich bis jetzt gelehrt, daß nur die starken, harten und robusten Männer überleben und Erfolg haben. Christus hat uns – durch seine Lehre und sein Leben – gelehrt, daß wir an unseren größten Schwachstellen am stärksten sind.

Ich habe meine Schwachstellen – den frühen Verlust des Vaters, die tiefsitzende Unsicherheit, meine dunklen Stimmungen, meinen Hang zum Schweigen, meine Angst vor Nähe – immer als Entschuldigungen betrachtet, um ein Leben ohne Liebe zu führen. Aber wenn ich mich weigere, schwach zu werden, verraten zu werden, dann bleibe ich der kleine Junge im Anzug. An den Problemen meines Lebens und an meiner Sünde zu zerbrechen, allein das macht es mir möglich, der Mann zu sein, zu dem mich Gott schon vor langer Zeit berufen hat.

Männer, die Gott gefallen, sind zerbrochene Männer. Wenn wir das begreifen würden, dann gäbe es auf dieser Welt keine Affären und keine Scheidungen mehr. Wir würden unsere eigenen Kinder nicht mehr mißbrauchen und auch nicht die anderer Leute. Wir säßen nicht mehr im Gefängnis. Wenn wir bereit wären, für andere zu sterben, dann müßte es vielleicht auch in Somalia keine hungernden Kinder mehr geben und keine Waisen in Ruanda. Es würde keine Gewalt mehr geben. Wir hätten eine bessere Welt.

Was für eine Geschichte werden Sie erzählen?

Im Himmel werden wir uns Geschichten erzählen. Wie wird Ihre aussehen? Werden Sie von einem verbohrten Mann erzählen, der es nie zugelassen hat, sich angesichts von Problemen und Sünde ohnmächtig zu fühlen? Werden Sie von einem Mann berichten, der es nicht gewagt hat, Gott zu vertrauen?

Ich hoffe, ich kann eine andere Geschichte erzählen. Nicht von einem Gott, der das Chaos aus meinem Leben weggenommen hat. In meiner Geschichte soll es darum gehen, daß ich trotzdem – und trotz aller Hindernisse, aller Verwirrung und Angst – Gott vertraut habe. Ich werde erzählen, daß er meine Unsicherheit nie von mir genommen hat, aber daß ich durch seine Gnade den Mut fand, ihm trotzdem zu vertrauen. Und seht nur, was er durch mich getan hat! Wer hätte das gedacht! Er hat meine Schwäche benutzt – alle meine schwachen Punkte –, damit er selbst geehrt würde!

Was kann uns helfen, solche Geschichten zu erzählen? Was kann uns helfen, zu frommen Männern zu werden? Richtig würde die Frage jedoch lauten: *Wer* kann uns dazu helfen?

Der zweite Adam kam vor vielen Jahrhunderten auf unsere Welt und tat, was dem ersten Adam nicht gelungen war: Er trat in das Durcheinander hinein und besiegte die alte Schlange. Der zweite Adam, das fleischgewordene Wort Gottes, kehrte um, was der erste Adam getan hatte.

Darum kann ich jetzt als Ebenbild dieses zweiten Adam leben. Ich kann den Mund aufmachen und reden. Ich kann lieben. Ich kann dasein, und mein Dasein kann anderen helfen, aus ihrem erstickten Schweigen herauszutreten.

Und wenn die Welt voll Teufel wär
und wollt uns gar verschlingen,
so fürchten wir uns nicht so sehr,
es soll uns doch gelingen.
Der Fürst dieser Welt, wie ernst er sich stellt,
groß Macht und viel List sein grausam Rüstung ist.
Ein Wörtlein kann ihn fällen.

Martin Luther, *Ein feste Burg*

Larry Crabb

Inzwischen bin ich fünfzig und glaube, daß das Leben unübersichtlicher und unendlich viel komplizierter ist, als ich mit zwanzig, dreißig oder auch vierzig meinte. (Wie wird es wohl aussehen, wenn ich erst einmal sechzig oder achtzig bin? Ich hoffe, daß mein Glaube bis dahin etwas stärker geworden ist!)

Ich will kurz schildern, wie mir das Leben heute vorkommt – mit seiner Finsternis, mit meiner Angst, mit den Entscheidungen, die schwieriger, aber auch bedeutungsvoller sind als je zuvor, mit Christus, mit dem Versuch, ihm auf dem Weg zum Mannsein zu folgen.

Die finsteren Nächte sind so schwarz wie ein tiefer Keller. Sie sind nicht mehr so häufig und dauern auch nicht mehr so lang, aber sie sind schwärzer als je zuvor. Früher gab es immer noch eine Notbeleuchtung. Heute ist die Finsternis so dicht, daß man sie geradezu spüren kann – ich sehe nichts, ich habe Angst, mich zu rühren, ich taste nach dem Lichtschalter an der Wand oder der Taschenlampe auf dem Schreibtisch. Wenn ich in dieser Dunkelheit gefangen bin, dann ist die Suche nach dem Licht die einzige Bewegung, die ich wage.

Und dann habe ich ihn gefunden – den vertrauten Schalter an der Wand, eine Handbreit neben dem Türrahmen. Ich knipse ihn an. Nichts. Der Strom ist ausgefallen. Ich taste nach dem Schreibtisch und lasse meine Hände darübergleiten, bis sie die Taschenlampe berühren. Die Batterien sind leer.

Und so stehe ich da, in einer Welt, die mich verwirrt und scheinbar ohne Sinn ist, und frage mich, was ich als nächstes tun soll. Ich habe das Interesse daran verloren, die Finsternis zu ergründen. Jedesmal, wenn ich mich durchs Zimmer taste, schlage ich mir an irgendeiner scharfen Kante die Knie an oder stoße mit dem Kopf an etwas Hartes. Das tut weh, und mir wird schwindlig. Das Dunkel hat seinen Reiz verloren. Es ist nicht mehr so spannend, wie wenn man den Dachboden eines alten Hauses durchstöbert. Das hat noch Spaß gemacht. Aber hier kommt es mir vor, als würde es spuken. Jede Bewegung scheint gefährlich. Ich habe es gelernt, still stehenzubleiben.

Aber man kann nicht immer stillstehen. Irgendwann muß man sich wieder bewegen. Meine Gedanken beginnen zu arbeiten. «Ich frage mich, wie ich hierhin gelangt bin. Früher war doch alles viel einfacher und klarer und viel, viel glücklicher. Wenn ich herausfinde, wie ich in diesen schrecklichen Raum hineingelangt bin, dann kann ich meine Schritte vielleicht zurückverfolgen und entkommen.»

Mein Psychologengehirn schaltet sich ein: «Laß mal sehen. Als ich sechs war, da hat meine Mutter ... Damals im Auto ... und Vater ... Ich sehe es noch ganz deutlich vor mir ...»

Aber bald werde ich müde. Es kommt mir eher vor, als würde ich mich in einem Labyrinth verirren, wenn ich diesen Gedanken nachhänge, als könnte ich doch noch den Ausweg finden.

Dann höre ich eine bekannte Stimme meinen Namen rufen: «Ich bin hier im Zimmer nebenan. Hier ist es etwas heller. Vielleicht kannst du dem Klang meiner Stimme folgen und zu mir herüberkommen.»

Ich spüre Hoffnung. Ich kenne meinen Freund. Er ist klug und nett. Er kann wenigstens sehen, was er tut und wo er hingeht. Vielleicht kann er mich zum Licht führen.

Er spricht schon wieder: «Von hier aus kann ich erkennen, daß die Finsternis, in der du steckst, zwei Ursachen hat. Erstens das Zimmer selbst (wie bist du bloß da hineingeraten?) und dann dein eigenes Herz (das, so fürchte ich, viel finsterer ist, als du meinst). Wenn wir verstehen, in was für einer Art von Dunkelheit du dich befindest, dann wird es wahrscheinlich schon automatisch etwas heller. Wir wollen uns zuerst das Zimmer ansehen. Wo du gerade bist, ist es wirklich sehr verwirrend. Das mußt du mal einfach so akzeptieren. Es gibt in der Tat keine klaren Anweisungen dafür, was du tun mußt, um zu bekommen, was du willst. Vielleicht hilft es dir schon, das zu begreifen.

Und dann dein Herz. Ich frage mich, ob in dir Kräfte am Werk sind, die du nie wahrhaben wolltest. Vielleicht solltest du dir einmal genau ansehen, wie du wirklich bist. Du kannst ziemlich anspruchsvoll sein. Und kleinlich. Manchmal bist du sehr arrogant. Aber sei nicht gleich beleidigt. Es steckt auch eine Menge Gutes in dir. Du bist mit deinem Leben schon manchem zum Segen geworden, auch mir. Vielleicht hilft es dir, einmal beides zu sehen, das Gute und das Böse, das in dir steckt. Du hast Grund genug, dich zu freuen. Und vielleicht erkennst du dann auch, worüber du erschrecken solltest. Kann sein, daß dir das hilft, den Weg zu erkennen, den du gehen sollst.»

Je länger er redet, desto weniger interessiert es mich. Wenn ich ihm das sagen würde, dann würde er das vermutlich inneren Widerstand nennen. Ich nenne es Langeweile. Manche Dinge können tatsächlich faszinieren, aber das hier nicht. Ich kann das Gerede nicht mehr hören, das die meisten Psychologen interessiert.

So resigniert wie ein Angestellter, der nach der Kaffeepause wieder an die Arbeit muß, erinnere ich mich dann an meine Pflichten. Denn selbst im Finstern gibt es Möglichkeiten genug zum Sündigen. Auch wenn mein Körper reglos ist, meine Gedanken sind es nicht. Erotische Phantasien haben ihren Reiz; wütende Bilder drängen sich wie von selbst in mein Bewußtsein.

Ich sage mir: «Nein, das ist nicht recht. Ich muß diese Gedanken abstellen. Ich will statt dessen für andere beten, die auch im Finstern sitzen, und für alle, die sich mit künstlichem Licht zufriedengeben.»

Doch die guten Vorsätze haben etwas Bedrückendes; sie sind wie eine schwere Last, die ich irgendwann einmal abgestellt hatte und nun wieder aufnehme. Das kann nicht der Weg zur Freude sein.

Da bin ich also – fünfzig Jahre alt, seit mehr als vier Jahrzehnten gläubiger Christ, Psychologe, Lehrer, Autor – und stehe wie gelähmt in einem dunklen Raum. Es ist Zeit für eine Bestandsaufnahme, die draußen wahrscheinlich nicht möglich ist. Vielleicht soll ich etwas lernen, das nur im Dunkeln gelernt werden kann.

Lichtquellen, auf die früher immer Verlaß war, sind keine Hilfe mehr. Jede Bewegung ist unmöglich. Die Dunkelheit zu analysieren – ob in meinem Herzen oder in der Welt – bringt nur noch größere Verwirrung. Moralische Entschlüsse sind natürlich etwas Gutes, aber eigene Bemühungen, das Gute zu tun, erscheinen kaum erfolgversprechend.

Was also soll ich tun? Ich bin fünfzig. Wie eine Schaufensterpuppe stehe ich in einem dunklen Raum. Ich weiß nicht, was die Zeit mir bringen wird, aber ich wünsche mir von ganzem Herzen, endlich etwas tun zu können, irgend etwas, das dieses betäubende Stillstehen beendet.

Ich denke zurück an das lausbubenhafte Grinsen, von dem ich in der Einleitung geschrieben habe. Und ich frage mich, wer ich heute bin, im Licht all dessen, was ich zu glauben vorgebe.

Als Kind hatte ich zwei große Probleme. Erstens hatte ich Angst davor, in dieser unsicheren Welt als Mann leben zu müssen, und zweitens gab es davor kein Entrinnen. Hinter dem Grinsen versteckte ich meine Angst. Das «Lausbubenhafte» war eine unreife Reaktion auf die Berufung, der ich nicht entkommen konnte, nämlich den Weg zu gehen, den nur ich gehen konnte. Sowohl mit dem Grinsen wie mit dem Lausbubenhaften sorgte ich dafür, daß das Licht anblieb. Jetzt ist es aus. Ist das gut? Ist das Lächeln verschwunden, der Lausbub jetzt einer, der vorwärtsgeht? Bin ich dabei, zu dem lachenden Romantiker zu werden, der in seiner Einzigartigkeit etwas von Gottes Wesen zum Ausdruck bringt?

Die Frau, die bald dreißig Jahre an meiner Seite lebt, sagt, ich lache nicht mehr so leicht wie früher und auch nicht mehr so häufig. Das ist nicht gut. Das Leben kommt mir manchmal vor wie eine mühsame Last, wie eine schwere Verpflichtung, die kein Lachen zuläßt. Sie wünschte sich, ich würde es eher als Abenteuer betrachten, mit Höhen und Tiefen, die, wie in einem altmodischen Film, alle auf das heldenhafte Ende hinzielen, an dem alles gut wird. Aber mit dem Lachen klappt es einfach nicht. Und ich kann auch nicht mehr so grinsen wie ein Kind, das lauter Unsinn im Kopf hat.

Auch die romantische Seite hat ihre Probleme. Hier und da dringt jedoch etwas von Gottes lebenspendender Kraft in mein Durcheinander hinein. Nicht oft, aber vielleicht doch etwas öfter als früher.

Und trotzdem fühle ich mich irgendwie ermutigt. Nicht wenn ich in den Spiegel sehe, sondern wenn ich den Blick nach oben richte. Dann komme ich mir vor wie ein Kind, das in den Wolken ein wunderbares Bild sieht. Mit dem Unterschied, daß mein Bild Wirklichkeit ist.

Ich habe Christus noch nicht gesehen, aber ich suche ihn wie nie zuvor. Manchmal kann ich ihn in Umrissen erkennen. Aber wichtiger noch, ich glaube jetzt, daß er gesehen werden kann, daß er gesehen werden möchte und daß ich ihn sehen werde – in diesem Leben vielleicht nur stückweise, aber ich werde ich sehen.

Ich spüre seine Liebe; ich spüre seine Nähe. Ich denke, ich habe eine Ahnung davon, was er in meiner Frau, in meinen Söhnen und ein paar Freunden bewirken möchte. Und ich glaube wirklich, daß er mich dabei gebrauchen kann. Nicht so, wie der Basketballtrainer im entscheidenden Spiel seinen Starspieler einsetzt, sondern eher so wie Christus, als er die Menge mit ein paar wenigen Broten satt machte.

Es ist nicht einfach, im Dunkeln zu grinsen. Niemand sieht einen. Das Grinsen, soviel ist mir heute klar, war für die Zuschauer bestimmt. Aber heute scheint es kaum mehr wichtig, anderen zu imponieren. Auch mit dem Lachen klappt es noch nicht. Aber ich werde wieder lachen – vielleicht wie einer, der den Witz erst lange nach der Pointe begriffen hat. Doch ich weiß, es wird kommen. Es dauert nur ein Weilchen.

Und der lausbubenhafte Wille, sich ja nicht anzupassen, ist inzwischen auch gereift, und daraus ist die Freiheit geworden, meiner Berufung zu folgen – jenem Ruf, der allein für mein Leben gilt und der bedeutet, daß ich weniger Seminare abhalte, daß ich mehr Zeit zum Nachdenken habe, daß ich Bücher lese, die mich weiterbringen, anstatt solcher, die mich nur informieren, daß ich mir mehr Zeit für das ausgedehnte Gespräch mit weniger Menschen nehme.

Wenn ich mich in den finsteren Nächten umsehe, dann kann ich noch immer nichts sehen. Die Finsternis ist zu dicht. Aber ich kann hören. Und manchmal höre ich die unmißverständliche Stimme Gottes. Sie ist nicht im Wind und nicht im Feuer und auch nicht im Erdbeben. Die Finsternis hat dafür gesorgt, daß ich lange genug stillstehe, um das sanfte Säuseln zu hören.

Und es ist süß und stark und gut.

Ich will tun, was es sagt, auch wenn das bedeutet, daß ich in dieser furchterregenden Dunkelheit vorwärtsgehen muß. Meine Frau, die inzwischen auch nicht mehr zur Jugend gehört, erscheint mir schöner als je zuvor. Meine Kinder sind nicht mehr nur Grund zur Sorge, sondern auch willkommener Anlaß zur Freude.

Das Geld ist noch immer viel zu wichtig. Aber der Gedanke, anderen wirklich helfen zu können, gewinnt an Bedeutung. Und ich fühle mich in dieser Welt immer weniger zu Hause. Aber gleichzeitig bricht vom Himmel ein Licht in meine Finsternis. Ich kann es sehen. Ich will ihm folgen. Ich will den Weg gehen, den es mir zeigt. Ich will mich auf den Heimweg machen – als MANN!

Weiterhin erhältlich:

Lawrence J. Crabb

Von innen nach außen

Echte und dauerhafte Veränderung ist möglich

228 Seiten, Taschenbuch, ISBN 978-3-7655-3881-0

Wer wünschte sich nicht manchmal, anders zu sein?! Ganz anders! Netter, liebevoller, gelassener, zufriedener, hilfsbereiter ... Und wer hätte nicht schon so manches versucht, um das auch wirklich hinzukriegen. Hat sich zum Beispiel bemüht, regelmäßiger in der Bibel zu lesen, in den Gottesdienst zu gehen, in der Gemeinde mitzuarbeiten oder sich einfach generell vermehrt zusammenzureißen. Und hat sich hinterher gewundert, dass alle Anstrengungen letztlich doch nichts gebracht haben ...

Zu echter, dauerhafter Veränderung gehört mehr, sagt Larry Crabb. Es geht nicht nur um oberflächliche kosmetische Übungen, die den Kern des Wesens meistens unberührt lassen. Vielmehr geht es darum, sich mit dem Zustand des eigenen Herzens ehrlich auseinanderzusetzen – dem Ärger, den Ängsten, den seelischen Verwundungen und den kaum zu kontrollierenden Trieben – und Gott dann daran arbeiten zu lassen.

Crabb ist überzeugt: Echte Veränderung geschieht von innen nach außen!

BRUNNEN
VERLAG BASEL · GIESSEN

Weiterhin erhältlich:

Lawrence J. Crabb/Dan B. Allender

Dem andern Mut machen

Seelsorge im täglichen Miteinander

140 Seiten, Taschenbuch, ISBN 978-3-7655-3882-7

Die Lieder waren schön, die Predigt war gut. Freunde und Bekannte hat man lächelnd begrüßt – und geht dann doch traurig und bedrückt nach Hause.

Nur ein Einzelfall? Leider nein. Denn auch Christen verstecken sich immer wieder hinter Masken. Der Grund: Angst vor Bloßstellung, vor Kritik oder gar Zurückweisung. Und die Folge? Echte, offene Gemeinschaft im biblischen Sinne wird unmöglich. Man verkümmert seelisch.

Persönliche Begegnung und Ermutigung ist deshalb mehr als notwendig. Sie wird in der Bibel ganz groß geschrieben! Was aber ist damit gemeint, und wie sieht das praktisch aus?

Lawrence J. Crabb und sein Co-Autor Dan Allender, erfahrene Fachleute auf dem Gebiet biblischer Seelsorge, begnügen sich nicht mit oberflächlichen Tipps und gut gemeinten Ratschlägen. Auf biblischer und psychologischer Grundlage beschreiben sie menschliche Grundbedürfnisse. Mit geübtem Scharfblick durchleuchten sie dann das Spiel persönlicher Schutz- und Abwehrmechanismen. Und schließlich weisen sie Wege zu echter und Mut machender zwischenmenschlicher Begegnung.

Weiterhin erhältlich:

Lawrence J. Crabb

Glück suchen oder Gott finden?

Unterscheidungshilfen in der Welt des Kuschelchristentums

220 Seiten, Taschenbuch, ISBN 978-3-7655-3886-5

«Auf das Lösen unserer persönlichen Probleme kommt es letzten Endes gar nicht an», argumentiert Larry Crabb. Im Gegenteil: Wann immer wir auf unserer Prioritätenliste dem Lösen von Problemen einen höheren Stellenwert einräumen als dem eigentlichen Suchen nach Gott, handeln wir falsch!

Crabb legt deutlich dar, was unser tiefstes Problem ist: der Zweifel an Gott. Wenn wir an Gottes Güte zweifeln, wenn wir denken, dass wir Gott in lebenswichtigen Angelegenheiten nicht trauen können, dann haben wir still und heimlich begonnen, selbst die Verantwortung für unser Wohlbefinden zu übernehmen. Eine Akzentverschiebung mit katastrophalen Folgen.

Dieses Crabb-Buch hat seine Leserinnen und Leser wohl mit am stärksten herausgefordert. Denn es bringt das Kuschelchristentum des modernen, ichbezogenen Menschen zu Fall. Mit Nachdruck betont Crabb dabei Gottes höchste Priorität: Es geht nicht um *unsere* Bequemlichkeit und Befriedigung, sondern es geht um *Seine* Ehre!